山东省农村和城市社区
基层干部学历教育系列教材

村官领导科学与艺术

CUNGUAN LINGDAO KEXUE YU YISHU

主　编　张清津
副主编　林慧珍　付士波

山东人民出版社
国家一级出版社　全国百佳图书出版单位

图书在版编目（CIP）数据

村官领导科学与艺术 / 张清津主编. -- 济南 ：山东人民出版社，2017.3（2022.5重印）

ISBN 978-7-209-10474-6

Ⅰ. ①村… Ⅱ. ①张… Ⅲ. ①农村－干部工作－中国 Ⅳ. ①F325.4

中国版本图书馆CIP数据核字(2017)第044769号

村官领导科学与艺术

张清津 主编

主管单位 山东出版传媒股份有限公司

出版发行 山东人民出版社

社 址 济南市英雄山路165号

邮 编 250002

电 话 总编室（0531）82098914

市场部（0531）82098027

网 址 http://www.sd-book.com.cn

印 装 山东华立印务有限公司

经 销 新华书店

规 格 16开（169mm×239mm）

印 张 13.75

字 数 230千字

版 次 2017年3月第1版

印 次 2022年5月第8次

ISBN 978-7-209-10474-6

定 价 27.00元

如有印装质量问题，请与出版社总编室联系调换。

目　录

CONTENTS

第一章　导　论 …… 1

第一节　领导活动与领导科学 …… 1

第二节　领导科学与艺术的理论来源 …… 9

第三节　领导科学的研究对象 …… 13

第二章　村级领导班子建设的艺术 …… 25

第一节　村官的素质及能力 …… 25

第二节　农村领导班子的设置 …… 29

第三节　高效和谐农村领导班子建设的艺术 …… 35

第三章　村官民主决策的方法与艺术 …… 43

第一节　决策概述 …… 43

第二节　村级民主决策及其形式 …… 47

第三节　村级民主决策的程序与监督 …… 52

第四章　村官选人用人的艺术 …… 63

第一节　选人用人的含义、地位及作用 …… 63

第二节　选人用人的原则、方法与艺术 …… 67

第五章　村官领导沟通艺术 …… 78

第一节　领导沟通概述 …… 78

第二节 村官协调人际关系与沟通的艺术 …… 84
第三节 村官贯彻群众路线的艺术 …… 88
第四节 村官沟通业务的艺术 …… 92
第五节 村官领导沟通中存在的问题及对策 …… 95

第六章 村官深入调查研究的艺术 …… 100
第一节 调查研究概述 …… 101
第二节 调查研究的方法与艺术 …… 108
第三节 村官调查研究工作中存在的主要问题与对策 …… 112

第七章 村官带头致富的艺术 …… 123
第一节 农村扶贫概述 …… 123
第二节 村官做好带头致富的艺术 …… 131
第三节 村官带头致富工作中存在的主要问题与对策 …… 135

第八章 村官做思想政治工作的艺术 …… 145
第一节 新时期农村思想政治工作的重要性及任务 …… 145
第二节 村官做好思想政治工作的艺术 …… 148
第三节 农村思想政治工作中存在的主要问题及对策 …… 153

第九章 农村干部处理突发事件的艺术 …… 163
第一节 农村突发事件概述 …… 163
第二节 村官处理突发事件的艺术 …… 172
第三节 农村突发事件的预防 …… 179

第十章 村官处理其他事务的艺术 …… 192
第一节 运筹时间的艺术 …… 192
第二节 召开会议的艺术 …… 196
第三节 谈话交流的艺术 …… 199

第四节 处理事务的基本原则……………………………………………… 206

参考文献 ………………………………………………………………………… 211

后 记 ……………………………………………………………………………… 213

第一章　导　论

学习目标

了解领导的概念及特征；掌握领导活动的主体与客体的概念和特征；理解领导是一门科学和艺术；了解我国传统文化中的领导思想；了解西方管理思想对领导学的影响；理解当代我国领导科学研究的发展；掌握领导科学的研究对象及研究热点；理解村官学习领导科学与艺术的必要性。

学习内容

领导科学与艺术是伴随着人类领导活动而产生的一种综合性很强的领导技巧和技能。领导者要有效地从事领导活动，不仅要有一定的科学的领导方法，而且还必须具备相应的高超的领导艺术。成功的领导活动应该是领导科学与领导艺术的有机结合。因此，从理论和实践相结合的视角，研究和探讨领导的概念及特征，分析和明确领导者的职责、权利和义务，学习和掌握领导方法与艺术，对于农村干部认识和把握现代领导活动的规律，实现农村领导工作的科学化，具有十分重要的意义。

第一节　领导活动与领导科学

领导是人类社会特有的一种现象。古今中外无数事实证明，一个国家、一个地区乃至一个村庄、社区的兴衰，一项事业的成败，领导起着举足轻重的作用。

一、领导的概念及特征

在学术上，领导是一个颇具探讨性的概念。由于人们研究视角的不同，对于“领导”的概念可谓仁者见仁、智者见智。据美国领导学者统计，目前世界上关于“领导”的定义有350种，“领导者”的定义有160多种。在汉语词汇中，“领导”一词具有多重含义：有时指领导活动、领导过程以及领导功能和作用，有时指“领导者”，有时兼而有之。标准辞典将领导解释为引导；韦氏大辞典将领导解释为获得他人信仰、尊敬、忠诚以及合作的行为；社会科学新辞典将领导解释为领导者对被领导者施加心理影响，促进集体和个人共同努力实现目标的过程。

本教材采用决策科学辞典对领导的定义：领导指领导者通过一定的组织形式和必要的手段、方法，率领和引导被领导者实现某种特定目标的行为过程。它包括四个基本要素：领导者、被领导者、群体目标和客观环境。这四个要素是互相联系，互相依存，互相作用的。领导者和被领导者各以对方的存在为自己存在的前提，没有领导者便没有被领导者，反之亦然。客观环境是领导活动的作用对象。群体目标是领导活动的归宿。领导就是领导者和被领导者为实现特定目标共同作用于客观对象的行为和活动。

领导作为一种社会行为过程，具有以下几个明显特征：

（1）社会历史性。领导的本质是一定社会关系的反映。在私有制社会中，剥削阶级领导的本质具有两重性，对统治阶级来说是服务，对广大劳动人民来说则是压迫和剥削；而在以公有制为主体的社会主义社会中，领导者和被领导者的利益是一致的，权利是平等的，领导的本质就是为广大人民群众谋利益，整个社会和每个组织或团体的领导活动都是为人民服务，以满足人民日益增长的物质和文化生活需要。在我们社会主义国家，“服务”是领导的根本宗旨。毛泽东曾说过：“我们一切工作干部，无论职位高低，都是人民的勤务员，我们所做的一切，都是为人民服务。”邓小平同志在全国教育工作会议上所作的重要讲话中强调指出：“什么叫领导？领导就是服务。几年前我曾经说过，愿意给教育、科技部门的同志当后勤部长。今天，我还是这个态度。”

（2）制约性。领导活动受一定主客观条件的制约，不能随心所欲。在各种领导活动中，领导者个人发挥主观能动性是有必要的。主观能动性的发挥，允许领导者在其范围内进行创造性的活动，充分发挥领导者的个人艺术，但这绝不意味着它可以是领导的个人随意的活动，或是毫无目的的盲目活动。主观能动性的发挥是要建立在尊重客观规律的基础上的，任何领导者，只有按照领导活动的科学规律办事，才能取得成功，如果超越规律随心所欲，就只能导致失败。因此，领导工作是科学和艺术的统一体，是受领导活动规律所制约的客观条件和个人因素的高度结合，领导者丰富多彩的个人艺术只有通过领导活动的客观条件所提供的舞台才能表演出来。

（3）目的性。领导活动总是为了实现一定目标进行的，领导是影响和支持他人为了达到目标而富有热情工作的过程。约翰·纽斯特罗姆和基斯·戴维斯在《组织行为学：工作中的人类行为》一书中指出，在帮助个体或群体确认目标以及激励和协助他们达到一定目标的过程中，领导是一个重要因素，领导行为的目的是实现目标。

（4）能动性。社会实践是一个能动的过程，它通过发挥领导者的才智和被领导者的创造力，能动地征服环境、改造环境的。领导者和被领导者在不同程度上能动地改造客观环境，并非被动地适应环境。领导活动的随机因素很多，领导者经常面临一些突发事件，许多领导工作都是无章可循的。这些情境下，需要领导者能动性地运用党的方针、政策和国家的法律、法规予以妥善解决问题。在领导活动中，必须坚持实事求是的科学态度，不唯上、不唯书，要实事求是，勇于创新，创造性地开展工作。

二、领导活动的主体与客体

（一）领导活动的主体

1. 领导活动主体的概念及特点

领导活动的主体是指组织中担任决策、指挥、协调和监督等职责的人员，包括领导个体和领导群体。领导主体是领导活动得以展开并取得成功的核心力量。领导活动主体主要具有以下特点：

（1）具有特定的领导范围和领导职能。每个领导主体都必须在特定的领导范围内活动。这个范围就是领导主体的权力、职责所覆盖的整个区域，也就是领导主体充分施展才智、发挥领导作用的舞台。这是领导主体的首要标志和根本资源。每个领导主体由其特定的活动范围决定其特定的领导职能，包括领导工作的性质、目标、任务、内容和标准及其界定。

（2）拥有一定的权力和权威。领导主体要做出领导行为、开展领导活动，就一定要有领导权力作后盾、有领导权威作基础。事实上，领导权力是领导主体实现领导所必须依凭的后盾性杠杆和有效工具，而且还是有助于领导权威形成和发展的最有效条件之一；领导权威也同样成为实现领导的最有效工具和充分必要条件。这两者都是实施领导的最重要的资源和工具，否则，领导主体就无法开展领导活动，就无法履行领导职能、达到领导目标。没有权力和权威，领导主体就寸步难行；权力和权威越大，领导主体施展作用的范围就越广大，领导工作就越好做，领导成效就越显著。这是领导主体同其他社会角色最重要的一个区别。

（3）拥有或支配各种社会资源。领导主体要实施领导，除要借助权力和权威外，还要借助和利用其他大量的社会资源，包括信息、智能、知识、技术、人力、资金和物资等资源。实际上，领导主体一般都比较充分地拥有或支配这些资源，然后才得以充分自如地开展领导活动。这是领导主体做好领导工作的必要条件。其中，信息、智能、知识和人力等资源是事关领导优劣成败的关键因素，任何一个资源出现偏差或欠缺，都将给领导事业带来严重的损害；反之，如果把这些资源开发和利用得都很充分，领导主体将大展宏图，为所在的群体或组织乃至整个社会做出巨大贡献。这些资源的拥有、开发和利用很大程度上取决于领导主体的思想道德境界和智能水平等自身素质。

（4）具有事关重大的领导职责。领导主体既然是在特定的领导范围内承担特定的领导任务，履行和完成特定的领导职能，而且还大量掌握和运用着各种社会资源，特别是还把权力这把“双刃剑”经常用作实施领导的决定性工具，因而应负有必要和重要的领导职责。确立和履行这个职责的质量与水平，关系领导职能的实现、领导资源的有效开发利用、领导职权的正确行使等，尤其是关系领导客体的利益是否能得到充分的保护和实现，因而事关重大。

（5）同领导客体始终发生着既协调又矛盾的关系。领导主体与领导客体之间是既对立又统一。领导主体既要依靠领导客体，又管治着领导客体；既把实际是领导基础的领导客体当作领导活动的同一发生体，又把领导客体当成具体的领导对象。在人类社会中，没有领导客体，就不会有领导主体，也就不会有领导活动或者领导现象的发生；先有领导客体，然后才有领导主体；领导主体因为必须面对双重角色的领导客体而陷入非常复杂的特殊状态中，而且将长期维持下去。这表明了领导工作深层次的难度，更表明了领导主体从事领导事业的特定现实基础。

（6）必须在领导体制的框架下最大限度地发挥能动作用。这反映了领导主体的行为特征：既要运用所拥有的超越普通成员的权力去完成所承担的领导职责，又要在群体或组织乃至整个社会所界定的基本范围内、所确立和认可的领导体制下开展领导工作。这样才能使领导活动一方面受到制约，确保领导机制正常运行而不受破坏；另一方面则能够保持同社会的协调，确保稳定；还可以使领导主体根据领导体制提供的最大活动限度，竭尽全力而又稳妥地发挥自己的最大作用，实现最大效用。这是领导主体在领导活动中必须把握的度，也是领导主体对领导事业完全成熟、自信、胜任的表现。

（7）有一个决定领导优劣成败的素质基础。素质基础蕴涵着活动能量，是领导能量的内在源泉。领导主体如果自身素质良好，就必然具备优质而丰足的能量，进而发挥更大的作用、取得更好的业绩。相反，领导主体如果素质拙劣，就必定能量低下而短缺，在领导活动中捉襟见肘，陷于被动，干不出成绩。

（8）处于利益的中心，成为某种利益的代表。特别是政治性群体或组织的领导主体、社会性领导主体具有明显的阶级性。领导主体只有充分意识或注意自身的这种特点，才能更自觉地进行自我把握与控制，才能够注意调适自己与其他领导主体和所有领导客体的关系，把自己放到真正恰当的位置上发挥作用。

2. 领导者的基本技能

对于承担管理职能的领导者来说，拥有一定的技能和素质是其完成组织使命、实现组织基本目标的前提。罗伯特·卡茨认为，领导者必须具备三种技能，又称为领导者的 THC 技能，即技术技能（业务能力）、人事技能（处理人际关系的能力）、概念技能（抽象和决策能力）。

（1）技术技能（technical skills），是指正确地掌握从事一项工作所需的技术和方法。它包括三个方面的内容：

一是掌握专业技术。如制造车间主管必须懂得各种机器设备的操作技术，人事测评中心主管必须懂得人员测评技术。

二是掌握工作方法和程序，如办公室主任必须懂得收发文件的程序，市场部主管应懂得市场营销方法。

三是熟悉工作制度和政策，如财务处主管必须懂得会计制度和财务规定，人事主管应熟悉人事制度和人事政策。

以上各种技术技能，可以通过教育和培训获得，但更需要在工作实践中，不断地学习和总结。一般而言，领导者所处层级越低，对其技术技能的要求就越高。因为基层领导者大多数时间都在指导和监督操作者的具体工作。基层领导者为提高管理权威和管理效率，就必须具有过硬的技术技能。对中高层领导者而言，技术技能在其需要的全部技能中所占比例相对较小，而且技术技能的结构也相应发生了变化，要求其由单一技术技能发展为多元化的技术技能。一般来说，中高层领导者是由基层领导者晋升而来，基层领导者技术技能的单一化必然造成中高层领导者技术技能的单一化，这不利于中高层领导者对下级的技术指导。

（2）人事技能（interpersonal skills），是指在工作中与人打交道的技能。它包括三个方面的内容：

一是处理人际关系的技能，它主要指协调和沟通技能。管理者每天都要与组织内的上下级、同级进行接触，有时还要与组织外部的人发生联系。因此，作为管理者必须善于运用人事技能处理好与各方面人员的关系，与他们建立起相互信任和真诚的合作关系。

二是识人用人的技能。管理是通过他人的努力来实现组织的目标，因此，管理者必须善于识别人才，用人所长，避人所短。要做到这点，管理者必须掌握识别人才和用人的技能。

三是评价激励技能。一般来说，组织成员的工作积极和创造性不会自发产生，而是需要管理者给予激发。因此，管理者应该掌握评价和激励方法，以便客观公正地评价他人并给予激励。

（3）概念技能（conceptual skills），是指对事物的洞察、判断和概括技能。对于高层领导者而言，它是最重要的一种技能。它包括三个方面：

一是预测技能。当组织内外环境发生变化时，管理者要能够及时地预测这些变化对组织未来发展的影响。

二是判定技能。当意想不到的事情发生时，管理者应具有迅速判定问题实质，果断采取对策的能力。

三是概括技能。管理者应具有在纷繁复杂的信息中，抽象出对组织有重要影响的关键信息的能力。

（二）领导活动的客体

领导活动的客体是指领导者开展领导实践的环境或场所。在领导学的研究视野中，领导活动的客体一般被定义为被领导者及领导环境。领导环境对领导活动有着重要的影响。

1. 领导环境的概念与作用

领导环境有广义和狭义之分。狭义的领导环境，是指领导者所在组织的内部情境。广义的领导环境，则是指组织内部情境和组织所有依赖的外部条件的总和。具体来说，领导环境是指独立于领导者之外并能为领导者所认识的客观存在，包括对领导活动产生直接或潜在制约的各方面因素、条件的总和及其所形成的发展态势。任何领导活动都是在一定的领导环境中展开的，同样的，任何领导者都是在一定的政治、经济、社会和技术力量变动的开放系统中进行决策、组织、协调和控制活动的。

领导环境对领导者从事领导活动的重要作用主要体现在以下几个方面：

（1）领导环境是领导活动的必要条件。领导活动都是在一定的环境中进行的，没有离开环境的领导活动。对领导的全面分析不仅包括对领导者自身的研究，还应包括对环境的研究，否则，领导者就无法进行正常的领导活动。

（2）领导环境是领导者决策的科学依据。领导者决策总是在一定的环境中进行的，发现问题是领导者进行决策的起点，而问题存在于环境之中。因而，不能正确地认识环境，领导者就无法发现组织中存在的问题；不能发现组织中存在的问题，领导者则难以进行科学决策。以诺基亚手机为例，从1996年开始，诺基亚的手机业务连续15年获得全球市场份额第一。2003年，诺基亚的经典机型1100在全球累计销售2亿台，这个手机销售记录在机型迅速迭代的今天，俨然成了不可企及的神话。但是，诺基亚因无法适应智能手机时代而不断衰退，最终放弃了手机业务，于2013年9月将手机业务卖给了微软。在诺基亚处于辉煌时期，该公司管理层缺乏前瞻性战略眼光，未能根据市场环境的变化制定出远大的发展计划，未能迅速做出决策，这就是诺基亚失利的重要原因。

（3）领导环境影响领导者的素质。不同的领导环境要求领导者具有不同的适应性，因而对领导者的素质提出了不同的要求。实际上，领导环境是不断发生变化的，这就导致了领导者所面临的客观形势和基本任务也随之发生变化。如果领导者不能使其素质及时适应变化，那就不能适应已经发生变化的环境，也就无法应对组织所面临的新挑战。

2. 领导体制及我国农村领导体制概述

领导体制是指社会组织以领导权限划分为基础所设置的机构和各种组织规范、领导制度体系的总称。领导体制是领导活动的载体，是领导关系的制度化、体系化，并具有自身的特点，在领导活动中具有重要的地位和作用。

我国农村领导体制从层次和级别上划分为乡镇和村两级。乡镇的领导机构设置为乡镇党委、乡镇人民代表大会、乡镇人民政府；村一级的领导机构设置为村党组织和村民委员会。

（1）村党组织的设置原则及形式。中国共产党是由党的中央组织、党的地方组织和党的基层组织组成的有机整体。村党组织，是中国共产党设在农村的基层组织，处于党的组织体系中最基层的地位，对于党的建设和发展具有重要作用。

村党组织，根据工作需要和党员人数，经上级党组织批准，可以分别设立党的基层委员会、总支部委员会、支部委员会。其中，有正式党员3名以上的村，应成立党支部，不足3名的，可与邻近村联合成立党支部；党员人数超过50名的村，或党员人数虽不足50名，但村办企业具备成立党支部条件的村，因工作需要，可以成立党的总支部；党员人数100名以上的村，经县级地方党委批准，可以成立党的基层委员会。村党支部是目前村党组织设置的主要形式，根据党章和《中国共产党农村基层组织工作条例》规定，村党组织受乡镇党委领导。

（2）村民委员会的设置。村民委员会是村民自我管理、自我教育、自我服务的基层群众性自治组织，实行民主选举、民主决策、民主管理、民主监督。村民委员会根据村民居住状况、人口多少，按照便于群众自治，有利于经济发展和社会管理的原则设立。

村民委员会的设立、撤销、范围调整，由乡、民族乡、镇的人民政府提出，经村民会议讨论同意，报县级人民政府批准。村民委员会可以根据村民居住状况、集体土地所有权关系等分设若干村民小组。

村民委员会由主任、副主任和委员共3～7人组成。村民委员会成员中，应当有妇女成员，多民族村民居住的村应当有人数较少的民族的成员。对村民委员会成员，根据工作情况，给予适当补贴。

三、领导是一门科学，也是一门艺术

从属性来看，领导既是一门科学，也是一门艺术。一般来说，任何一门学问，只要同时坚持两个原则，就可以成为一门通常意义上的科学。第一个原则是，坚持用人们在社会实践中获得的客观规律、从可控制实验中获得的各种“机理”、通过逻辑思维过程得出的各种“原则”作为解释自然现象和文化现象的理论依据。第二个原则是，坚持以人们可以共同感知的、可共同把握的实

验数据、观察结果、基本事实、基本事件、历史记录等作为研究的起点。领导之中包含着许多科学的方法与规律，如有效的领导与一定的领导特质密切相关；领导的有效与否通常与领导者的行为、领导风格、领导情境差异有内在的关联等。特别是以研究领导活动为对象形成了一门科学，即领导学。领导学的研究任务就是将领导工作中合乎规律性的东西得到科学揭示，从而形成领导活动的科学理论。领导活动中各种因素之间的本质的、内在的、必然的联系是领导科学研究的对象。

领导也有艺术的成分。领导活动都是与人打交道的，运用人文、社会科学方面的知识较多，随机性、或然性和临场发挥的余地均比较大，其方式和方法往往没有精确、统一的答案。领导艺术是领导的方法和方式上表现出的有效性和创造性。一方面是有效性，检验领导艺术的唯一标准是领导实践活动。另一方面是创造性，这是与模式化、程序化相对立的，且因人而异。因此，领导艺术可以学习，但是更要注重实效，以完成领导任务，达到组织目标。

毛泽东同志对于我党领导干部的领导艺术和领导方法有过许多生动论述。在 1949 年 3 月 13 日发表的《党委会的工作方法》中，他指出，党委的同志必须学会“弹钢琴”。“弹钢琴要十个指头都动作，不能有的动，有的不动。但是，十个指头同时都按下去，那也不成调子。要产生好的音乐，十个指头的动作要有节奏，要相互配合。党委要抓紧中心工作，又要围绕中心工作而同时开展其他方面的工作”。1948 年 4 月 1 日《在晋绥干部会议上的讲话》中指出，“按照实际情况决定工作方针，这是一切共产党员所必须牢牢记住的最基本的工作方法。我们所犯的错误，研究其发生的原因，都是由于我们离开了当时当地的实际情况，主观地决定自己的工作方针”。牵牛要牵“牛鼻子”、十个指头“弹钢琴”，紧密联系实际，统筹兼顾、全面安排，这些领导艺术和方法在今天仍然对领导活动具有非常重要的指导意义。

第二节 领导科学与艺术的理论来源

在长期的领导实践中，人们形成了某些相关的观念、思维模式和思想方法，形成了某些固有的工作程序和工作方法。这些程序和方法逐渐积淀，就形成领导经验。领导经验经过专家、学者、政治家、军事家、思想家的加工概括，就上升为理论，成为指导人们领导实践的理性知识。古今中外，关于领导的经验和理论逐步积累，成为领导实践不断进步的理论阶梯，也构成了领导科学与艺术的理论来源。

一、我国的传统文化中的领导思想

中国传统文化中，具有影响深远的领导与管理思想，对于完善和发展领导科学理论，指导领导实践，具有重要的理论意义和借鉴价值。在中国社会发展的漫长过程中，诸多的古代政治家、思想家提出了关于治国理政的有益思想，在探索治国之道方面积累了许多值得借鉴的历史经验，归纳起来，有以下几个方面：

1. 主张“民为邦本”，施惠于民，重视“民本民心”

我国传统领导思想有一个很重要的特点，就是主张“民为邦本”，强调以民为本，施惠于民。指出“得民心者得天下，失民心者失天下”“水可载舟，亦可覆舟”。孟子说：“民为贵，社稷次之，君为轻。”他还说：“乐民之乐者，民亦乐其乐；忧民之忧者，民亦忧其忧。乐以天下，忧以天下，然而不王者，未之有也。”晏子也说过：“谋度于义者必得，事因于民者必成。”

古代思想家把“重民爱民”作为经世治国的宗旨，提出民为邦本，顺乎民意，合乎民心，施惠于民，富民强国，把爱民、亲民、富民、乐民作为治国之基础。古代政治家、思想家的这些“民本”“民贵”“民心”的思想，有很高的理论价值和现实借鉴意义。

2. 主张“奉法天下”“法在必行”，重视“德法兼济”

传统领导思想中也有比较重视法治，主张“德法兼济”的特点。古代儒家主张“德治”、法家主张“法治”。古代政治家在治国理政时往往是把两者结合起来，主张“德法兼济”。古代政治家、思想家大都认为治国理政时必须“奉法天下”“法在必行”。两千多年前的春秋时期，齐国著名政治家、思想家管仲主张立法为公，反对私利。他在《管子·明法》中说：“法度行则国治，私利行则国乱。”墨子在《墨子·法仪》中也强调指出：“天下从事者，不可以无法仪，无法仪而其事能成者，无有也。”中国历史上，凡是有作为的政治家都是主张“奉法天下”“德法兼济”的，包括孔子在总结治国之道时也指出了刑法是必不可少的，主张“德刑兼用”“礼法结合”。“以法治国”思想是古代领导思宝库中一颗闪光的明珠，也是古代领导思想的一个重要特点。

3. 主张“以人为本”“天下为公”，重视“出以公心”

管仲最先提出了“以人为本”的概念。他在《管子·霸业》中说：“夫霸业之所始也，以人为本，本治则国固，本乱则国危。”古代思想家提出的“以人为本”的概念，表明古代政治家、思想家对治国理政规律的历史探索和认识，至今闪耀着古代领导思想的光芒。古代思想家还提出了“天下为公，选贤与能，讲信修睦”的治国思想。近代思想家、政治家孙中山先生倡导“天下为公”“博爱”的治国理政思想。传统文化中提出的“以人为本”“天下为公”“出以公心”的思想，对于我们研究领导本质、领导规律、领导素质，都具有重要的理论价值和启迪作用。

4. 主张“尚贤使能”“唯才是举”，重视“知人善用”

“尚贤使能”“唯才是举”思想，是传统领导思想的一个重要特点。战国时期墨子不仅提出了“尚贤”的原则，而且在知人善任方面有相当精辟的见解。他指出“夫尚贤者，政之本也”，强调用人要出以公心，要求用人应“举公义、辟私怨”，要善于察能、使贤。墨子在《尚贤上》指出“官无常贵，而民无终贱，有能者则举之，无能者则下之”。三国时期曹操提出“唯才是举”的思想，他求贤若渴，曾三次颁布“求贤令”，广招天下人才，真诚地希望人才云集在自己的周围，共举大业。传统文化中选贤任能、选人用人的治国理政思想，领导思想的精华，至今仍具有重要的理论价值。

二、西方管理思想对领导学的影响

一门理论学说的完善和成熟，依赖于实践的成熟，同时离不开相应的科学条件和手段。学科意义上的领导学是从近代管理科学中分化而来的。任何科学的形成都有其理论渊源和历史发展过程，领导科学也不例外。近代西方管理科学的形成和发展经历了三个基本阶段：

1. 古典管理理论阶段

19 世纪末到 20 世纪初是古典管理理论阶段，主要代表人物有美国的泰勒、法国的法约尔、德国的韦伯等。这个阶段的主要任务是系统探讨经济管理和提高劳动生产效率问题。这些学者的管理思想中，包含着科学领导的原则和方法。

“科学管理理论之父”泰勒，其科学管理思想就体现了“精确性”“标准化”思想。在泰勒主张的科学管理理论中，一方面将人视为追求个人利益最大化的“经济人”，而非有血有肉、有思想、有主张的人，认为工人们只注重自己的利益，因此管理只需要满足人最低级的本能，即对“物”的需求即可。

人如同机器中机械运转的零部件，因此在管理时需要有明确的奖惩制度——计件工资制度，并采用“胡萝卜加大棒”的管理方式。另一方面从古典管理理论兴起的原因来看，它的主要任务就是提高劳动生产率。因此，泰勒对管理者提出“例外原则”，由此来解决企业当中存在的管理效率低下和浪费问题。对于管理的客体，泰勒的“标准化思想”和“专业化分工”思想则直接反映了对“人”的定位，即人只是组织当中如同物一样的工具，“即使涉及人，也是抽剥了人的主体性，将人置于客体地位关照和对待”。

2. 行为科学理论阶段

行为科学是20世纪30年代开始形成的一门研究人类行为的综合性学科，并且发展成国外管理研究的主要学派之一，是管理学中的一个重要分支，它通过对人的心理活动的研究，掌握人们行为的规律，从中寻找对待员工的新方法和提高劳动效率的途径。行为科学管理理论始于20世纪20年代中至30年代初梅奥的霍桑实验，该项研究的结果表明，工人的工作动机和行为并不仅仅为金钱收入等物质利益所驱使，他们不是“经济人”而是“社会人”，有社会性的需要，由此建立了人际关系理论。1949年在美国芝加哥召开的一次跨学科会议上，首先提出“行为科学”这一名称。1953年正式把这门综合性学科定名为“行为科学”。

3. 现代管理理论丛林时期

第二次世界大战以后，科学技术飞速发展，生产社会化程度日益提高，引起了人们对管理理论的重视，管理思想得到了丰富和发展，出现了许多新的管理理论和管理学说，形成众多的学派。这些理论和学派，在历史渊源和内容上相互影响和联系 形成了盘根错节、争相竞荣的局面，被称为“管理理论的丛林”。它们包括管理过程学派、经验学派、系统管理学派、决策理论学派、管理科学学派和权变理论学派。这一阶段在吸收现代科学发展新成就的基础上，提出了现代管理的一系列理论和方法，逐渐发展成为包括各个领域和行业（如工商管理、公共管理）乃至整个社会的、全面的社会管理理论，诞生了现代管理学。

管理学孕育了领导科学，管理科学中包含着丰富的包含着丰富的领导学理论。随着一些学者和学术群体专门研究管理中的领导问题，领导学逐渐从管理学中分化出来，并日益成为一个独立的学科。

三、当代我国领导科学研究的发展

我国领导科学的发展与本国独特的文化和历史传统有着紧密的联系。中国共产党在长期领导我国人民进行艰苦卓绝的革命斗争中、在建设中国特色社会主义事业的过程中，总结概括出一系列科学领导的原则和方法，如领导班子和组织建设的理论，领导体制和干部队伍建设的理论，正确制定路线、方针、政策的理论，领导作风和勤政、廉政建设的理论，调查研究和思想政治工作的理论，领导方法和领导艺术的理论等，许多已经成为领导科学宝库中极其宝贵的财富。毛泽东的《党委会的工作方法》《关于领导方法的若干问题》，周恩来的《怎样做一个好的领导者》，邓小平的《老干部第一位的任务是选拔中青年干部》，江泽民的《各级领导干部要研究领导科学》，胡锦涛在党的十六大、十七大以来关于领导干部加强学习、提高素质、改进领导作风和领导方法、提高领导水平和领导艺术的一系列重要论述，习近平关于“领导干部要读点历史”、好干部“五条标准”、“领导者五大修养”等论断都是关于领导科学的杰出代表。

中国领导科学研究始于20世纪80年代初。1980年我国学者提出了“领导科学”这一概念并对此作了论述。1982年10月，在中共中央、国务院关于中央党政机关干部教育工作的决定中，把领导科学列为党政干部必读的公共业务基础课，即把学习领导科学第一次写入中央文件。1983年理论专著《领导科学基础》出版。1985年2月，我国第一家领导科学专业刊物《领导科学》创刊。同年，首届领导科学学术讨论会召开。此后，我国研究领导科学的论文、著作、辞典、论文集以及讲座、研究班、学术讨论会、研究会等，如雨后春笋，纷纷面世。据不完全统计，到目前为止，国内成立了领导科学研究会及各级分会，出版的有关领导科学的专著、译著、教材、杂志等已达数百种。各级党校、行政学院和200多所高等院校相继开设了领导科学课程，该课程同时成为公共管理和工商管理类专业的必修课程。

第三节 领导科学的研究对象

一门科学成熟的标志，在于有其特有的研究对象。领导科学是关于领导理论、方法、艺术的知识体系，是一门研究领导规律及其应用的科学，它综合运用多学科知识研究领导问题，目的在于开发领导力，提高组织的领导效能。

一、领导科学的研究对象及研究热点

领导科学是国内学界关注的重点之一，体系浩大、内容繁杂，可谓汗牛充栋，若仅从某单一视角出发，难以准确描绘当前研究的热点主题与宏观概貌。基于此，张明亮以中国知网“中国期刊全文数据库”在2002～2012年间收录的“核心期刊论文”作为研究样本，结合聚类分析、多维尺度分析和社会网络分析各自优缺点并对其综合运用，绘制出国内领导科学研究热点的综合知识图谱。通过研判，近十年我国领导科学研究呈现出六大热点主题：科学发展观与领导干部、社会稳定中的执政能力建设、领导干部选拔任用、领导干部经济责任审计监督、教育组织领导、领导理论的发展及领导型态等。本教材就社会稳定中的执政能力建设做重点介绍。

在新时期，构建和谐社会、应对复杂国内外局面能力成为领导干部执政能力建设的重要内容。学术界对这个问题非常关注，主要集中在三大方面：

一是基层领导者的执政能力建设问题。领导干部是党的中坚力量，基层领导是党的政策方针落到实处的重要保证，尤其是县级领导班子和领导干部担负着地区经济和社会发展的重要责任，县级党政领导的执政能力，直接关系当地经济发展水平和社会稳定。领导干部必须重视从思想上提高自己，从实践中锻炼执政能力。学者认为，基层领导的执政能力应当主要体现在抓落实上，努力提高领导干部总揽全局的能力。

二是领导干部作风建设问题。领导干部作风建设是我党执政之需，直接关系党和政府的形象，关系人心向背。领导干部作风建设包括思想建设、学风、工作作风、生活作风和领导作风等方面。要加强领导干部作风建设，一方面，要树立正确的权力观。正确行使权力是领导干部拒腐防变的关键，在政治体制改革不断推进中，权力的制约和监督越发重要，这也是党增强执政能力建设的重要一环。领导干部生活作风问题严重损害党的形象，对社会风气也造成不良影响，必须要从教育、监督、惩处等方面入手，抓好廉政建设，坚持正确的权力观教育。另一方面，要特别重视学风问题，加强学风建设。学风问题的实质是对待马克思主义的态度问题。我们党历来重视学风问题，加强学风建设是建设高素质干部队伍的迫切需要。领导干部端正学风必须坚定马克思主义信念、明确马克思主义理论内涵、明确马克思主义学习的出发点和目的、明确马克思主义学习的科学方法。

三是领导干部作风建设的方法。改进领导作风，领导干部必须做出表率。研究发现，在导致出现种种作风问题的因素中，放弃自我修养是领导干部不良作风的思想根源。放松思想教育工作、干部人事制度改革不配套等外部因素也容易让领导干部形成不良之风。

二、村官学习领导科学与艺术的必要性

“十二五”末，我国人口总量达到13.9亿左右，其中农村人口约占7亿。农业、农村、农民问题历来受到从中央到地方各级党委、政府的关注和重视。党的十八大报告中，明确提出了到2020年全面建成小康社会的宏伟目标，而全面建成小康社会，基础在农业，难点在农村，关键在农民。

2015年12月，中共中央、国务院出台了《关于打赢脱贫攻坚战的决定》。决定中指出，消除贫困、改善民生、逐步实现共同富裕，是社会主义的本质要求，是我们党的重要使命。我国扶贫开发已进入啃硬骨头、攻坚拔寨的冲刺期。实现到2020年让7000多万农村贫困人口摆脱贫困的既定目标，时间十分紧迫、任务相当繁重，要坚决打赢这场攻坚战。而广大农村是打赢这场脱贫攻坚战的主体，农村基层干部则是带领农民脱贫致富奔小康、建设新农村的主心骨。

“村看村，户看户，群众看干部”，村干部的素质和能力高低，直接关系到党在农村的执政基础，关系到广大农村脱贫致富奔小康的成效。广大村干部学习领导科学与艺术，对于加强农村干部队伍建设，提高他们的执政能力、致富能力和带领群众和谐发展的能力，提升村政村务管理水平，促进我国农村经济社会发展有着极为重要的作用。

典型案例

中共的领导力从哪里来

——《习近平时代》选载

2015年3月23日，91岁高龄的新加坡前总理李光耀去世，这位小国的大政治家曾有一个判断：西方民主制度可以有效问责，但是无法保证选出优秀的政府或领导人。

李光耀的观察是有一定道理的，西方的民主制度和政党制度从其设计初衷

来讲就不是用来遴选优秀的领导团队。西方的政党和中共不一样，政党只是代表社会中一部分人利益的组织，没有哪个政党比其他的政党更优秀。选举的基本假设就是，大家都是平等的，谁也不比谁更好，谁更能准确地反映民众的诉求，谁就能通过选举获得胜利，取得政权。这种逻辑，在中国可能就是一种典型的“尾巴主义”。董必武对此曾有非常精到的批评：“有些同志以为实行群众路线不需要党来领导，这也不对。没有党的领导，群众利益是不能实现的。”“像群众长远的利益或最高的利益，群众自身往往是看不见的，必须有党领导，群众才不致走错路。”

作为马克思主义政党，中共承担着崇高的历史使命，能最充分地代表民众的利益，代表社会的整体利益而不是部分利益，用中共自己的语言来表述就是代表“最广大人民的根本利益”。马克思主义政党的先锋队逻辑与中国传统儒家的士大夫政治逻辑有某种契合之处，它们都强调要由一个优秀的团队肩负起领导责任，带领民众建立一个更加完善的秩序。这个优秀的团队既要能洞悉历史发展的规律，又要能回应民众的诉求。前者是先锋队逻辑的必然要求，后者则是一种民主或民本主义的要求。中共相信，这二者是能够有机统一起来的。在具体行动策略上，用中共自己的话来说就是，既要保持先进性，不能搞“尾巴主义”，又要坚持群众路线，不能脱离群众。因此，中共不断地通过自我革新，以保证其党员在德和才两个方面的先进性；同时，又通过各种制度安排来保证其对国家的领导，通过群众路线保持与社会的良性互动，并实现有效的社会动员。这就是中共领导力的源泉，它一方面通过选拔产生一个优秀的领导集体并使领导集体能制定出科学合理的公共政策，另一方面又通过相应的制度安排，使这些政策能得到有效实施。

党纪为什么严于国法

2014 年 11 月 26 日，中纪委一天之内通报了 4 名山西贪官的立案调查结果，其中两名女官员的通报用词首次采用了“与他人通奸”字样。消息一出，马上引发舆论热议。“通奸”指有配偶的一方与配偶以外的异性自愿发生性行为，并不是犯罪，但违反了道德。在中国的《刑法》及相关法律中，没有对通奸做出定罪的规定。但是在中共的党纪中则有对此的惩戒规定，《中国共产党纪律处分条例》第一百二十七条明确规定：与他人发生不正当性关系，造成不良影响的，给予警告或者严重警告处分；情节较重的，给予撤销党内职务或者留党察看处分；情节严重的，给予开除党籍处分。

为什么党纪严于国法？这是中国共产党自身性质所决定的。作为先锋队性质的政党，党员是先锋队的一员，是特殊材料制成的人，应当发挥模范带头作用，将普通群众团结在自己周围，带领他们投身于党领导的事业中去。

“特殊材料”意味着党员要以更加严格的标准自我要求，无论是在道德方面，还是在能力方面，党员必须比普通公民更优秀才能无愧于党员的称号，这就是党纪严于国法的逻辑。国法是对一个公民的要求，是一种基本的要求；党纪是对一个党员的要求，它是一种更高的要求，也是党的先进性的要求。

那么，怎样才是合格的党员呢？

2014 年 3 月 17 日，习近平来到河南省兰考县调研。这不是习近平第一次来兰考。2009 年 3 月底习近平就专程赴兰考拜谒焦裕禄陵墓。在习近平心中，焦裕禄是一座丰碑，是一名合格党员的典范。早在 1990 年，习近平就曾填词一首，以表达他对焦裕禄的敬仰之情：“百姓谁不爱好官？把泪焦桐成雨。生也沙丘，死也沙丘，父老生死系。暮雪朝霜，毋改英雄意气。”“为官一任，造福一方，遂了平生意。”……一首《念奴娇·追思焦裕禄》，尽显这位“最著名的县委书记”的为民情怀与英雄本色。

这何尝不是习近平自己所向往的境界呢?！当年，习近平选择离开北京，心中装的就是这份理想；今天，习近平来到兰考，也是希望以焦裕禄为榜样，激励更多的党员干部做一个焦裕禄式的好干部。

焦裕禄在兰考仅工作 470 多天，但在群众心中铸就了一座永恒的丰碑，他的精神之所以能穿越半个世纪仍历久弥新，就是因为他“心中装着全体人民、唯独没有他自己”的公仆情怀，“吃别人嚼过的馍没味道”的求实作风，“敢教日月换新天”“革命者要在困难面前逞英雄”的奋斗精神，艰苦朴素、廉洁奉公、“任何时候都不搞特殊化”的道德情操。

3 个月后，习近平在全国组织工作会议上，全面阐述了好干部的标准。“好干部的标准，大的方面说，就是德才兼备”，“好干部要做到信念坚定、为民服务、勤政务实、敢于担当、清正廉洁”。在这五个方面中，习近平着重强调了信念和担当。习近平认为，理想信念坚定，是好干部第一位的标准。他有个形象的比喻：“理想信念是共产党人精神上的‘钙’”，“没有理想信念，或理想信念不坚定，精神上就会‘缺钙’，就会得‘软骨病’”，“就可能导致政治上变质、经济上贪婪、道德上堕落、生活上腐化”。针对党员干部中不敢负责、不愿负责的问题，习近平强调：坚持原则、敢于担当是党的干部必须具备的基本素质，“为官避事平生耻”，有多大担当才能干多大事业。

保持党的先进性，还有一个重要工作，就是认真选好接班人。改革开放之初，邓小平就强调：“认真选好接班人，这是一个战略问题，是关系到我们党和国家长远利益的大问题。”30多年后，习近平也一再强调，培养选拔年轻干部，事关党的事业薪火相传，事关国家长治久安。2014年1月14日，中共对已经实行了十多年的《党政领导干部选拔任用工作条例》进行了修订，进一步完善干部选拔任用机制和监督管理机制。

什么样的人可以进入中共最高领导层

1969年1月，习近平和两万多名初、高中毕业生一起，到延安插队，接受贫下中农再教育，那一年他才15岁。也就是从那时开始，他真正接触到中国最基层也最真实的社会现实。当时的中国非常贫穷，尤其是老区，这些城里来的孩子住的是土窑，睡的是土炕，吃的是玉米团子（窝窝头），生活非常艰苦。习近平每天要挑粪、拉煤、打坝、种地，经历过最穷苦的生活，却被他视为宝贵的人生财富。2008年全国两会期间，已担任中共中央政治局常委的习近平在参加陕西代表团审议时说：“这一段时间（陕北插队7年）成为我人生的一个转折，可以说陕西是根，延安是魂。很多事都历历在目，现在有很多思维行动都和那时候有关联，就像贺敬之那首《回延安》的诗里所描绘的：我曾经几回回梦里回延安。”

习近平在延安一直待到1975年10月，差两个月就满7年，这是他第一次下基层。

7年后的1982年，习近平主动放弃北京优越的条件，放弃中央军委办公厅秘书的工作，再次从北京出发下基层，担任河北省正定县委副书记。33年后的2015年，习近平在与中央党校第一期县委书记研修班学员座谈时，还谈及他在正定当书记时下乡调研的往事。“我在正定时经常骑着自行车下乡，从滹沱河北岸到滹沱河以南的公社去，每次骑到滹沱河沙滩就得扛着自行车走。虽然辛苦一点，但确实摸清了情况，同基层干部和老百姓拉近了距离、增进了感情。”

从1982年到2007年，习近平在基层干了25年再次回到北京。正是从正定这个小县城起步，习近平一步步成长为中共最高领导人。

我们只要简单浏览一下中共其他几位政治局常委的简历就会发现，“丰富的基层经历”是他们的一个共同特点。不仅政治局常委如此，中共的各级领导干部大都有基层工作的经历。中共在干部的选拔任用中，是否有基层一线工作经历是一个重要条件，尤其是在艰苦地方的工作经历。为此，中共有专门的制度安排——干部挂职锻炼制度，要求干部到基层锻炼，希望他们通过基层历练，将根扎得深一些、实一些。这一制度的雏形是延安时期边区人民政府曾大规模选派知识分子、干部和学生下乡，对农村社会进行改造。其正式建立则是1991年，当时中共颁布《关于抓紧培养教育青年干部的决定》，提出对于有培养前途的青年干部，要有目的地选派他们到基层去任职锻炼。这个决定还规定地（市）以上党和国家机关提拔处级以上领导干部，必须具有三年以上的基层工作经历。

在中共看来，只有那些有过基层工作经历的人，才会了解人民，对民间疾苦感同身受。对此，习近平就深有体会："参加工作后，在普通岗位上经历一些难事、急事、大事、复杂的事，能够更加深刻地感受国情、社情、民情，也就是人们常说的'接地气'。"也只有经过基层历练，一个人的意志才能得到最有效的锻炼。

基层历练还有一个非常重要的作用，就是它能迅速提升年轻干部处理实际问题的能力。在当代中国社会快速转型时期，新旧矛盾交织，处理起来仅靠书本上学的知识是远远不够的，更需要的是建立在知识基础上的实践经验。"越是条件艰苦、困难大、矛盾多的地方，越能锻炼人"，"对那些看得准、有潜力、有发展前途的年轻干部，要敢于给他们压担子，有计划安排他们去经受锻炼。这种锻炼不是做样子的，而应该是多岗位、长时间的，没有预设晋升路线图的，是要让年轻干部在实践中'大事难事看担当，逆境顺境看襟度'"。

中共正是通过有效的制度安排，使得选拔上来的干部既接地气，又具备应对复杂问题的实践经验，这是中共领导力的重要源泉。

学习型政党：自我革新的发动机

2006年，狄忠蒲在评估中共未来的发展趋势时，认为中国共产党并不存在由于内部衰败或外部压力而出现即将崩溃的危险。虽然中国共产党面临许多严峻的问题，但是它一再证明自己具有足够的适应性和弹性。那么，这种适应性从哪里来呢？丹麦学者柏思德与新加坡国立大学东亚研究所教授郑永年认为，中共的适应性关键在于中共的组织调适能力，而这种能力的获得，一个重要的机制就是学习。他们还专门讨论了中央党校，认为中央党校是一个独特的制度调适机制。

自20世纪90年代以来，中共就将学习型政党建设作为基本战略。尽管学习是中共一项历史悠久的传统，并且很早就建立了自上而下的党内培训和学习机制——各级党校。但以改革开放为标志，中共“学习”的含义和内容发生了很大变化。如果说在毛泽东时代，“学习”主要是政治教化意义上的，是组织成员政治进步的标志的话，那么在邓小平时代，“学习”则加入了专业知识和能力的要求。1978年后，中央高层领导人反复强调向他国学习，向现代科技与管理知识学习的重要性。

但是，中共最高层的学习还不是在中央党校，而是中央政治局集体学习制度。这是一个重要的制度创新，最高领导人开展集体学习是中共传统的学习系统所缺乏的。第十六届、第十七届政治局共分别开展了44次、33次学习，其制度化程度很高。

2012年11月17日，刚刚当选才两天的中央政治局委员们就开展了十八大以来的第一次集体学习。截至2015年3月底，第十八届中央政治局已经进行了21次集体学习，平均1.3个月就学习一次。学习的内容十分广泛，政治、经济、社会、文化、生态、党建、法治、军事、国防、历史经验均有涉及。从这些内容中可以看到，集体学习回应了治国理政的重要问题，贴近民众的需求。集体学习不仅帮助中共统一思想，凝聚共识，而且还能推动政策的出台。在某种意义上，中央政治局的集体学习可以成为我们观察中国政治走向的一个重要窗口，学习的主题往往是重大政策出台的前奏。

参加中央政治局集体学习的，不仅有政治局委员，而且有人大、政协以及与学习主题相关的党和政府各部门的负责人。通过学习，中共不仅保持了强大的执政能力，而且领导人民取得了巨大成功，显示出很强的适应能力。

专门从事政治精英研究的新加坡国立大学研究员薄智跃认为，“中国模式”实际上是一种学习模式。可以说，经过几十年的努力，中共建立了一个庞大的学习体系，已经有能力培训从中央到地方、从党委到行业的所有干部。在政治局集体学习之外，中共还有三个层次的学习机制。第一个层次是，全国各级各类党政机关领导班子普遍建立了中心组学习制度，强化各级主要领导的日常学习，理论学习中心组就像是政治局集体学习的“党委版”，是中共核心领导干部进行政治学习的关键平台。

第二个层次是各级党校和行政学院系统，主要对各级党员领导干部进行常规轮训。正如沈大伟所言，党校系统是一个至关重要的组织设计，全国近

3000所党校不仅负责对4000多万名有一定级别的党员干部进行培训，还发挥着智囊团、改革观念和政策孕育的功能。各级党校和行政学院的培训大体包括四个方面的内容：马克思列宁主义及其中国化理论成果和最新的政策文件；党章党规党纪和党的组织管理机制与方法；行政、管理和领导科学；经济学、会计学、历史、国际政治、哲学等基本知识。

十六大以后，为适应新时期大规模培训干部、大幅度提高干部素质的战略需要，中共又成立了三所干部学院：浦东干部学院、井冈山干部学院、延安干部学院，所开设的主体班次不同于党校系统所要完成的轮训任务，而是设置专题班。比如，浦东干部学院重中之重的班次是厅局级专题培训班，主要按照三大专题开设：一是城市化与城市现代化；二是国际金融体系与现代金融管理；三是学习借鉴长三角改革发展经验，促进中西部科学发展。

第三个层次是高校系统。为了更好满足各级党员干部对现代化知识的需求，2000年以来，中共加大了与各高校的合作，利用高校知识门类齐全、知识更新速度快的优势，通过专项培训，让各级党员干部尽快掌握相关的政治学、经济学、公共管理、社会管理等方面的知识。

为了开阔各级党员干部的视野，中共各级组织部门还与很多国外的院校建立合作培训机制，定期将他们送到国外进行专项培训。现在，很多地方的处级干部都有海外学习经历。

正是通过常规而系统的学习，中共才得以不断提高自身的执政能力和执政水平。习近平在2015年2月底专门为干部学习培训教材作序，强调“中国共产党人依靠学习走到今天，也必然要依靠学习走向未来”，“全党同志特别是各级领导干部要有本领不够的危机感，以时不我待的精神，一刻不停增强本领。要勤于学、敏于思，以学益智，以学修身，以学增才”。学习，已经成为中共不断自我更新的发动机。

制度红利：共产党领导国家的秘密

中共能有效地实现对国家的领导，除了不断强化自身的执政能力和执政水平之外，还需要制度化的机制来将党和国家连接起来，使党的意志能有效变成国家的政策，并保证各部门有效执行这些政策。在众多的机制中，有三个机制很有特色，也很重要。

第一个机制就是领导小组机制。2013年12月，中共十八届三中全会召开后仅一个月，中共成立了一个新的机构——全面深化改革领导小组，由习近平亲自担任组长。对于不了解中国政治的人来说，可能很难理解，为什么一个领导小组的组长要由总书记来担任，而且整个小组的规格如此之高，政治局7名常委中有4人在其中任职。

中央工作领导小组广泛存在于党和国家政治运行过程中，发挥着议事、协调等功能，极为重要，也极为特殊。这些领导小组数量很多，既有常设性的，也有临时性的，它们是党政系统常规治理方式之外的补充，拥有跨部门的协调权力。小组负责人的级别越高，“小组”协调和执行能力也更强。例如，2006年，国家成立“深化医药卫生体制改革部级协调工作小组”。由于涉及部门繁多，医改方案久拖不决。2008年12月20日，国务院提升了小组的规格，批准医改协调小组升格为医改领导小组，时任中共中央政治局常委、国务院副总理的李克强亲自挂帅。消息一出，媒体纷纷用“新医改驶入快车道”来形容紧接而来的医改新进展。

正因为如此，中共十八届三中全会之后成立的全面深化改革领导小组会有如此高的规格，小组负责改革的总体设计、统筹协调、整体推进、督促落实。作为全面深化改革的“神经中枢”，自成立以来已经举行11次会议，先后共审议了包括《关于进一步推进户籍制度改革的意见》《最高人民法院设立巡回法庭试点方案》《关于加强社会主义协商民主建设的意见》《关于城市公立医院综合改革试点的指导意见》在内的至少50个文件，通过了不少“重量级”方案，也啃下了很多改革阻力较大、多年都啃不动的“硬骨头”。司法体制改革是目前深改组关注最多的议题。11次会议中有7次会议均涉及这一改革的相关内容，先后通过的相关方案和意见多达12个。

从全面深化改革领导小组的运行中，我们也可以看出，中共的重要决策均是先在专门的小组中拟订方案，然后再提交政治局常委会和政治局审议通过，相关部门负责具体落实。中央工作领导小组是中共实现对国家和社会全面领导的重要机制之一，是党和国家最高领导人与各职能部门之间的桥梁。作为相关职能领域顶层的每一个领导小组，都领导着一批党、政、军机构。中国政治生活中的所谓“归口管理”一般都是通过党的领导小组制度来实现的。

第二个机制是党组制度。2015年1月16日，中共中央政治局常务委员会召开会议，专门听取全国人大常委会、国务院、全国政协、最高人民法院、最高人民检察院党组汇报工作。习近平在会上强调，党中央对全国人大常委会、国务院、全国政协、最高人民法院、最高人民检察院的统一领导，很重要的一个制度就是在这些机构成立党组。党组是党中央和地方各级党委在非党组织的领导机关中设立的组织机构，是实现党对非党组织领导的重要组织形式和制度保证。

党组是党的各级委员会在非党组织中的派出机关。作为派出机构，党组和党委不同，党委是选举产生，党组则不是由选举产生，而是由同级党委指派，并接受同级党委的领导。正是通过党组，党能有效地实现对各种非党组织的领导。以人大为例，在人民代表大会闭会期间，由设立在人大常委会内部的党组来贯彻党的意志，党组成员一般由委员长、党员副委员长（地方人大常委会由主任、党员副主任）加秘书长组成。在实际工作中，人大常委会党组在相当程度上就是人大常委会的领导核心。党组实际上是同级党委和人大常委会之间的一个连接通道，同级党委的决定通过党组变成人大常委会的实际行动，人大常委会的相关请示和汇报也通过党组传递到同级党委。尽管党组和同级党委分属于人大和党两个不同的系统，但从党内关系来说，同级党委和党组之间是领导和被领导的关系。

第三个机制是中共领导人在国家机构中任职。例如，习近平是党的总书记和中央军委主席，但同时他也是国家主席和国家军委主席，其他政治局常委则分别担任国务院总理、全国人大常委会委员长、全国政协主席、中央党校校长、中央纪委书记、国务院副总理等。

通过这三种机制，中共有效克服了分权体制下可能出现的相互否决、治理低效的弊端。就像弗朗西斯·福山所言，美国的两党制使美国政治周期性地陷入两极分化，而其分权制衡机制使得政治体制的某一个部分能相对轻易地阻挠其他部分，从而形成“否决政体”，整个体制都受制于否决权。在分立性政府的情况下，政党无法有效地协调立法机构与行政部门之间的关系，从而形成政治僵局，甚至导致联邦政府有时不得不“关门歇业”。从 1977 年到 1996 年 19 年间，联邦政府曾关门 17 次，几乎平均每年关门一次，最近一次是在 2013 年 10 月。当时，法国《世界报》刊登一篇评论，题目是“杰斐逊，快醒醒！他们已经变成了白痴！”。相比而言，中共的党政体制不仅能根据长期目标进行决策，并能够在决策的制定和实施过程中不被利益集团所俘获，而且可以通过党的系统有效协调立法和行政，以及不同行政部门之间的关系，使政策的制定和执行更加流畅。

（资料来源：中国共产党新闻网）

本章小结

领导指领导者通过一定的组织形式和必要的手段、方法，率领和引导被领导者实现某种特定目标的行为过程。领导作为一种社会行为过程，具有社会历史性、制约性、目的性和能动性等特征。从属性来看，领导既是一门科学，也是一门艺术。古今中外，关于领导的经验和理论逐步积累，成为领导实践不断进步的理论阶梯，也构成了领导科学与艺术的理论来源。领导科学是关于领导理论、方法、艺术的知识体系，是一门研究领导规律及其应用的科学，它综合运用多学科知识研究领导问题，目的在于开发领导力，提高组织的领导效能。广大村干部学习领导科学与艺术，对于加强农村干部队伍建设，提高他们的执政能力、致富能力和带领群众和谐发展的能力，提升村政村务管理水平，促进我国农村经济社会发展有着极为重要的作用。

思考题

1. 领导的概念及特征是什么？
2. 为什么说领导是一门科学也是一门艺术？
3. 我国的传统文化中的领导思想有哪些值得借鉴之处？
4. 村官学习领导科学与艺术的必要性是什么？

第二章　村级领导班子建设的艺术

学习目标

了解村级组织的概念及特征；了解村官的概念及特征；掌握村官的工作原则；了解领导班子的含义；掌握村级党组织领导班子的设置及村民委员会领导班子的设置；理解如何正确认识和处理村民委员会与村党支部的关系；掌握如何实现农村领导班子结构的合理化；掌握如何提升农村领导班子的领导力。

学习内容

领导班子是一个组织或团体的领导核心，对组织或团体的整体力量的发挥起着决定性作用。农村领导班子一般包括村党支部和村民委员会全体成员，肩负着在本村贯彻落实党的各项方针政策、促进农村改革稳定发展的组织和管理等各项功能。随着我国农村经济和各项社会事业的快速发展，需要农村领导班子解决和处理的问题越来越复杂，领导班子各个成员在知识、能力、素质和年龄等各个方面也在发生着迅速的变化，一个领导班子只有实现群体的优化组合，才能发挥出最优的整体效能。

第一节　村官的素质及能力

一、村级组织及村官

村庄是中国广大农民生存的基本场所。村级组织及广大村干部，是组织开展村民自治、带领村民开展社会主义新农村建设的重要力量。

1. 村级组织

从历史上看，“村”是一个十分古老的概念，它最早产生于原始社会的中后期。传统的村是自然村，即自然形态的居民聚落，有明显的聚落界限。它的分布、形态、规模深受地形、气候等自然地理条件的影响，并且其经济文化活动具有较浓的地域传统色彩。

新中国成立后，尤其是改革开放以后，村逐渐纳入到国家行政管理的体系，形成了现在的行政村。行政村可以由一个或多个自然村组成，是一个行政区域单位，受村民委员会和村支部管理。现代意义的农村一般是指“以农业生产活动为基础的社会生活区域内，以农业为主要职业的居民聚居地”。

村党支部和村民委员会，是从事村级管理的组织机构。村党支部是中国共产党在农村基层的党组织，是基层各项事业的领导核心，是党在基层的工作队和战斗队，也是贯彻落实党的方针、政策的基本保证。村委会是村民自治的载体，其由村民选举产生，并在村民授权的范围依法自主管理村级公共事务，是村民自治权的体现。作为农村基层权力结构体系的组成部分，二者都具有相应的合法性和共同的认同度，二者的根本目的都是尊重和维护农民的合法权利和利益。

2. 村官

村干部，又称作“村官”。村官，指通过村民自治选举产生的村级事务的直接管理者和村民的领导人。他们在村民委员会或村党组织担任一定的职务，行使公共权力，并享受一定的政治经济待遇。[①] 村官有广义和狭义之分：广义的村官泛指在村委会和村党组织任职的一切成员，包括村党支部书记、村委会主任、妇女主任、村会计、村委会委员、村党支部委员等；狭义的村官仅指在村支部书记和村委会主任。本教材的研究对象主要针对狭义的村官，即在农村发展中起到主要作用的村支部书记和村主任。

村官是特殊的领导群体，该群体既区别于一般意义的国家公务员，属于游离于国家行政干部体制之外的、不在编、不脱产的边缘化干部；同时又由于农村社区的特殊性，不同于企业的管理者。就大多数普通农村而言，村干部的特殊性主要表现在以下几方面：

第一，来源的特殊性。村官来源于农村，始终是农民身份。村官不是全职工作，像其他村民一样，还有农业生产的任务。村官与村民有着十分密切的血缘及地缘关系。村官无论在任还是离任都不会离开他所在的村庄。而其他企事

---

① 1998 年 11 月 4 日第九届全国人民代表大会常务委员会第五次会议通过，并于 2010 年 10 月 28 日第十一届全国人民代表大会常务委员会第十七次会议修订的《中华人民共和国村民委员会组织法》规定了村干部在经济、政治、文化、体育卫生等方面的主要职责。

业单位的管理者是通过社会公开招聘获得职位的，离任后一般也会离开他所供职的组织。

第二，管理对象的特殊性。由于农村社会的“熟人”和“半熟人”特性，村官管理的对象都是亲戚、邻居、朋友等各种熟人，因此一般企事业单位制度化的管理手段，如升迁、降职、奖惩等并不适用。村官自身的影响力以及艺术化的管理方法显得更为重要。

第三，职业发展的特殊性。企事业单位的管理者如果业绩突出，可以获得进一步的提升，有着明确的职业晋升渠道。而村官是边缘化的干部，没有正式的公务员编制，因此没有正常的职业发展。目前，一些地方政府虽然允许村官连续任职时间满几年后可以报考乡镇公务员，但是相对来说，难度较大。

第四，工作内容的特殊性。村干部和一般企事业单位的管理者相比，工作内容更为繁杂和琐碎。工作领域覆盖大到“农林牧渔、工商运建、财科文教卫”等各方面，小到解决村民纠纷，缓解矛盾、协调关系。村级事务的繁琐和复杂需要村干部付出极大地细致和耐心，同时也使得村干部的工作绩效难以量化和评估。

二、村官的工作原则

村级组织的常规工作，通常被比作“上面千条线，下面一根针”。村官的工作因此也千头万绪，艰巨复杂，因此，村官如果想妥善完成本职工作，需要坚持以下原则：

1. 坚持党的领导

村民委员会是群众自治组织，村民自治是党领导下的自治。村官在农村工作中坚持党的领导，就要认真学习和贯彻党的方针政策，保持正确的政治方向；自觉协助乡镇政府完成与本村有关的行政工作；正确发挥村党支部的领导核心作用，村“两委”协调配合，形成工作合力。

2. 坚持依法办事

村民自治是在国家法律、政策范围内的自治。村官必须知法守法，在法律范围内开展民主管理，依照法律程序进行重大村务民主决策，依法维护村民合法权益。根据《村民委员会组织法》的规定，村民委员会及其成员应当遵守宪法、法律、法规和国家的政策，遵守并组织实施村民自治章程、村规民约，执行村民会议、村民代表会议的决定、决议，办事公道，廉洁奉公，热心为村民服务，接受村民监督。

3. 坚持村民当家做主

人民当家做主是社会主义民主政治的本质要求，也是村民自治的核心和精髓。由村民当家做主，是村官开展工作必须遵循的基本原则和根本目标。坚持村民当家做主，就要在民主选举活动中，尊重和保障村民的推选权、选举权、提名权、投票权和罢免权；在村级重大事务民主决策和管理中，要落实村民群众的知情权、决策权、管理权、监督权；贯彻少数服从多数的原则，兼顾不同方面群众的利益；牢固树立服务意识，为村民提供主动、有效的服务。

4. 坚持共享发展理念

发展是解决农村一切问题的第一要务。十八届五中全会提出，坚持共享发展，必须坚持发展为了人民、发展依靠人民、发展成果由人民共享，做出更有效的制度安排，使全体人民在共建共享发展中有更多获得感，增强发展动力，增进人民团结，朝着共同富裕方向稳步前进。村官在工作中，要坚持共享发展理念，坚持科学发展，围绕经济建设这个中心，注重经济发展与人口、资源、环境的关系，保持发展的可持续性，全面提升村民的生活质量。

三、村官应具备的基本素质

村官是村级公共事务的管理主体，是党在农村各项方针政策的最基层实践者，在农民脱贫致富奔小康中起衔接、组织和引领作用。“十三五”时期是我们确定的全面建成小康社会的时间节点，全面建成小康社会最艰巨最繁重的任务在农村，这也给村官素质提出了更高的要求。总的来说，村官要具备以下基本素质：

1. 政治素质

政治素质是我国社会主义制度下对各级领导者最基本的素质要求，包括政治信仰、政治立场、政治观点、政治态度、政治敏锐性、政治鉴别力等。政治素质决定了一个人的政治方向，在所有的素质中，政治素质是第一位的，是最重要的素质。村官的政治素质主要体现在：爱党、爱国、爱社会主义，在大是大非面前与党中央保持一致，坚决贯彻执行中央的方针、政策和工作部署；有一定的鉴别是非的能力；有全心全意为人民服务的思想等。

2. 道德素质

道德是一个人内在的约束机制和信守的行为准则。村官应当具备以下道德素质：一是公道正派，不拿原则做交易，不媚上欺下，在处理具体的人与事时，不掺杂私人感情，维护村级领导班子与群众之间的团结。二是密切联系群众，关心群众疾苦，倾听群众呼声，遇事多与群众商量，能够及时主动向上级反映广大群众的正当诉求。三是严于律己，一心为公。村官是村民的领导人、带头人，在党纪国法面前和普通村民一样，没有任何特权。四是胸怀宽广，听得进批评意见，能够团结与自己看法不一致的同志。一个好的村干部，要有气度，能够团结一切可以团结的人，不以我划线，不拉帮结派，不计较个人恩怨，不给人穿小鞋。

3. 文化知识素质

文化知识是构成领导素质、领导才能的基础。文化知识不能等同于能力，但是没有一定的文化知识，就不能很好地去理解新形势，接受新事物，也就难以提出利于村庄发展的新思路、新举措。《村民委员会组织法》对村民委员会候选人资格条件的规定中，就明确要求“具有一定文化水平”。实践中，村民也更加倾向于信任和推选文化层次较高的干部。

村官所要具有的文化知识素质主要体现在：掌握一定的基础知识，包括要有一定的政治理论知识和法律政策知识，了解一些自然科学和社会科学知识，会使用计算机和互联网；掌握一两门实用技术，以自己致富带动群众致富。

4. 心理素质

良好的心理素质包括积极、乐观、自信、情绪稳定、意志坚定、宽容大度等，是健康人格的重要组成部分。心理素质的好差和健康程度，对一个领导者的工作能力和工作水平有很大影响。一个合格的村官，要具备稳定的情绪和丰富的情感，工作中要有高度的事业心和强烈的进取心，有较强的自控能力和适应能力，取得成绩时不沾沾自喜，遇到挫折时不垂头丧气。

第二节　农村领导班子的设置

一、领导班子的含义

领导班子，是指一个组织或团体，由若干成员按照系统组成的领导集体，也称领导集团或领导群体。它是一个组织或团体的领导核心和指挥核心。领导班子在一个组织或团体内，对于驾驭全局、掌握大政方针发挥着决定性作用。

邓小平曾经说过："领导班子就是作战指挥部，指挥不强，作战就没有力量，必须建立一个坚强的领导班子。"

农村领导班子一般包括村党支部和村民委员会全体成员，是农村各项事业的中流砥柱，肩负着在本村贯彻落实党的各项方针政策、促进农村改革稳定发展的组织和管理等各项功能。党的农村基层组织的领导班子，由认真贯彻执行党的路线方针政策、清正廉洁、公道正派、群众拥护、能够带领群众完成各项任务的党员组成。村民委员会由主任、副主任和委员共3~7人组成。村民委员会成员中应当有妇女成员，多民族村民居住的村应当有人数较少的民族的成员。

二、村级党组织领导班子的设置

村党组织，根据工作需要和党员人数，经上级党组织批准，可以分别设立党的基层委员会、总支部委员会、支部委员会。村党支部是目前村党组织设置的主要形式。

1. 任期及选举办法

根据党章和《中国共产党农村基层组织工作条例》规定，村党组织受乡镇党委领导。各地村党支部一般是每2年或3年换届一次。《中国共产党章程》第30条规定，党的基层委员会每届任期3年至5年，总支部委员会、支部委员会每届任期2年或3年。

根据《中国共产党农村基层组织工作条例》的规定，村党支部、总支部和党的基层委员会由党员大会选举产生。根据《中国共产党基层组织选举工作暂行条例》规定，党的委员会由党员大会选举产生。党员人数在500名以上或所辖党组织驻地分散的，经上级党组织批准，可以召开党员代表大会进行选举。

根据中组织部要求，在村党组织换届选举中，要坚持和完善"两推一选"办法，即党员推荐、群众推荐村党组织成员候选人，党员大会无记名投票选举产生新一届村党组织委员会委员。

2. 村"两委"成员标准条件

（1）讲政治。理想信念坚定，认真执行党在农村的路线方针政策，自觉接受上级党委领导。

（2）重公道。坚持按法律法规和政策办事，处事公平公正。

（3）有本领。具备履行岗位职责应有的能力和素质，能带领村庄发展、村民致富。

（4）善服务。尊重群众意愿，善于做群众工作，热心为群众办实事解难题。

（5）口碑好。模范遵守社会公德、家庭美德，品行端正，廉洁自律，在党员群众中威信高、形象好。村党组织书记、村委会主任还应保证主要时间和精力用于村级事务、为村民服务。

3. 候选人资格

根据《中国共产党农村基层组织工作条例》的要求，村党支部书记还应具备一定的政策水平，善于做群众工作。应当重视培养选拔优秀年轻干部，改善领导班子的结构。

当前要注重拓宽农村基层干部的来源，拓宽选人用人视野。注重从农村致富能手、合作经济组织负责人、专业大户、乡村医生、外出务工经商人员、复转军人、回乡大中专毕业生、离岗退休人员中发现优秀人才。鼓励大学生村官等各类面向基层服务人员积极参选。支持符合条件的村团组织书记、妇代会主任按法定程序进入村“两委”班子。对本村确无合适党组织负责人的，可采取从县乡党政机关和企事业单位选派“第一书记”等方式，安排优秀人才到村任职。

三、村民委员会领导班子的设置

村民委员会是村民自我管理、自我教育、自我服务的基层群众性自治组织，实行民主选举、民主决策、民主管理、民主监督。村民委员会主任、副主任和委员，由村民直接选举产生。

选举产生村委会后，新一届村委会首先应着手建立健全村委会班子及配套组织，按照规定接受上届村委会的工作移交，选好村民代表，建好村民小组，并根据需要设立下属委员会，以确保尽快开展工作。

1. 配齐村委会班子成员

（1）缺额的另行选举。选举村民委员会，由登记参加选举的村民直接提名候选人。选举村民委员会，有登记参加选举的村民过半数投票，选举有效；候选人获得参加投票的村民过半数的选票，始得当选。当选人数不足应选名额的，不足的名额另行选举。另行选举的，第一次投票未当选的人员得票多的为候选人，候选人以得票多的当选，但是所得票数不得少于已投选票总数的三分之一。

（2）出缺的补选。村委会成员可能因某些原因出现职务终止，例如丧失行为能力或者被判处刑罚、连续两次被评议不称职、通过罢免程序被罢免。在出现个别村委会成员出缺后，应进行补选，以保证村委会职能的正常发挥。

2. 进行工作移交

村民委员会应当自新一届村民委员会产生之日起十日内完成工作移交。工作移交由村民选举委员会主持，由乡镇政府监督。

（1）移交工作的组织。村民委员会工作移交，由村民选举委员会主持，村党组织成员、村民选举委员会成员、新老村民委员会成员和新老村民委员会计（或者报账员、文书）等相关人员参加。乡镇人民政府派人进行监督。

（2）移交的主要内容。村民委员会印章、办公场所、办公用具、集体财务、账目、固定资产、工作档案、债权债务及其他遗留问题等。

（3）移交手续。工作移交应当形成书面材料，详细写明主持人、移交时间、地点、村参加移交会议人员、乡镇参加监督人员，移交物品的数量、质量，移交账目、债权债务、遗留问题的详细情况等。移交工作完成后，到会人员签字。移交材料一式五份，村党组织一份、新老村民委员会主任各一份、村存档一份、乡镇人民政府备案一份。

对拒不移交或者无故拖延移交的，村党组织、乡镇人民政府给予批评教育，督促改正。移交过程中发现有重大问题的，村干部和村民可以向乡镇人民政府或者纪检监察机关、人民法院、人民检察院等有关机关反映，受理单位应及时依法受理。对于工作移交过程中发生的破坏公章、办公场所、办公设施、集体财务、账目、固定资产、工作档案或者违法处理债权债务的，应视情节追究当事人的相应法律责任。

村民委员会移交工作完成后，村民选举委员会的工作完成，即日解散。

3. 村民小组的产生

村民小组是村民开展自治活动的基本单位，是村委会的下属组织。建设好村民小组，村委会的工作就有了坚实保障。村民小组的设置，按照因地制宜的原则，根据村民居住状况、集体土地所有权关系等分设若干村民小组。

由村民委员会成员召集、主持村民小组会议，本小组十八周岁以上过半数村民或者三分之二以上户代表参加，以举手、鼓掌等方式推选产生村民小组长，提倡无记名投票，并公开唱票、计票，以得票多的当选。村民小组长的任期与村民委员会任期相同，可以连选连任。

4. 村民代表的产生

村民代表是组成村民代表会议的主体，是村民利益和意愿的代表者，要有一定的代表性，其中应有党员、团员、村民小组长、民兵、种（养）殖专业户等各方面的代表，特别要注意的是，妇女代表要达到村民代表组成人员的三分之一以上；多民族村民居住的村要有少数民族的代表。

人数较多或者居住分散的村，可以推选产生村民代表。村民代表按每五户至十户推选一人，或者由各村民小组推选若干人，总数由村民委员会确定，但是不得少于三十人。其中，妇女村民代表应当占村民代表总数的三分之一以上。

（1）以村民小组为单位推选。根据村民代表总数，按照本小组确定的村民代表数额，由村民小组长主持召开本小组十八周岁以上过半数村民或者三分之二以上户代表参加的小组会议，以举手、鼓掌等方式推选，提倡无记名投票产生，以得票多的当选。

（2）以若干户为单位推选。按照产生一名村民代表确定推选的户数，划分若干选举单位。由村民小组长主持十八周岁以上过半数村民或者三分之二以上户代表参加的会议，以举手、鼓掌等方式推选，提倡无记名投票产生，以得票多的当选。

村民代表的任期与村民委员会任期相同，可以连选连任。

5. 下属委员会的产生

村民委员会根据需要，可以设立人民调解、治安保卫、公共卫生与计划生育、民政等下属委员会。村民委员会成员可以兼任下属委员会成员。村民委员会成员不兼任下属委员会成员的，由村民委员会等额提名，经村民会议或者村民代表会议表决，以获得过半数通过。

（1）下属委员会成员条件。遵守国家法律、法规，有一定分析、处理问题的能力和专业知识，热心为村民服务，在村民中有一定的威望。

（2）下属委员会职数、职责。各地可根据当地实际，制定各委员会具体工作职数和职责。

（3）下属委员会成员的撤换、补选。村下属委员会成员，违反国家法律、法规，不履行职责，给村的工作造成一定损失，经村民委员会提议、五分之一以上村民或者三分之一以上村民代表联名，可以按照原产生程序和方法撤换、补选。

四、正确认识和处理村民委员会与村党支部的关系

村民委员会与村党支部，合称为村“两委”，共同构成村级领导班子，其关系在实质上是基层群众的自治权与执政党的领导权之间的关系。村党支部与村民委员会作为农村基层权力结构体系的组成部分，二者都具有相应的合法性和共同的认同度，二者的根本目的是尊重和维护农民的合法权利和利益。

1. 正确认识村“两委”关系的重要性

领导班子的团结和谐是地方发展最重要的软环境。经济又好又快的持续增长，离不开政治稳定而形成的良好环境。农村基层政治的稳定是这一良好环境的重要组成部分，村党支部和村民委员会都是农村基层权力结构的组成部分，二者共同致力于农村经济社会文化事业的发展，共同服务于农民的经济、文化生活，共同促进社会主义新农村的建设。因此，村两委关系和谐与否直接关系到农村改革、发展和稳定的大局面，成为影响农村基层民主政治稳定的关键环节。

2. 正确处理村“两委”关系

目前，本着利于加强党的领导、提高工作效率、减少村级支出的原则，精简村“两委”成员职数。对于党组织换届在前的村，鼓励和倡导村党组织成员参加村委会选举，依法兼任村委会成员；村委会换届在前的村，一般要将党员村委会成员提名为村党组织成员候选人。提倡村“两委”成员依法兼任村委会下属委员会和配套组织负责人。通过这种支书、村主任“一肩挑”的办法有效化解了村“两委”关系的矛盾和冲突。此外，还需要注意以下几点：

（1）理顺关系，摆正位置。首先，要认识到村党支部与村委会是两种不同性质的组织。村党支部是党在农村的基层组织，村委会是村民自我管理、自我教育、自我服务的基层群众性自治组织。其次，要明确村党支部与村委会是领导与被领导的关系，这是党章中明确规定的。但这种领导与被领导的关系，不同于行政机关之间的上下级关系，也不是命令与服从的关系。村“两委”领导班子要从维护团结有利于事业发展的高度，摆正位置，自觉理顺好关系，把党的领异与实行民主自治统一起来。村党支部要在村民自治中体现领导核心的作用，支持和保障村委会自治。与此同时，村委会要树立党的领导的观念，

自觉接受党支部的领导。

（2）明确职责，相互配合。村党支部要发挥好领导核心作用，不断加强“两委”班子的思想政治、组织制度和作风建设等，支持和保障村委会依照法律规定独立负责地开展工作，行使职权，不能包办代替村委会的工作。村支书要正确运用“放”与“统”的艺术：放心不放松，抓好班子思想作风建设；放权不失控，抓好制度建设；放手不撒手，为村委会排忧解难。

村委会要积极主动地做好职责范围内的工作。村委会主任该拍板时要拍板，不要瞻前顾后；要善于处理棘手问题，树立威信；要主动协调好与村支部、村支部书记的关系。

（3）转变观念，形成合力。村“两委”领导班子建设的关键是形成工作合力，增强班子的凝聚力、战斗力。在工作中，要主动转变观念，不断改进领导方式和工作方法，坚持分工负责、充分协商、民主决策。要建立健全党务、村务、政务和财务管理的各项规章制度，用制度管好人，理好事。双方要虚心听取对方意见，重大问题及时沟通交流探讨，重要事项“两委”联席会议决策，形成“大家事、大家议、大家干”的良好工作氛围。

总之，村“两委”共事的具体方法可以概括为：在团结中合作，在沟通中理解，在信任中支持。共事的艺术在于：彼此尊重，密切配合；加强沟通，形成合力；多揽责任，多让荣誉。

第三节　高效和谐农村领导班子建设的艺术

根据领导科学理论，现代社会的领导班子要求每位成员具备良好的个体素质，而且要求领导班子搭配科学，结构合理，这是实现科学领导、提高领导效能的重要条件。

一、农村领导班子结构的合理化

领导班子的结构按其内容可分为年龄结构、知识结构、智能结构、气质结构等几个方面。对于农村领导班子结构的合理化，从总的来讲，应按照年轻化、知识化、专业化方针和德才兼备原则选拔优秀、年轻的农村干部进入村“两委”领导班子，同时还需要领导班子的每个成员在年龄、知识、专业、智能，气质等方面都要有合理的匹配，从而形成一个职能相称、优势互补、精干高效的领导集体。

1. 年龄结构

年龄结构是指领导班子中的干部年龄构成。一般来讲，农村领导班子合理的年龄结构应由适当比例的老、中、青三个年龄段构成，形成一个梯形的结构。在老、中、青三者之间的比例上，一般应使中年干部占多数，老干部不宜过多，青年干部也不宜数量过大。

不同年龄的领导班子成员能起到不同的作用。老干部一般经验丰富，思虑周密，处事稳健，原则性强，善于观察形势，把握方向，处理复杂的问题，应付复杂的局面，但精力有限，开拓性不强；中年干部年富力强，思路开阔，反应敏捷，理解能力、辨别能力、分析问题和解决问题的能力都比较强，一般兼有青年、老年的长处，可以起到承前启后的作用。青年人朝气蓬勃、思想活跃，易于接受新事物，精力充沛，富于开拓和创新，但经验不足。

不同年龄段的领导班子成员各有自己的优势和不足，如果一个领导班子由同一年龄段的干部组成，实践中就可能出现同步老化，或经验不足、精力不足的现象，因此必须按照老、中、青结合的要求，来配备农村领导班子。

2. 知识结构

知识结构是指领导班子成员中的文化知识和专业知识的构成状况，不仅强调领导者个人的知识水平，更重要的是要关注整个领导班子的知识结构。这就要求对不同文化程度、不同专业知识的领导成员，在分工上要进行合理搭配和组合，既要有知识面广的“通才”又要有在生产或经营方面有一技之长的“专才”，既要有修养较高的“理论家”又要有具备丰富实践经验的实干家，才能处理好村民自治和村庄经济社会发展等各方面比较复杂的问题。

3. 智能结构

人有不同的智能类型，有人擅长逻辑思辨，有人擅长交际沟通，有人擅长语言文字，有人擅长动手操作等。村级领导班子较好的智能结构，应是具有不同类型智能的领导成员间的合理搭配和协调组合。在村领导班子里，既要有富于远见卓识、善于分析综合、有决断魄力的领导，又要有沉着冷静、足智多谋的“智囊”，还要有脚踏实地的实干家；既要有擅长宣传鼓动的人，又要有善于组织管理的人，等等。不同智能类型的领导成员有机地配合起来，能组成一个多功能和高效能的领导集体，发挥最优的智能效能。

4. 气质结构

所谓气质，是指人的感情力量及外部表现的个性特征，同平常说的性格、脾气相近。建立领导班子的合理气质结构，就是把不同气质、性格特点的人科学地组合起来，使之相互补充，扬长避短。一个领导班子的心理相容水平，虽然主要取决于其成员的思想觉悟、党性修养、生活信念、价值取向，但各人的性格、气质、脾气，对领导班子的协调一致，团结融洽，也起着重要的作用。

在对农村领导班子进行工作分工、人员组合时应充分考虑不同成员的性格、气质特点，注重适应性、互补性和相容性。一个志趣相投、心理相容的领导班子，可以提高凝聚力，激发工作热情，提高工作效率。

总之，一个好的村级领导班子，并非是领导成员才干的简单相加，而是领导成员之间差异的巧妙搭配，以实现长短互补。这样的领导集体，不仅每个成员可以人尽其才，而且能够协调一致，融为一体，从而产生巨大的集体力量和整体效应。

二、农村领导班子领导力的提升

领导能力简称领导力，就是领导者把领导思想变成行动的能力。领导能力是领导者认识和改造客观世界的本领，是领导者所必须具有的知识和能力范围，它作为一种特殊的人际影响力在组织关系中起作用。农村领导班子要让下属和村民自愿服从或跟从其领导，必须提升自己的领导力。

1. 树立和提高威信

领导力来自威信，有了威信，领导力才能得到执行，领导者的决策才能得到认可与实施。威信并非与领导者的职务权力同时产生，而是在行使职务权力过程中不断取得实际效果来积累的。一个优秀的村干部，应在平时的工作和生活中培养爱思考、善于分析、有创造力、有条理、注意细节等习惯，并努力做到眼界高远、目标明确、行动果敢、意志坚强。一个胸怀大志、腹有良谋的人，自然能够做到修己安人，赢得威信。要尽可能理解、尊重群众，关心群众的工作和生活，切不可妄自尊大，盛气凌人，高高在上。要取信于民，注意言与行、说与做的统一，说到的一定力争做到，做不到的就不要轻易许诺。要严格要求自己，要求群众做到的事情，自己先要做到，无论是在领导工作或生活细节中都应如此，否则，即使过去有过威信，也会逐渐丧失。

2. 提升协调力

人际关系协调是领导工作的重要基础，一名领导者工作开展得是否顺利，团队的凝聚力和战斗力是否旺盛，往往取决于领导者上下左右关系是否协调，是否能够赢得上级的认可、同级的肯定、下属的拥戴。

一是领导者要协调处理与上级关系。对上级尊重而不奉迎、服从而不盲从、到位而不越位、揽事而不弄权；同时注意方法，一方面要主动了解上级，实现及时沟通，另一方面要发奋工作，赢得信任。

二是领导者要协调处理与下级关系。对下属要尊重、信任、体谅、支持、鼓励、商量、帮助，要冷静、体贴。

三是领导者要协调处理与同级关系。主要是加强同级部门之间的联系和交往，注意尊重各部门的职权，遇事要多商量，注意互相支持、密切配合，对同级部门的领导者要平等相待。

3. 提高学习能力

提高领导力，还需要不断加强学习、接受培训。村干部长期在农村一线，具体工作任务繁重，学习机会不多，有的村干部独立分析解决问题的能力不强，对党和国家的方针政策往往理解不透、认识不深、贯彻不力；还有的村干部思想观念陈旧，工作方法简单，严重影响了村级组织作用的发挥。因此一定要有主动学习的精神，加强对党章、宪法和法律的学习，积极参加各种经营、管理、科技等方面的培训，不断提高自己理解和把握党的路线、方针、政策的能力，提高服务群众的本领。这也是村干部威信的一个源泉。

4. 合理分工与授权

分工与授权，就是“让合适的人去做合适的事”，人尽其才。用人是一门艺术，是领导水平的重要体现。村级领导班子内部也存在分工问题，以及村支书、村委会主任各自对副职和委员的授权问题。要把村里的事办好，就要知人善任，合理分工，最大限度地发挥各种人才的作用。

一方面要合理分工。领导的本质，是引领、指导别人做事。领导者的能力是通过被领导者的能力体现的。优秀的领导人也实干，但他会充分发挥部下的作用，动员和激励部下把事情做好，而自己把主要精力集中在思考、谋略、经营方向的确定、人员的配备安排等一切别人看不见摸不着的问题上。在村领导班子内部，村支书、村主任应给副书记、副主任和委员创造干事的条件，提供干事的舞台，而不是事无巨细、事必躬亲。

另一方面要充分授权。授权，就是通过别人来完成工作的一种管理方法。管理学创始人法约尔说过："要不惜以部下犯错误为代价，来发挥部下的创造性"，这句话说出了授权对于领导者的极端重要性。学会正确授权，是提高领导效能、提升下属能力，实现下属与领导者双赢的有效途径。有些村支书或村主任，非常忙碌，不能实现有效授权，他们或者出于不信任其他干部或下属，认为自己可以比别人做得更好；或者害怕削弱自己在村里的地位；或者过高强调自己的重要性；或者怕给下属添麻烦等。这些障碍都是由于不会有效授权造成的。

典型案例

江苏华西村：党建之花盛开在农村最基层

华西，正掀开新的一页。

老书记吴仁宝去世已经3年了。江苏华西村经济社会发展得怎么样了？面临新形势、新常态、新任务，华西人如何让党建之花盛开在农村最基层？

党员联户制实现党员和群众良性互动

"只有知道村民想什么、要什么，才能更好地为他们服务，真正为他们办好事、解难事、做实事。"华西村党委书记吴协恩说，为更好地搭建起与村民沟通的桥梁，华西村2009年起实行党员联户制度，之后又不断进行完善。

目前，华西村有97个党员联户小组，由骨干党员担任小组长，每个小组联系10户左右的村民。小组长要经常到所联系的村民家中去坐一坐、看一看、聊一聊。各小组每月定期召开会议，传达学习上级有关精神，通报村里有关情况，了解群众诉求。

每月20日，村里召开联户小组会议，汇总情况，研究问题，发出"回音"。

华西钢厂汪正奎在党员联户小组会上反映，学校门口每天放学时汽车乱停现象非常严重，不仅造成交通堵塞，更给学生带来安全隐患，村里应该加强管理。尤其最近经常有大货车停在校门口路段，应该制止。建议联系交管部门安装监控，指定停车位置，对违章乱停现象给予扣分罚款。

没多久，村委给出答复："已与华西二村、交警华士中队等单位到现场勘察，实地了解情况，走访了周边村民，确实存在很大的安全隐患。目前，已经开始落实道路的整治，完善交通标识、标线，对乱停车现象处罚，并提醒村民职工接送小孩时依法行车、停车。”

近年来，由于华西村名声在外，来旅游的人越来越多。在华西旅行社工作的陈桦发现，一些游客在景区随意扔垃圾现象突出，“建议各旅游景区加强垃圾清扫力度，做到每日游客高峰期，时时刻刻有清洁人员清扫垃圾，从而维护华西良好的村容形象”。

很快，村委也给出实际举措：随着旅游旺季的到来，村里已经加大了垃圾清扫力度，为村民及游客提供良好的游玩环境。

通过党员联户，一些群众提出，“敬老奖”的办法应该完善。经村“两委”研究决定，将原来80岁、90岁、100岁高龄老人直系亲属的奖励标准，由100元、1000元调整为1000元、5000元、10000元。

在吴协恩看来，正是通过解决好这些“不起眼”的问题，回应了群众切身关切，提高了村民参与村务管理的积极性。

“要让年轻人感受到今天的幸福生活来之不易”

华西人深知，发展是缅怀已故老书记吴仁宝的最好办法，“业靠守是守不住的，必须发展”。

2013年年底，吴协恩宣布，他要像老书记那样，不再拿奖金，每月只拿3500元的基本工资。

这时，有人劝他，“是不是早了一点，老书记也是到70岁才不拿奖金的。”

吴协恩坚定地回答：“学习老书记奋斗的精神、奉献的情怀，必须从我做起，从现在做起。”

实际上，这些年来，上级批给吴协恩的奖金，至今已有1亿多元，他全部留给了集体。

如何让华西人艰苦创业、奋发争先的精神薪火相传？吴协恩对华西村的年轻人寄予厚望。

华西村不定期地选派优秀青年到大专院校、中央党校接受培训，对于考取国外高校的学生村里给予资助。今年3月，华西把7名年轻人送到日本学习有机大米种植。

2013年以来，华西村先后选派150名年轻人到新结对帮扶的贵州省开阳县穿洞村开展为期一周的实践锻炼，让他们“感受到今天的幸福生活来之不易”。

“地无三尺平，天无三日晴”，这是华西村青年李迁初到贵州穿洞村最直观的印象。在一周的时间里，李迁与当地的村民同吃、同住、同劳动。从下地插秧到茶园拔草，从喂鸡喂猪到挑拣菜苗，这些在当地村民眼里“再简单不过的小事”，李迁往往干了不到一小时，就感到“浑身酸痛，难以忍受”。

“而这些活儿，当地的村民常常是干上一整天。换来的收获，仅仅是解决温饱和日常生活一些简单的开支。”李迁感慨万千。

“穿洞村给我展现的是一种震惊!”华西村青年孙晓荣看到，村子里不少房子是百年以上的木头房子，牲口家畜大多处于放养状态，“喂牛喂猪、养鸡养鸭，劈柴挑担，只要你能想得到的农活这里一样也不会少。什么洗手间、厕所、无线网络、数字电视，在这里根本没有这一说。”

回到华西村后，孙晓荣用“不忘初心，方得始终”来与华西年轻人分享自己的心得体会。他说：“今后，我将继续扎根华西，服务华西，踏踏实实学习老一辈华西人的精神，积累经验，砥砺成才，为华西的百年大计挥洒自己的青春和汗水。”

信仰铸魂，制度为本，监督做盾

“习总书记强调，理想信念动摇是最危险的动摇，理想信念滑坡是最危险的滑坡。”对于信仰，吴协恩有着独特的理解，“一个人没有坚定的信仰，是干不成大事的，就算能做点事，也只是小事。建村55年来，华西村始终做到一头同中央及各组织保持一致、一头同老百姓保持一致。”

几十年来，华西的支部历经“三次转换”：从过去单纯的“农村支部”，到改革开放后新建的“企业支部”，再到新世纪以来增加的“流动支部”“驻外支部”“私营支部”。支部的每一次转换，与群众联系都更加紧密，对信仰的教育从没有“淡季”和“旺季之分。”

华西村党委副书记缪华以企业党建为例向《中国青年报·中青在线》记者介绍说，目前华西村企业支部中，党员来自全国21个省（区、市），57个地级市，35周岁以上的青年党员占36.9%。“企业建到哪里，党支部（党小组）就建到哪里，华西在北京、上海、唐山等地，都相应成立了驻外党支部，使驻外党员‘不脱档’‘不掉队’”。

吴协恩在今年1月召开的华西村党代会上对党委班子成员提出，华西村党委要通过思想建党、制度治党，通过群众路线，让华西的干部既有“制度管”，又能“自我管”，更有下面的人的“监督管”。

华西的党建带动了发展。2015年，华西实现可用资金29.3亿元，上交税费11亿元，人均收入8.98万元。2016年1~6月，华西完成可用资金比任务数增10.9%，上交税费8.38亿元，比去年同期增4.44亿元，增长112.7%，为完成和超额完成全年31.65亿的经济目标打下了扎实基础。

吴协恩说，华西追求的不是“百亿”“百强”，而是要全力打造效益优良的“百年企业”和富裕幸福的“百年村庄”，这就是“中国梦”在华西的实践——“华西梦”。

（资料来源：《中国青年报》）

本章小结

本章介绍了村官的素质和能力。村官是村级公共事务的管理主体，是党在农村各项方针政策的最基层实践者，在农民脱贫致富奔小康中起衔接、组织和引领作用。村官要具备政治素质、道德素质、文化知识素质和良好的心理素质。介绍了农村领导班子的构成和设置。一般包括村党支部和村民委员会全体成员，他们是农村各项事业的中流砥柱，肩负着在本村贯彻落实党的各项方针政策、促进农村改革稳定发展的组织和管理等各项重任。介绍了高效和谐农村领导班子建设的艺术。通过健全农村领导班子、合理分工、加强团队建设等，可以提高领导班子的整体素质、凝聚力和战斗力，打造和谐高效的领导班子。

思考题

1. 什么是村官？村官的工作原则是什么？
2. 村官应该具备的素质有哪些？
3. 如何正确认识和处理村民委员会和村党支部之间的关系？
4. 如何实现农村领导班子结构的优化？
5. 农村领导班子领导力提升的途径有哪些？

第三章 村官民主决策的方法与艺术

学习目标

了解决策的含义及特征；理解决策的一般程序；了解决策理论；掌握村级民主决策的概念；掌握村级民主决策的事项及原则；掌握村级民主决策的组织形式；理解村级民主决策的作用；掌握村级民主决策的程序；了解如何对村级民主决策进行监督；了解村级民主决策形式的创新。

学习内容

村官领导活动的过程，就是制定决策和实施决策的过程。决策贯穿于领导活动的始终，并决定着领导活动的成效。为适应新形势下农村工作的需要，农村基层干部应当做到民主决策和科学决策，即按照一定的程序，运用科学的方法，来实现决策的科学化和民主化。

第一节 决策概述

决策是现代领导者最基本、最重要的职能。领导决策的正确与否关系到领导活动的方向正确与否和结果成败。从一定意义上看，领导工作的过程就是做出决策、实施决策和评估决策的过程，决策是领导工作的核心。

一、决策的含义及特征

1. 决策的含义

"决策"一词最早于20世纪50年代出现在美国，英文名称写作为"decision-making"，在我国最早译作"做出决定"，后译作"决策"，并沿用至今。所谓决策，是指组织或个人，为了实现某种目的而产生解决某些问题的要求，经过思维活动而做出行动决定并付诸实施的全过程。它包括提出问题、分析问题和解决问题的完整过程。通常所讲的“拍板”，即出主意、定方向、拟计划、提任务、想对策、拿办法等，都是决策。

决策有狭义和广义之分。狭义的决策是针对若干行动方案的选择和决定，通俗讲就是“拍板定夺”，是指决策者在若干个可供选择的方案中，做出最终和最优化的选择。之所以把这种决策称为狭义的决策，是因为这种意义上的决策只是指做出决定的这一环节，不包括做出决定之前和做出决定之后的工作。广义的决策则概括了整个决策制定的全过程，即包括从对决策目标的确定到决策的实验、实施、反馈调节的全过程。由此可见，广义的决策包含了狭义的决策，现代领导决策理论大多采纳广义上的决策概念，即把决策理解为一个过程。

2. 决策的特征

决策具有四个方面的特征：

（1）创造性。决策是指人们发现并提出新问题、新思想、新方法，这就是创造。领导者只有冲破习惯势力的束缚，敢于走前人没有走过的路，勇于创新、与时俱进，才能有所作为。没有创造性，决策也就没有了任何意义。

（2）目标性。决策是为了实现领导活动的目标。决策有一定的目标，这是领导活动的出发点，如果没有目标，决策也就无从谈起；如果领导目标已经实现，也就无需决策。领导决策总是在确定的条件下寻求优化目标和优化达到目标的途径。

（3）优选性。决策总是在既定条件下，寻找优化的目标，为此，领导决策就要从多种方案中权衡利弊、综合评价，做出最后选择，这也是领导决策的关键环节。一方面要有多种备选方案可供选择，即选择性；另一方面要在多种备选方案中做出唯一选择，即择一性。否则，就无所谓决策。

（4）风险性。由于客观情况的复杂性以及事物的发展变化，加上领导者主客观条件的限制，任何决策的后果都带有某种程度的不确定性，这就意味着可能会出现领导者不希望的或不好的结果。风险是决策中的必然因素，由于领导决策环境的不确定性，领导者的决策大多是在一种不确定的条件下做出的。

二、决策的一般程序

决策程序是由一定方法、步骤、时间与顺序所构成的决策行为准则，是保证决策主体依法进行科学决策的前提和保障。它是一个动态、完整、连续的过程，包括一系列环节，是决策活动的客观运行过程。领导者在决策中，只有遵循决策的基本程序，才能减少决策失误，获得决策的成功。决策的基本程序通常包括以下步骤：

1. 发现问题

问题是指组织或组织中个体的行为，出现的偏离或背离既定目标的现象或情况，它是引发决策的起因。其识别在决策制定过程中非常重要。领导者只有发现事情现状和某些标准之间的差异，才能主动地解决问题，而不至于被动地承受没有防范问题所带来的压力。发现和分析问题，其第一步是界定问题，即了解问题的性质范围、程度和特征，以及它的价值和影响等。第二步是分析原因，即找出产生问题的原因，包括主要原因和次要原因、客观原因和主观原因。把问题的原因弄清楚了，等于把问题解决了一半。

2. 明确目标

决策目标要含义明确、内容具体、定量化，并且要有衡量现实程度的标准，这样才能对控制和实施决策起到指导和提供依据的作用。

3. 列出可行备选对策

决策在于选优，没有选优就没有决策。因此，拟订尽可能详尽可行的备选方案，是选择最优方案的基础。通过设想、分析和选优淘汰，找出可行的可供备选的方案后，要依靠专家或专门机构尤其是智囊团的力量来制定备选具体方案。

4. 评估方案的优劣后果

在列出备选方案的基础上，通过一定的评估技术或建立数学模型，对各种方案进行全面比较与评价，尤其要对各种方案可能出现的风险及其规避对策进行比较和评价。

5. 选择最适用的方案

对评估比较的结果进行总体权衡和最终选择，选择最适用的方案是决策过程的核心环节。可通过科学的决策方法如经验判断法、数学分析法、实验法等来选定一个比较能达到目标的对策，以利付诸实施。

6. 执行前的检定和执行中的控制

这是决策的最终阶段。在正式大规模执行决策以前，应先做小规模检定或预先试验，对决策执行结果跟踪、控制，以观其效。同时，选定方案进行贯彻实施时，还要考虑在实施过程中可能出现的问题，采取措施，加强控制。

在实施决策过程中，需要做好三项工作：一是宣传和组织，即建立实施决策的职能机构和规章制度，安排方案细节，明确各个部门的工作职权，使所有的人了解方案的意义和步骤，协调各方面的关系；二是落实责任，检查监督；三是信息反馈，追踪决策，总结经验。

三、决策理论

决策是为了更好地实现领导活动的目标。领导目标的实现离不开科学的领导决策，科学的领导决策需要以科学的领导决策理论为指导。在异彩纷呈的决策理论中，较具影响的主要有以下几种：

1. 完全理性决策论

又称客观理性决策论。代表人物有美国科学管理学家泰勒等。他们认为人是坚持寻求最大价值的经济人。经济人具有最大限度的理性，能为实现组织和个人目标而做出最优的选择。其在决策上的表现是：决策前能全盘考虑一切行动，以及这些行动所产生的影响；决策者根据自身的价值标准，选择最大价值的行动为对策。这种理论只是假设人在完全理性下决策，而不是在实际决策中的状态。

2. 有限理性决策理论

该理论的提出者是美国卡内基－梅隆大学计算机科学和心理学教授赫伯特·西蒙。1978 年，他因为“对经济组织内的决策程序所进行的开创性研究”而获得诺贝尔经济学奖。该理论认为，人的实际行动不可能合于完全理性，决策者是具有有限理性的行政人，不可能预见一切结果，只能在供选择的方案中选出一个“满意”方案。事实上，理性程度对决策者有很大影响，但不应忽视组织因素对决策的作用。

3. 渐进决策论

美国著名经济学家、政治学家林德布罗姆针对传统理性决策模式的缺陷提出了渐进决策理论。该理论的基点不是人的理性，而是人所面临的现实，并对现实所作渐进的改变。他认为决策者不可能拥有人类的全部智慧和有关决策的全部信息，决策的时间、费用又有限，故决策者只能采用应付局面的办法，在“有偏袒的相互调整中”做出决策。该理论要求决策程序简化，决策实用、可行并符合利益集团的要求，力求解决现实问题。这种理论强调现实和渐进改变，受到了行政决策者的重视。

4. 权力决策理论

拉斯韦尔的权力决策论在当代西方决策理论中占有特殊重要的地位，他的代表作是《决策过程》和《权力与个性》。他通过对决策与权力、决策与个性的研究，将精神分析方法和行为主义方法全面引入了领导学领域。他认为，决策者一般都有追求权力的欲望，并且善于选择追求权力的机会。权力即为参与政策制定，它作为一种价值，在全部决策程序中始终起着重要的作用。

5. 德鲁克的有效决策论

德鲁克关于有效决策论的代表作是1966年出版的《有效的管理者》。其中心论点是，领导者应该是有效管理者，而有效的管理者应该进行有效的决策。德鲁克认为，有效的管理者并非对任何问题都做出决定，他们通常只对具有重大意义的问题进行决策。有效的管理者不应只重视“解决问题”，更应该着眼于最高层的观念性的认识，即正确决策的目标和内容，然后再确定决策所采取的原则。

德鲁克指出，有效的决策方法具有五方面的要求：第一，要明确问题的实质是否属于常态，以找出能够建立一种规则或原则的决策；第二，要找出解决问题所必须满足的条件，即“边界条件”；第三，先弄清什么是能够充分满足问题解决的正确方案，然后考虑为使方案得以接受所需的必要的妥协和让步；第四，要有保证决策得以实施的具体措施；第五，在执行决策的过程中，注意信息以检查决策的正确性和有效性。

第二节　村级民主决策及其形式

一、村级民主决策概述

民主一词源于古希腊字“demos”，由“人民”和“权力”两词合成，意为“人民的政权”，其定义为：在一定的阶级范围内，人民按照平等和少数服从多数的原则来共同管理国家政治、经济、文化事务等的国家制度。民主决策主要是指在某个特定社会组织范围内，由该组织内部的成员严格按照多数决定原则对该范围内的某些公共事务直接做出决定或决策。民主决策要求组织内尽可能多的成员提出对公共事务的看法，而依照多数人的原则做出决策。其目的就是为了提高决策质量，减少决策失误。民主决策的基本原则是主体平等，少数服从多数。

由上述民主决策的含义，我们不难得出村级民主决策的含义。村级民主决策就是村民委员会按照党的政策和国家的相关法律法规，将涉及村民利益的重要事情和村民共同关心的问题，提交村民会议或村民代表会议讨论，按照多数村民的意见做出决定的行为和过程。村级民主决策，是村民有效行使自己的议事权、表决权、知情权、监督权的重要载体，也是维护村民权益、村集体资产的有效方式，是村民自治的集中体现和中心环节，也是实现科学决策的前提和基础。

村级民主决策内涵包括决策的主体、原则和意义。村级民主决策的主体是法定村的法定范围的村民；村级民主决策过程中坚持的原则是村民人人平等原则和少数服从多数的原则，通过表决的方式，集体讨论决定村民自治范围内涉及村民利益的重大村务。村级民主决策的制度化、规范化和程序化的程度和水平，村级民主决策带来的社会效应，反映出我国村民自治制度落实力度，映射出我国基层民主政治的发展水平。高度重视民主决策在村民自治中的地位、作用，研究和加强村级民主决策制度的创新和完善，对于进一步完善我国村民自治制度、促进基层民主政治建设具有十分重要的意义。

二、村级民主决策的事项及原则

1. 村级民主决策的事项

2010 年 10 月 28 日，十一届全国人大第十七次会议通过了最新的《村民委员会组织法》，对村民自治的相关问题做出了明确的规定，这是村民自治实行民主决策的直接法律依据。根据《村民委员会组织法》的规定，凡是涉及村民利益的事项，须经村民会议讨论决定方可办理，主要包括以下事项：

（1）本村享受误工补贴的人员及补贴标准；

（2）从村集体经济所得收益的使用；

（3）本村公益事业的兴办和筹资筹劳方案及建设承包方案；

（4）土地承包经营方案；

（5）村集体经济项目的立项、承包方案；

（6）宅基地的使用方案；

（7）征地补偿费的使用、分配方案；

（8）以借贷、租赁或者其他方式处分村集体财产；

(9) 村民会议认为应当由村民会议讨论决定的涉及村民利益的其他事项。

上述规定明确指出了以上这些涉及村民利益的事项必须民主决策。由此可以看出，党和国家从法律上规定这些民主决策的内容，为人民群众当家作主提供了根本保证。

2. 村级民主决策的原则

(1) 坚持党的领导的原则。村级民主决策要坚持党的领导。党管农村工作是我们党的一个传统，也是一个重大原则。要保证村党组织在农村中重大事务民主决策中的领导核心作用。村党组织要召开村“两委”联席会议，研究讨论本村的重大事务，形成意见和方案并提交村民会议（或村民代表会议）讨论，并通过表决或者投票决定；要通过定期公开重大事务办理情况、工作进程、结果反馈、公开述职、公开评议等方式，组织广大党员、群众进行民主监督、质询问责，确保和监督村民会议（或村民代表会议）通过的决定得到有效落实。

(2) 村民做主的原则。我国是社会主义国家，人民是国家的主人，在农村，村民是农村的主人。村级民主决策必须体现村民当家做主的精神，这也是农村基层民主政治建设的本质和要求。村民做主的原则，主要体现在涉及村集体和村民长远发展和切身利益的事项决策中，尤其是重大事项决策。在这些重大事项决策中，村两委会要贯彻好民主决策制度，充分保障村民群众的知情权、决策权、表达权和监督权。党的政策要交给群众，重大事情要告知群众，重大村务必须通过召开村民会议或村民代表会议，实行群众民主决策，让村民做主。

(3) 依法办事的原则。国家的法律法规是规范全国人民行为的准则，村党组织、村民委员会和全体党员、全体村民都要在法律法规许可的范围内活动。村党组织、村民委员会、村“两委”联席会议、村民会议或村民代表会议所作的决定、决议，不得与宪法、法律、法规相抵触，不得有侵犯村民人身权利、民主权利和合法财产权利的内容；村干部要带头执行村中重大事务民主决策程序和管理制度；村民也要在享有民主权利的同时，履行自己应尽的义务。

(4) 少数服从多数的原则。少数服从多数是党的民主集中制的重要内容，也是村民委员会的工作要求。村民委员会、村“两委”联席会议在讨论决定村中重大事务时，要集体研究形成决策意见，不能由个人或少数成员说了算。

村民会议或村民代表会议在讨论决定重大村务时，必须按大多数人的意见办理。在决定村民自治范围内的事务时，村干部的意见与大多数村民的意见不一致时，要尊重村民意愿，按大多数村民的意见办理。大多数人的意见不得违反有关法律法规和政策的规定。要妥善处理各种利益关系，既要认真考虑和兼顾不同方面的利益，更要首先考虑并满足最大多数村民的利益要求；既要认真考虑个人或局部的利益，更要考虑集体或全局的利益。

三、村级民主决策的组织形式

根据《村民委员会组织法》关于村民自治的相关规定，村民会议和村民代表会议是最主要、最基本的组织形式。涉及全体村民利益的重大村务，必须采用村民会议民主决策的形式，由村民讨论决定，不得采用村民代表会议的形式讨论决定。村级民主决策的参与主体是全体村民。决策的主体是全体村民，并不意味着每一个村民都可以个人说了算，而是要通过一定的组织形式，依照民主集中制原则，按多数人的意见办，新修订的《村民委员会组织法》增加了村民小组会议制度。

（一）村民会议

村民会议是村民直接参与民主决策的主要法律形式，在村民自治中拥有最大的决策权力，是村民自治中地位和权威最高的自治组织形式。

1. 村民会议的召集

村民会议由本村十八周岁以上的村民组成。村民会议由村民委员会召集。有十分之一以上的村民或者三分之一以上的村民代表提议，应当召集村民会议。召集村民会议，应当提前十天通知村民。

2. 村民会议的议事程序

召开村民会议，应当有本村十八周岁以上村民的过半数，或者本村三分之二以上的户的代表参加，村民会议所作决定应当经到会人员的过半数通过。法律对召开村民会议及做出决定另有规定的，依照其规定。召开村民会议，根据需要可以邀请驻本村的企业、事业单位和群众组织派代表列席。

3. 村民会议的议事内容

村民会议审议村民委员会的年度工作报告，评议村民委员会成员的工作；有权撤销或者变更村民委员会不适当的决定；有权撤销或者变更村民代表会议不适当的决定。村民会议可以授权村民代表会议审议村民委员会的年度工作报告，评议村民委员会成员的工作，撤销或者变更村民委员会不适当的决定。

（二）村民代表会议

人数较多或者居住分散的村，可以设立村民代表会议，讨论决定村民会议授权的事项。

1. 村民代表会议的组成

村民代表会议由村民委员会成员和村民代表组成，村民代表应当占村民代表会议组成人员的五分之四以上，妇女村民代表应当占村民代表会议组成人员的三分之一以上。村民代表由村民按每五户至十五户推选一人，或者由各村民小组推选若干人。村民代表的任期与村民委员会的任期相同。村民代表可以连选连任。村民代表应当向其推选户或者村民小组负责，接受村民监督。

2. 村民代表会议的召集

村民代表会议由村民委员会召集。村民代表会议每季度召开一次。有五分之一以上的村民代表提议，应当召集村民代表会议。村民代表会议有三分之二以上的组成人员参加方可召开，所作决定应当经到会人员的过半数同意。

（三）村民小组会议

1. 村民小组会议的组成

召开村民小组会议，应当有本村民小组十八周岁以上的村民三分之二以上，或者本村民小组三分之二以上的户的代表参加，所作决定应当经到会人员的过半数同意。

2. 村民小组会议的议事内容及程序

属于村民小组的集体所有的土地、企业和其他财产的经营管理以及公益事项的办理，由村民小组会议依照有关法律的规定讨论决定，所作决定及实施情况应当及时向本村民小组的村民公布。

四、村级民主决策的作用

1. 有利于保障村民行使自治权利

社会主义民主政治的本质是人民当家做主。人民当家做主就是人民群众依法管理国家和社会事务，管理经济和文化事业。村民自治制度就是人民当家做主在我国农村基层的充分体现。村民自治的基本精神和内涵就是扩大村民对村级社会事务的广泛参与，让绝大多数农民能够在涉及自己切身利益的问题上有知情权、参与权、决策权和监督权，真正实现农民自己的事情自己定，自己定了的事情自己办。而要实现这一目的，要让村民直接通过民主选举产生自己心目中认可的村委会干部，实现间接表达意愿、间接委托管理之外，以直接形式让广大村民自己参与民主决策是一条行之有效的渠道。

2. 有利于村领导班子实现科学决策

民主决策是社会管理的客观要求。民主决策就是在依靠集体集思广益，让人民群众参与，坚持从群众中来到群众中去的过程中完成的。由于当今社会经济成分、组织形式、利益关系、分配方式出现了多样化，结构复杂，功能综合，因素众多，影响巨大，整个社会千丝万缕地联系在一起，一个决策的失误必然导致连锁反应。这就要求决策必须从全局到局部、从当前到长远、从经济效益到社会价值、从个体利益到集体利益，进行周密及时的认识、判断、论证和设计，而这些不是凭个人的才智和能力所能胜任的。因此，决策的有效性、科学性首先取决于决策的民主性。通过建立一系列的民主决策制度和程序，来防止“人治”“一言堂”“家长制”等情况的发生，真正实现还权于民、由民做主。

3. 有利于维护农村的社会稳定

随着我国社会主义民主政治的不断深入，农村由封闭走向开放，农民的民主意识在其经济利益得到一定满足的同时也迅速提升，他们希望自己能够决定自己的命运，希望通过合法途径维护自身的权益，希望享有与其政治地位相匹配的政治尊严。畅通村民参政议政的渠道，实现村民管理村级公共事务的愿望，扩大村民的有序政治参与，规范村民的参政行为，尽量减少和避免因渠道不畅而去寻求制度外的参与途径，确保农村社会的和谐稳定。

第三节　村级民主决策的程序与监督

一、村级民主决策的程序

村级民主决策，涉及村民、村民委员会、村党支部三种最基本的村民自治力量。为有机整合这三种力量，在民主决策中既体现党的领导，又切实保障村民的民主权利，中共中央办公厅、国务院办公厅在《关于健全和完善村务公开和民主管理制度的意见》中对村级民主决策的程序进行了明确的规定，程序严谨的议事方式是公开公平的保障，使村级民主决策具有了更强的操作性。

（一）提出议案

1. 议案的提出主体

有权提出议案，并要求启动民主决策程序的主体是村党组织、村民委员会、村集体经济组织、十分之一以上村民联名或五分之一以上村民代表联名可提出议案。

2. 议案的提出形式

议案的提出，应当采用书面形式，并写清案由、案据和解决办法。村民或村民代表联名提出议案的，应当有个人签名；村级组织提出的议案，应当经过会议集体讨论、集体决定，以组织的名义而不是个人的名义提出，加盖公章并有主要负责人的签字。

（二）受理议案

1. 议案的受理主体

有权受理议案的组织是村党组织。村党组织应该明确专人受理议案。

2. 议案的初步审核

负责受理议案的人员，应对议案的形式是否符合规定进行初审，不符合规定的督促议案提出人完善；符合规定的，要进行登记、归档、妥善保管，并将议案受理情况及时向村党组织汇报。

（三）制定解决方案

受理议案后，村党组织负责召集村“两委”联席会议，以集体研究、集体讨论的方式，针对议案的问题，研究提出解决方案。

为制定出合理可行的解决方案，减少决策失误，村“两委”成员要重视收集有关信息，广泛听取村民和村民代表的意见，专业性强的问题还要征询专业人士的意见，在此基础上，选出最为可行的方案。

制定解决方案是民主决策中较为关键的一步，同时，召集村民会议或村民代表会议成本较高，为提高决策效率、保证决策质量，村“两委”要高度重视解决方案的制定，认真调查研究，反复讨论，并及时公示所拟定的方案，充分听取村民反馈意见，不断进行调整和完善。

（四）做出决策

根据《村民委员会组织法》规定，重大的村务，必须经由村民会议或村民代表会议讨论决定。所以，对于村“两委”联席会议提出的解决方案，应由村委会召集村民会议或村民代表会议进行讨论，最终决定采用哪种方案。

解决方案如果未被村民会议或者村民代表会议通过，则村“两委”要对解决方案进行重新制定或修改完善，然后再提交讨论。

（五）决策意见的组织实施

村党组织、村委会是村级民主决策实施的主体，负责执行决策事项。实施的关键在于村“两委”之间的分工协作，只有村“两委”的所有领导班子成员心往一处想，劲往一处使，成立专门机构，专人负责，责任到人，切实落实解决方案，才能达到预期目标。

在方案实施的过程中，除发生自然灾害等紧急情况外，村民会议或村民代表会议依法形成的决议不得随意更改，如因情况发生变化确需要修改的，要通过村民会议或村民代表会议讨论决定。这同时也表明，经民主决策程序做出的决议，在本村具有至高的权威，全体村民必须遵守。

二、村级民主决策的监督

任何一种权力都具有腐败的倾向，只要缺乏有效的监督，就会变成掌权者牟取私利的工具。只有有效的民主监督，才能制约村委会成员的行为，否则民主决策和民主管理就会变调，成为个人或少数人的行为。加强村级民主决策监督的方法与艺术主要包括以下方面：

1. 提高决策的透明度，让广大村民参与和监督决策

凡是涉及广大村民切身利益的重大决策，在政策允许的范围内要让群众知道。在让群众了解领导者的决策意图的同时，能够让群众看到决策中所包含的自身利益，并使群众的思想能够与领导者相统一，保证决策的顺利实施。农村领导班子成员作为决策者，要把决策意图原原本本地告诉群众，取得群众的理解和支持，群众也能够将自己对决策的意见和要求通过向领导者进行反馈，便于领导者在倾听群众意见的基础上不断完善决策，从而避免决策不当造成损失。

2. 充分发挥村党支部和村委会全体成员的作用

农村领导班子成员各有分工，各有职权范围，要能够并且敢于做出个人决定。如果每位村委会成员大事小事都不能做主，势必影响工作效率，延误工作时机。同时，需要由集体决策的事情，如影响本村经济发展的大事、影响全村利益的大事等，则一定要通过集体讨论，充分听取领导班子每位成员的意见，作为农村领导班子的主要负责人的村党支部书记或村委会主任，需要民主决策，不能独断专行，既要注意提高工作效率，又要发挥领导集体及全体村民的

积极性、创造性。

3. 培养和提高村民民主监督意识

民主监督意识是农民民主意识的重要组成部分，同时也是农民实行民主监督的重要前提。如果村民失去这种意识，那么也就失去了参加民主监督的积极性，把自己当作旁观者，对村务不闻不问。加强村民民主监督意识，重要的就是要培养他们的主人翁意识，提高他们对民主监督程序的了解和掌握。如通过印制小册子、集市时间用广播宣传等方式，将民主监督印在村民的耳中、心中。同时要积极召开村民代表大会，将村民享有的相关权利告知，培养其参加民主管理的意识，提高民主监督实效。

4. 完善责任追究制度

作为农村基层领导干部要知法、懂法和守法，建立健全责任追究制度，减少决策失误，保证村民的利益不受侵害。

村民会议或者村民代表会议讨论决定的事项，要形成书面记录并妥善保存，为分清责任提供依据。未经村民会议或村民代表会议讨论决定，任何组织或个人擅自以集体名义借贷、变更与处置村集体的土地、企业、设备、设施等，均为无效，村民有权拒绝。造成的损失由责任人承担，构成违纪的给予党纪政纪处分，涉嫌违法犯罪的移交司法机关依法处理。

三、村级民主决策形式的创新

在村民会议和村民代表会议这两种民主决策基本形式的基础上，各地群众在实践中探索和创造了一些新的民主决策形式，有效地推进了村级民主决策的健全、完善和发展。

（一）“四议两公开”工作法

1. 形成背景

“四议两公开”工作法发源于河南省邓州市。地处豫西的邓州市，是我国中部欠发达地区的典型代表。该市面积 2369 平方千米，人口 156 万，是全国第二人口大县。人多而贫困，是有名的“上访大县”，日渐增多的上访案件及上访人员，成为当地党委和政府的工作负担。2004 年，邓州市委、市政府出台了新的工作思路：将“改革、发展、稳定”的顺序，调整为“稳定、改革、发展”，稳定是中心；必须给群众监督党委政府的权利，“人民监督政府，人人起来负责”。于是，“4 + 2”工作法产生了：“4”就是村党支部会议提议、村“两委”商议、党员大会审议、村民代表会议或村民会议决议，“2”即决议结果公开、实施结果公开。

2009年，时任中共中央政治局委员、中央书记处书记、中组部部长李源潮到邓州市调研之后，给“4+2”工作法作了名称上的科学界定：“四议两公开”。即所有村级重大事项的决策实施都通过“四议”“两公开”程序：支部提议、“两委”商议、党员大会审议、村民代表会议或村民会议决议，然后决议公开、结果公开。

2009年4月，时任中共中央政治局常委、中央书记处书记、国家副主席习近平，在河南调研期间专门听取了关于“四议两公开”工作法实施情况的汇报，并作了重要批示：“邓州工作法是党的基层组织建设的好经验、好做法，可加以完善并在更大范围内推广。”

2010年，中共中央一号文件，即《中共中央国务院关于加大统筹城乡发展力度进一步夯实农业农村发展基础的若干意见》，第26条明确写道：“总结各地实践经验，因地制宜推广本村重大事项由村党支部提议、支委会和村委会联席会议商议、全村党员大会审议、村民代表会议或村民会议决议，以及决议公开、实施结果公开的做法。”

2. “四议两公开”工作法的主要内容

“四议两公开”即支部提议、“两委”商议、党员大会审议、村民代表会议或村民大会决议。主要针对村集体资产处置、经济社会发展规划、筹资筹劳方案、土地征用、兴办公益事业和大额集体资金使用等涉及农村经济发展和农民切身利益等重大事项，均纳入“四议两公开”工作范围。

3. “四议两公开”的程序

（1）支部提议。所有村重大事项的决策实施，由村党（总）支部提出初步意见和方案。支部提议要坚持“三个原则”：一是依法提议原则。村党（总）支部要认真学习贯彻党的各项法规政策，准确把握上级党组织的要求，确保提议符合党在农村的各项方针政策。二是实事求是原则。村党（总）支部要充分考虑本村经济基础、社情民意、承受能力，确保提议具有针对性和操作性。三是民主集中制原则。从群众最关心最需要的事着手，深入群众，广泛征求群众意见，集思广益，归纳分类，形成合民意、顺民心的方案，确保实施后能够惠及群众。

（2）“两委”商议。由村“两委”成员共同对村党支部的提议进行论证，将村党组织的意图转入村民自治程序。“两委”商议必须把握“三个环节”：

一是坚持事前酝酿，会前一周内由党支部将中心议题发至“两委”班子成员，给“两委”成员充分考虑时间。

二是反复酝酿。召开“两委”成员会议进行讨论，“两委”班子成员充分发表意见，商议时可邀请包村领导、干部等有关人员参加，进行论证。

三是拟订方案。根据与会人员意见，对提议进行修改完善，再次征求“两委”成员意见，力求达成共识，实现思想同频、目标同向、工作同步。

（3）党员大会审议。把“两委”的商议意见交党员大会审议讨论，表决通过。党员大会审议要把握“三个环节”：

一是会前准备，征求意见。召开党员大会的前三天把方案交全体党员，让党员带着议题了解村民意愿，尽量广泛搜集民声民意。

二是会议审议，形成意见。本着维护群众和集体利益的原则，对党员提出的意见认真研究。必须有三分之二以上的党员参加会议；对涉及少数片区和村民局部利益的事项，可召开党支部会议；对因特殊原因无法参加党员大会的党员，可采取发放书面征求意见单或电话联系等方式进行沟通，确保每一个党员都能参与到村务管理和民主决策中来。要由三分之二以上与会党员同意并签字后形成审议意见。经党员大会讨论被否决的议案不能提交村民代表会议或村民会议讨论决议。如确需组织实施，可对议案作进一步补充完善后再履行相关决策程序。

三是分片包户，宣传解释。审议通过后，要划分党员分片包户责任区，发挥党员联系群众、宣传群众、动员群众的作用，深入做好方案的宣传解释工作，为村民代表大会审议奠定基础。

（4）村民代表会议或村民大会决议。把审议意见交村民代表或全体村民进行讨论，并表决通过。大会决议中要把握的“三个环节”：

一是做好审议意见说明。通过印发宣传手册、党员干部到村民代表家中访谈等形式，让村民代表充分了解决策事项的有关政策、要求、措施和必要性等，落实村民或村民代表的知情权。

二是召开会议进行表决。组织村民代表或村民召开会议，严格按照程序表决决策事项，必要时可邀请驻在本村的企业、事业单位和群众组织派代表列席村民会议，会议要先宣布审议意见并加以说明，后对审议意见进行表决。对大多数人同意、少数人反对的决议事项，再次走访群众，弄清原因，做好解释工作，争取更多支持。对未能通过的事项，深入分析原因，决策确实错误的及时中止，思路正确但条件不成熟或措施不完善的，待条件成熟、措施完善后再立项审议。

（5）“两公开”。公告决议公开一律在村活动场所和各片区“三务”公示栏公示7天，有“村村通”广播的，要发挥大喇叭作用进行公开，公开形式可以多样，力求群众明白，公开面广。公示期满没有异议的，村党组织、村民委员会要依照村民代表会议或村民大会所做的决议，按照各自职责组织实施。对个别有异议的群众，要耐心细致地做好解释宣传和思想疏导工作。对群众反映普遍较大、异议较多的，要对方案进行修改完善，并向群众公开。落实中遇到突发情况需变更方案的，及时向党员群众通报，变化较大的继续启用“四议两公开”工作程序。

实施结果公开要在工作结束一周内进行，公开形式不定，但必须面广、清楚、细致，对涉及资金收支的，一并要对账目收支情况进行公开。

（二）兰考“六步工作法”

1. 形成背景

河南省兰考县小宋乡是个贫困乡，全乡38个行政村里有11个贫困村，贫困人口7000多名，还包括4个后进村。该乡在对后进村进行整治时，经过认真调查摸排，在掌握村里基本情况后，绘制了村“两委”班子人员图、党员现状图、贫困家庭状况图、经济发展图以及基础设施平面图，通过绘制村情“五图”，吃透了情况，理清了发展思路，实施效果很好。后来，开封市在此基础上理出了后进村整治的“六步工作法”，并在全市推广。

2. “六步工作法”主要内容：

民主议事首先要推举有较高素质和威望的议事会成员。实践中一般按照村民小组人数多少分配名额，由村民小组推荐产生15～20人，其中村“两委”成员不超过总数的20%。议事范围由各村自行决定。议事程序分为六步：

（1）村“两委”提出议题。村党支部书记牵头组织召开“两委”联席会议，在充分调研的基础上提出议事议题。

（2）征求建议，制定方案。议题确定后，安排专人广泛征求群众对议题的意见和建议，在此基础上制定具体的议题方案。

（3）报乡镇审核，避免议事事项与国家法律法规和政策相抵触。

（4）召开民主议事会议。会议通知和民主议事议题及有关材料应在会议召开前2～3天书面送达应到会人员。

（5）公示议事结果。将议事结果在村务公开栏公开并报乡镇政府存档备案。

(6) 安排专人监督实施。

(三) 村民公决

在基层社会治理新形势下，面对群众诉求日益多样化、复杂化的实际，山东省曲阜市不拘一格、创新思路，探索“全民公决”民主商议决策新方式。因决策下沉“接地气”，受到群众欢迎。

曲阜市于2015年6月出台了《关于推行村级重大事项“全民公决”制度的指导意见》，明确提出将村集体土地承包、租赁；公益事业经费筹集、组织实施与管理；集体经济项目立项、承包；上级财政转移支付资金和集体资金的支出等资金流量大，且与群众利益息息相关的项目纳入村集体重大事项，必须进行“全民公决”。

比之早前推行的“四议两公开”做法，“全民公决”机制对参与居民代表做出强制性规定，每户都必须派出一名代表。公决前3～7天，向全体村民发放拟公决事项的说明材料并进行不少于3天的张榜公示，确保村民知晓表决事项相关的具体情况。经唱票，参加人数同意率80%及以上，公决事项视为通过，反之则被否决。

典型案例

山东“迁坟书记”：民主决策，才能赢得群众支持

2013年5月11日，记者在庆云县徐园子乡张培元村公墓看到，田字形的公墓里红砖铺地，现有石碑只占用了墓地的不足十分之一，正如77岁的范宗和所说：“再有三百年，公墓也用不完。”而在公墓门口村民自发立的碑上，也盛赞这次迁坟是革除陋习的“创举”。

范宗和老人还对记者说，“说起村里的变化，像家里树上的葡萄，一串一串的。我活了这么大年纪，第一次见到村里发生这么大的变化，‘第一书记’帮我们实现了几辈子没有实现的梦想。”

迁坟一波三折

时间退回到一年前。去年4月20日，省政府法制办的孙成文到这个村担任“第一书记”。到村后不久，孙成文就发现，这个有1071人的大村地碱水咸、沟壑纵横、十分贫困，但村民们却安于现状。

孙成文展开了调查后更是大吃一惊：当地有土葬的传统，人口少的一家有一两个坟头，人口多的一家有十几个坟头。多年来的私埋乱葬，302户的村竟

有1000多个坟头，以至于本来就贫瘠的土地上处处坟头林立，耕作困难。如果任由“坟吃田”的现象蔓延，用不了多少年，村民将无地可耕。

孙成文找到65岁的老党员张玉祥问计，询问能不能迁坟建立公墓。张玉祥笑了笑说：“我们这里对祖坟特别看重，你让村民迁坟，他们还不和你拼命？大家都觉得这样下去不好，可历届村班子都束手无策，劝你也别考虑这个事了。”孙成文不泄气，先去和老党员、老干部座谈，再挨家挨户做工作，但得到的答复几乎如出一辙：没门！

但孙成文坚信：只要对大家都有益的事情，群众最终会理解和认可；只要紧紧依靠群众，就没有过不去的火焰山。孙成文继续入户进家座谈。

几个月下来，孙成文感到条件成熟了，再次向全体村民“亮”出了迁坟的建议，这次虽然仍有几户没有明确答应，但大家都认可了建公墓这一既节约土地又文明的殡葬方式。

看到时机成熟，村里在村东一里处不能耕种的盐碱地上划出20亩地，建起了公墓，并给每户划出一厘地，村里出资帮村民立碑。到了2012年阴历十月初一，村里动员村民集体迁坟。张玉祥头天晚上就将坟头破土，第二天天不亮，他就将祖坟第一个迁到了公墓中。村民争先恐后，迁坟场面如火如荼，302户中仅有两户没有动迁。今年清明节，这两户也将祖坟迁到公墓。

借梯上楼聚民心

“坟”是一种怀念先祖的精神寄托，在农村迁坟不是一件小事。国内有些地方强制平坟，也曾引发了很大争议。那么，张培元村是怎么顺利完成迁坟工作的呢？

起初动员迁坟“碰壁”后，孙成文也意识到了这一点。但不久后发生的一件事，让孙成文隐隐约约感觉到了“端倪”。村里有100亩水塘原承办合同即将到期，将再次对村民承包。村“两委”成员碰了个头，就以每亩每年83.67元的价格承包给了一个村民，承包期三十年，承包费一次性收取了25.1万元。村两委将土地低于市场价悄悄租出去，引发了村民议论纷纷。

“根据规定，村里重大事项必须经村民代表三分之二以上通过。决策不民主、村务不公开，村干部就没有威信，更谈不上带领村民致富了。”获悉这一情况后，孙成文立即找到村两委成员，给他们宣传村民自治法律法规和党的农村政策。经过一番努力，村“两委”成员认识到这样做的确不妥，遂组织召开了村民代表大会。参会的23名党员和村民代表中，有19人同意废止没经公

开发包的合同，将这些土地作为集体资产作价入股，吸引村民投资成立股份制的公司。

通过这件事，孙成文发现，只有民主决策，村务公开，才能赢得群众理解与支持。通过这一次民主决策的成功实践，孙成文帮助村里建章立制，完善了民主决策和村务公开、民主监督等一系列制度，形成了一套完整的村民自治和重大事项议事规则。村民们看到村里决策透明了，重大事项决策体现了大家的意愿，纷纷拍手称快。

老党员张玉祥从开始不支持迁坟，到后来第一个迁坟，心里也有个思想斗争的过程。他告诉记者："看到村组织真是为老百姓办事了，气也顺了，心也热乎了。而且迁坟的确是好事，我们还有什么理由再抵制呢？"

一石激起千重浪

村务实现了民主和公开，风清气正的风气在村里树立起来，实现了成功迁坟。而成功迁坟以后，又引发了一系列连锁反应：村民干事创业的热情慢慢被激发出来。

村民张玉展在外经商15年，并在县城买房定居。听说村里准备将100亩水塘作价入股公开招标搞开发后，他赶回村里，找到村干部表示愿意回村创业。他告诉记者，村里60%以上的人口外出打工，几乎所有的青壮年都外出了，也有不少人通过经商致了富，大家一直都有报效乡亲的愿望。这次终于找到了机会，他和张玉泉等6人分头到北京、河南等地考察，制定了详细的规划，准备将这些水面开发成种植、养殖和休闲观光基地。目前，他们发展了6名在外经商的村民入股，凑齐了资金470多万元，正准备大干一场呢！

这位戴着眼镜、利索干练的中年男子告诉记者："以前每次回家，看老少爷们生活没变化，心里真是着急。现在看到村里风清气正，人心思变，我也急切希望回乡创业，带着大家一块致富。"

由小作坊发展起来的君创锁业公司经理张军告诉记者，现在村里形势好，他准备乘势而上，扩大生产规模；一直在潍坊打工的畜牧专业毕业的大学生张海勇听说村里的变化后，回村要求发展畜牧业……

去除了田间的坟头，相当于为土地"松了绑"，64岁的村医张寿廷主动找到孙成文建言献策，"我家8口人10亩地，分散到了20多个地块，不但不能用机械，耕种起来也不方便，整理成大块地就好耕种了。"由于土地整治需要大量资金，几十年来土地一直没有得到整治。能够种上成方成片的良田，一直是全村人的梦想呀！

顺势而为，孙成文又和村里党员干部、村民代表商议，利用上级的惠农政策进行土地整理。孙成文带着调研报告多次向省市有关部门汇报张培元村的情况，最终将惠农政策落了地。近两千亩的土地整理项目在今年元旦后开工，目前已经完工，预计新增耕地近500亩，村民60%的耕地将变成“旱能浇、涝能排”的良田。

土地整理完成后，该村还和国际大公司李锦记合作，成为该公司的种植基地。村主任张玉树给记者算起账：公司提供种子和农资，成方连片机械化作业，每亩地减少成本500元。每亩地产辣椒3500斤，每斤多卖3毛钱，每亩增收1000多。这一减一加，每亩地村民能增收1500元。小村“牵手”国际大公司，更让长期封闭的村民感到十分震撼：“小农户”也可以闯“大市场”。

（资料来源：大众网）

本章小结

本章介绍了决策的概述。决策有广义和狭义之分，广义的决策包括从对决策目标的确定到决策的实验、实施、反馈调节的全过程。决策具有四个方面的特征，即创造性、目标性、优选性和风险性。介绍了村级民主决策及其形式。村民会议和村民代表会议是村级民主决策最主要、最基本的组织形式，是村民有效行使自己的议事权、表决权、知情权、监督权的重要载体，根据《村民委员会组织法》的规定，凡是涉及村民利益的事项，须经村民会议讨论决定方可办理。介绍了村级民主决策的程序与监督。在村民会议和村民代表会议这两种民主决策基本形式的基础上，各地群众在实践中探索和创造了一些新的民主决策形式，有效推进了村级民主决策的健全、完善和发展。

思考题

1. 决策的一般程序是什么？
2. 什么是完全理性决策论和有限理性决策理论？
3. 村级民主决策的事项和原则是什么？
4. 村级民主决策的组织形式有哪些？
5. 简述村级民主决策的程序。
6. 简述村级民主决策的监督。

第四章　村官选人用人的艺术

学习目标

充分认识选人用人的科学内涵及其在农村发展中的重要地位和作用；全面掌握在农村工作中进行科学选人和用人的基本原则、基本方法和选人用人艺术；深入学习如何建成和健全适应农村发展，获得农民满意的村级领导班子；正确面对在农村现有资源中选人用人存在的问题及其问题化解的有效对策。

学习内容

科学选人用人是努力推进广大基层农村村组织和村官工作科学化、民主化、制度化的有效途经，对于防止和纠正广大农村在选人用人上不正之风，减少选人用人上的失误有十分重要的意义。改革开放以来，我国农村在完善基层民主制度、健全基层群众自治机制等方面不断取得新的突破。但是在取得成绩的同时我们也应当清醒的看到，农村基层在选人用人方面还存在一些弊端，如任人唯亲、个别农村村组织黑社会化等。特别是在当前，我国广大农村正进入一个新的发展阶段，选人用人问题更加突出。因此我们必须吸收和借鉴古今中外选人用人的成功经验，不断研究农村中的老问题和发现农村中的新问题，总结选人用人新成果、树立选人用人新观念、建立选人用人新机制，这样才能形成人才辈出的、科学的选人用人良好局面。

第一节　选人用人的含义、地位及作用

古圣贤说：“人可兴国，也可亡国。”管理大师德鲁克指出：企业只有一个真正的资源：“人”。托马斯·彼得斯说：“企业或事业唯一真正的资源是人，管理就是充分开发人力资源以做好工作!”邓小平指出，正确的政治路线

要靠正确的组织路线来保证，中国的事情能不能办好，关键在人。古今中外，概莫能外，成大业、办大事的根本是用人是否妥当，而识人透彻、选人准确是用人能否妥当的前提和基础。

一、选人用人的含义

得人才者得天下！一切的竞争，归根结底是人才的竞争。从中国共产党的建党历史看，选人用人始终是关系党和人民事业的关键性、根本性问题。“用一贤人则群贤毕至，见贤思齐就蔚然成风。选什么人就是风向标，就有什么样的干部作风，乃至就有什么样的党风。”但选人用人又是世界公认的难题，因为从人与物的比较而言，人在知识、能力、情感、价值观、个性等方面，充满了诸多可变的因素，因而选人用人就难以有单一的尺度和标准。南宋思想家陆九渊曾经发出这样的感慨：“事之至难，莫如知人；事之至大，亦莫如知人。”

认识事物必须把握规律，选人用人也须如此。马克思主义告诉我们，人是可以认识人的，选人用人就是一种人认识人的活动。实践是认识人的源泉。选人用人首先必须识人知人，这就离不开实践。选人就是为了用人，用人必须选人，选人和用人二者是辩证统一的。这是马克思主义的用人路线。选人用人就是要实现“让想干事的人有机会，能干事的人有平台，干成事的人有地位”。

党的十八大以来，习近平同志在多个场合就选人用人发表了多次讲话。讲话内容，不仅继承了我党历史上选人用人的宝贵经验，同时结合新形势、新任务、新情况、新问题，提出了许多选人用人的新理念、新方法。通过学习这些讲话，我们可以发现，习近平同志在选人用人方面始终坚持用辩证唯物主义的观点认识选人用人的规律，始终坚持用唯物辩证法的思想践行选人用人的方法。习近平同志指出，好干部要做到“信念坚定、为民服务、勤政务实、敢于担当、清正廉洁”。“好干部”五条标准的提出，与我党长期坚持的“德才兼备”标准高度一致，也是新形势下“德才兼备”标准的进一步发展和细化。

把好干部选出来、用起来，需要科学有效的选人用人机制。要紧密结合干部工作实际，认真总结，深入研究，不断改进，努力形成系统完备、科学规范、有效管用、简便易行的制度机制。

二、选人用人地位及作用

在农村工作中，做到“选好人、用好人”可以说就抓住了农村持续发展和和谐稳定的“牛鼻子”。目前广大农村的人才流失特别严重，农村精英出走。在农业比较收益低、城乡差距拉大的背景下，农村青壮年劳动力或文化人基本都到城里打工攒钱，乡村平时空荡荡，留守的是老人和孩子、老弱病残，大家不愿意留在农村，农村显得越来越没有生气。改革开放以来城市的快速发展几乎把农村中的优秀人才都吸引了走了。我们必须把愿意扎根农村、愿意留在农村的优秀人才选出来用起来，这对实现农村的繁荣发展和长治久安，具有特别重要的地位和作用。科学的选人用人对实现农村繁荣发展、农民富裕幸福具有十分重要的地位和作用。

第一，科学的选人用人是在广大农村实现全面脱贫、全面建成小康社会的客观需要。习近平总书记深刻指出，中国要富，农民必须富；解决好将来“谁来种地”的问题，核心是要解决好农民问题，要富裕农民、提高农民、扶持农民。我们党历来高度重视农民问题，始终将其作为中国革命、建设和改革的根本问题，从而赢得了革命、建设和改革的主动权。在新的历史条件下，仍然要从政治的、全局的高度理性认识、正确解决农民问题。

21 世纪头 20 年，是我国全面建成小康社会重要战略机遇期。新世纪新阶段我国人才工作的根本任务就是大力实施人才强国战略。实施人才强国战略既是全面建成小康社会的重要内容，又是全面建成小康社会的重要保证。农村的小康是全面建成小康社会的重要内容。没有广大农村的小康，全面建成小康社会的目标就不可能实现。在农村实现全面建成小康社会，就要求在农村进行全面建设，在农村现有的发展实际的基础上，既要实现社会主义物质文明、政治文明和精神文明的共同进步，又要推动农村的经济社会全面、协调、可持续发展。当前广大农村地区距离我国制定的实现现代化发展的第三步战略目标，实现伟大中国梦还有很大的距离。实现农村的繁荣发展没有人才不行，必须从农村的实际出发，科学地选人用人，实现人尽其才，才尽其用。改革开放以来，我国农村基层在选人用人方面逐步打破了原有管理体制机制的束缚，初步建立了适应社会主义市场经济发展要求的人事管理机制和制度。但与广大农村实现全面建成小康社会的要求还有巨大的差距。这就迫切需要我们在农村基层与时俱进，树立科学的人才观，遵循农村人才资源开发规律，坚持把马克思主义的人才观和市场配置人才资源的改革取向结合起来，发现农村中的经济能人、强人，给予必要的培训和培养，建立健全科学的人才使用机制、激励机制、评价机制，努力在农村基层建成一支既懂经营又懂管理的人才队伍，为广大农村全面建成小康社会提供可靠的人才保证和广泛的智力支持。

第二，科学的选人用人 是增强党在广大农村基层的执政能力、巩固党的执政地位的客观需要。中国共产党作为执政党，是我国社会主义现代化建设事业的领导核心。“三农”工作始终是全党工作的重中之重。做好农村工作，关键在农村基层党组织。只有农村基层党组织强起来，党在农村的全部工作才会有坚实基础，农村改革发展稳定才会有可靠保障。我们必须清醒地看到，与当前农村改革发展面临的新形势新任务相比，农村基层党建仍然是整个党建工作中的薄弱环节。做到小康路上“一个都不能少”，农村基层党组织肩负的改革发展任务十分繁重；面对农村组织形式日益多样、诉求日益多元，党的组织设置还存在一些空白点；农村人口流动日益频繁之下，村级组织后继乏人；农村社会治理面临复杂形势，如何有效维护农村社会政治稳定，坚守党在农村的执政阵地，对农村基层党组织提出了更高要求。在新的矛盾和问题面前，农村基层党建只能加强，不能削弱，只能改进提高，不能停滞不前。农村基层党建工作事关党的执政基础，事关群众切身利益，事关协调推进“四个全面”大局。要从巩固党的执政基础和执政地位、推进国家治理体系和治理能力现代化的高度，充分认识加强农村基层党建工作的重要性紧迫性，落实举措、扎实推进，积极探索、破解难题，我们就一定能不断开创广大农村基层党建工作新局面。

党的执政能力在广大农村的大小、强弱，依赖于农村基层党组织中的每一位党员、每一位领导干部的能力和素质。个体反映整体，也影响整体，离开了个体能力的提高，党的执政能力也无法增强，党的执政地位也难以巩固。只有在广大农村树立科学的选人用人观，才能更好地在党的统一领导下，充分聚集广大农村中各方面的人才，使我们的农村中的党组织成为不仅是党员人数众多的党，而且也是农村优秀人才聚集的党。

第三，科学地选人用人，是促进我国农村各项事业的全面发展的客观需要。我们建成中国特色社会主义，我们所做的一切工作，既要着眼于人民物质文化生活水平的不断提高，又要着眼于促进人的全面发展。广大农村的发展是我们发展的重要组成部分。新农村的建设和发展，要求农村的经济发展、文化建设、政治民主、生态文明、社会和谐、科技进步及现代化建设相互交融，相互促进，全面发展。

农村的建设和发展，必须为每一位农民的全面发展创造了广阔天地，也为每一位农民能力的全面提高和充分发挥提供了良好的条件。要促进每一位农民的全面发展，必须以科学的用人选人为指导。只有树立科学的用人选人观，才能切实采取有利于一切人才成长的政策措施，才能大力营造有利于人才成长的体制、机制和环境，才能充分挖掘和发挥每一位人才的潜能和价值。要实现农村社会发展与农民的发展的有机统一，就必须把促进人才健康成长和充分发挥人才作用放在农村工作的重要位置，努力营造鼓励人才干事业、支持人才干成事业、帮助人才干好事业的社会环境。在农村基层坚持以人为本，坚持立足于农民、理解农民、尊重农民、关心农民，保护农村中的人才、用好农村中的人才，科学地开发和利用农村中的人力资源，促进农村中每一位农民的全面发展；坚持把是否有利于促进人才成长、是否有利于促进人才的创新活动、是否有利于促进人才工作同经济社会全面协调发展作为做好农村中的人才工作的出发点和落脚点。

第二节　选人用人的原则、方法与艺术

选人用人既是一门科学，又是一门艺术。选人是“用人”的开始，也是选人用人最基础的工作。作为一名村官，首先要当好“伯乐”。清朝诗人顾嗣协，留下诗文甚多，但最为人称道，常被引用的是他的哲理小诗《杂兴》：“骏马能历险，犁田不如牛。坚车能载重，渡河不如舟。舍长以就短，智高难为谋。生才贵适用，慎勿多苛求。”此诗短小精悍，言简意赅，哲理深刻。它揭示了物各有所用、各有其利，人各有所长、各有所短，因此要因材施用、用人所长、避其所短的辩证道理。

一、选人用人的原则

毛泽东同志指出，在使用干部问题上，历来就有两个对立的路线：一个是“任人唯贤”的路线，一个是“任人唯亲”的路线，前者是正派的路线，后者是不正派的路线。2014 年 1 月，新版《党政领导干部选拔任用工作条例》出台，第二条规定，选拔任用党政领导干部，必须坚持以下原则：党管干部原则；五湖四海、任人唯贤原则；德才兼备、以德为先原则；注重实绩、群众公认原则；民主、公开、竞争、择优原则；民主集中制原则；依法办事原则。这些原则对我们村官在农村基层工作中的选人用人具有重要的指导意义。

1. 党管干部的原则

党管干部的原则，是中国共产党长期坚持的一项重要原则，是党的组织路线为政治路线服务的一项有力保障。主要是指各级党委坚持贯彻执行党的干部路线、方针和政策，严格按照党的原则选拔任用干部，并对各级、各类干部进行有效管理和监督。党管干部的原则是巩固党的执政地位的一个重要保证，是党和国家干部管理制度的根本原则。坚持党管人才原则，选好人用好人。

“玉不琢不成器，人不学不成才。”在中国，一个干部、一个人才的成才和发展离不开党组织的培养和关怀。广大农村基层党组织要有强烈的干部人才培养意识，要有干部人才培养的责任感、使命感，时刻不能忘记肩负的干部人才培养的光荣使命。一是要坚持信念坚定、为民服务、勤政务实、敢于担当、清正廉洁的好干部标准。坚持标准和原则，把好素质关。坚持正确用人导向，用好的作风选作风好的人，充分体现公开、公平、公正。二是要持之以恒。所谓“十年树木，百年树人”，基层干部、人才的培养也是如此。农村干部、人才的培养是一个系统工程，要保持农村人才培养的连续性和持久性，以保证党的事业在广大农村“有继有人”。三是要建立人才培养的良好机制。要充分利用好基层党组织这个“摇篮”的作用，形成良好的干部、人才培养机制，为党培养优秀的人才，建设高素质的干部、人才队伍。

2. 任人唯贤原则

新颁布的《党政领导干部选拔任用工作条例》在《暂行条例》的基础上做了较大变动和修改。其中突出的一点是在选人用人原则方面，将“德才兼备、任人唯贤”的原则，改为“任人唯贤、德才兼备”。这一文字表述顺序上的变化，充分体现了在选人用人观念上的新发展、新进步。准确把握“任人唯贤”和“德才兼备”的辩证关系，对于贯彻执行《干部任用条例》，提高干部选拔任用工作的水平，有着积极的意义。从性质关系来看，“任人唯贤”是党的干部路线的集中概括，是确立干部标准的理论基础和思想基础，侧重于从方向和目标上来回答如何选人用人问题；“德才兼备”则是党的用人标准的集中概括，是党的干部路线的基本要求和具体体现，侧重于从要素标准上解决如何选人用人问题。选拔任用干部必须以党的事业为重，坚持任人唯贤，反对任人唯亲，坚决抵制用人上的不正之风，不搞小圈子，不凭主观印象取人，不以个人好恶选人用人。

农村是基层，与城市相比是条件较为艰苦的地方，往往工作事项具体烦琐，工作局面复杂多变，实现农村繁荣发展需要我们选择能够适应农村、领导农村的贤能干部。坚持任人唯贤，就是任用公道正派、有本事的优秀干部；就是选择能全面正确地贯彻党的农村工作路线方针和政策，同党中央保持一致，在工作中能够做到勤政廉洁、公道正派的好干部；就是选择能够实现振兴农村，实现农村的繁荣发展的好干部。所谓“有本事”，对于基层农村干部来说，就是要具有敏锐眼光、创业意识和创新精神，有强烈的带领全体村民振兴农村的事业心，能够吃苦耐劳，能够积极学习成为有知识、懂业务、能胜任农村工作的内行、里手和专家。各级村干部都要有与履行各自岗位职责相匹配的相关经验、知识和能力，有与所担任职务相适应的决策能力、组织协调能力、与群众保持良好的沟通能力和处理突发事件的应急应变能力。在农村，应大胆选拔和使用靠得住、有本事的优秀人才，要正确处理好德与才的关系，把那些思想政治素质好、科学文化水平高、组织沟通能力强、实绩突出、广大群众公认的优秀村民选出来，用起来。对那些政治素质好、勇于开拓、确有本事而又存在各种缺点的青年农民，要扬长避短，看本质、看主流、看大节，进行适当的强化培训，加强监督，防止以瑕掩瑜。

3. 以德为先原则

德才兼备、以德为先，所要解决的是“选什么样的人”的问题。坚持任人唯贤、德才兼备原则，一是要坚持德才统一论的观点。德才兼备原则是一个完整的统一体，不能割裂，不能偏废。德，是指一个人的政治品质和道德品行；才，是指干部的能力和水平。在德与才的关系上，应坚持两点论与重点论相统一，德与才都不可或缺，但德与才比较，德是第一位的，是才的统帅，决定着才的作用和方向；才是德的支撑，影响着德的作用范围。有德无才，难以担当重任；有才无德，终究要败坏我们的事业。政治品质、道德品行不行的人，才干越强干坏事的能量就越大，所以有才无德就要限制使用或者坚决不能使用。选人用人，必须在工作中充分把握其德才的真实状况。看一个人的德与才，主要应看这个人在工作、学习、生活中的现实表现，特别是看其在关键时刻和重大问题上的表现，看其能否经得起各种风浪的考验。因此，我们选人用人，既看其才，又要把才作为选拔任用的重要条件，更重其德，以德为先决条件，突出德的优先地位和主导作用。

现实生活中，看一个人的才比较容易，而衡量一个人的德则相对较难。那么怎样衡量一个人的德呢？就是从政治品质和道德品行等方面完善其德的评价标准，重点看是其否忠于党、忠于国家、忠于人民，是否确立正确的世界观、权力观、事业观，是否真抓实干、敢于负责、锐意进取，是否作风正派、清正廉洁、情趣健康。对德表现好，在同等条件下要优先使用，注重选拔理想信念坚定、对党忠诚的人才，注重选拔坚持原则、敢于负责的干部，注重选拔求真务实、真抓实干的干部，注重选拔勤政为民、清正廉洁的干部，形成以德修身、以德服众、以德领才、以德润才、德才兼备的正确导向。

4. 注重实绩、群众公认原则

注重实绩、群众公认原则，是党的群众路线和马克思主义认识论在干部工作中的体现和运用。它所要回答和解决的是干部由谁评价和如何评价的问题。注重实绩，就是注重干部在履行岗位职责的实践中所取得的实际成效，注重干部在执行党在农村的基本路线方针政策的实践中取得的成绩。选拔任用干部注重工作实绩，目的在于发扬求真务实的作风，使干部少说空话、多做实事，反对形式主义、弄虚作假、言行不一的不良行为。要在全面考察干部的德、能、勤、绩、廉的基础上，突出考察干部的工作实绩。对那些经考察考核确属德才兼备、实绩突出、群众公认的，要委以重任；确属德才平庸、力不胜任、相形见绌的，要坚决调整下来。要运用实绩考核的结果，实施对干部的奖惩，鼓励先进，鞭策后进，克服干与不干一个样、干好干坏一个样的现象，在干部队伍中形成扎实工作、奋发向上的良好风气。

群众公认，就是为大多数群众所认可和拥护。坚持群众公认原则，是党的群众路线和群众观点在干部工作中的生动体现，也是我们党代表中国最广大人民根本利益的必然要求。坚持群众公认，就是要在干部工作中充分相信和依靠群众，扩大干部工作中的民主，落实群众对干部选拔任用的知情权、参与权、选择权和监督权。坚持群众公认原则，一是选人用人要经过民主推荐，凡是多数群众不拥护不赞成的，不能提拔任用；二是选人用人要充分走群众路线，广泛听取各方面的意见；三是选人用人要在一定范围内进行公示，进一步听取意见；四是对群众举报、申诉的干部选拔任用工作中违纪违规行为，要认真核实处理。

干部实绩与群众公论具有同一性，是辩证统一的关系。一方面，干部实绩反映或维护了群众的实际利益，是党的全心全意为人民服务根本宗旨的具体体现。共产党是全心全意为人民服务的，但为人民服务不是仅仅挂在嘴上的口号，而是一个实实在在的行动过程。党的领导的实质，是组织和支持人民群众当家做主。在社会主义国家，一切权力属于人民，各级领导者只是人民权力的受委托者。党的干部是党的事业的骨干，不仅要在思想上自觉树立“公仆”意识，更重要的是把为人民服务落实在工作中、行动上，去实践这个宗旨。实践的结果如何，往往通过工作成绩表现出来。也就是说，干部实绩与群众公论一致性的前提，是干部实绩与坚持党的根本宗旨完全一致。在这个前提下，干部的实绩越突出，越能说明他很好地坚持了党的根本宗旨，自然越能得到群众的公论和肯定。

另一方面，群众公论是干部实绩的真实反映。干部政绩，有实绩，也有虚绩；有显绩，也有隐绩；有作用积极的政绩，也有作用消极的“政绩”。干部政绩与群众公论，有时一致，有时却并不完全一致。一般说来，干部政绩能得到群众公论，必定是真实的政绩、积极的政绩。在广大的农村，加快经济发展，提高人民群众的生活水平，这是我们党在农村的中心任务，也是广大人民群众的迫切需要。领导干部有实绩，自然会得到群众的公论。一个干部的政绩，如果不能在代表党和国家利益的同时，做到兼顾群众利益、维护群众利益，反而损害群众利益，无论这种“政绩”有多大，人民群众都不会买他的账，这样的政绩也是有害的。反之，有些干部坚持群众观点，时刻把群众装在心里，把群众的情绪和呼声作为第一信号，把群众的利益和意愿放在头等地位，想群众之所想，急群众之所急，办群众之所需，即使他的实绩不那么突出，也会赢得群众公论。这样的群众公论背后，往往隐含着对其求实作风的诚挚褒奖，对长远利益的一致肯定，和对潜在政绩的先期认同。从党要始终保持和人民群众血肉联系的意义上说，群众公论本身就是一种实绩。

5. 民主、公开、竞争、择优原则

民主公开，是指选用标准的公开，选用程序的公开以及选用结果的公开。要借鉴和坚持《干部选拔任用工作条例》和《干部选拔任用工作四项监督制度》等相关选用制度，并将选用标准通过互联网、党政宣传栏、告示栏等方式进行公开，让更多符合条件的人才能够知晓、了解，并积极报名参与。对通过资格审查的同志进行公示。坚持德才兼备、以德为先的标准，将想干事、能干事、会干事的干部选拔任用。要根据岗位的特点，在遵循法定原则的基础上，对选用方法和选用程序进行适当创新，可通过旁听、民意测评等形式，将选人用人过程公开化，提升透明度。组织人员对候选人的德能勤绩廉等方面进行考核，最终确定人选人员名单，并进行公示，接受全体村民的监督，提高选人用人的公信度。

竞争择优，体现了公平性，是让优秀人才脱颖而出的有效途径，也是激发干部干事活力的平台。通过竞争机制，让不干事、干不成事的人员面临压力，激发其积极进取、创出佳绩的动力。通过竞争上岗、择优录用，好中选优，优中选强，把政治坚定、人品好和能力强、经得起实践检验和人民群众认可的优秀人才选拔到村两委中来。

6. 民主集中制原则

在选人用人问题上，坚持民主集中制，就是一定要按照党的原则和规定的程序办事，坚决抵制用人上的不正之风。

一是坚持走群众路线。这是做好选人用人工作的重要基础，也是民主集中制原则的基本要求。我们做到把走群众路线贯穿于选人用人的全过程：每调整一个班子，每提拔一名领导干部，事先都要利用多种形式广泛听取群众意见，并对推荐、测评的结果做出具体分析。提拔使用后继续跟踪了解，听取群众反映，接受群众监督，及时进行帮助教育。对提拔后情况发生了变化、群众反映强烈、思想作风问题严重、工作态度又差的干部，要根据情节轻重，采取坚决的组织措施进行调整。

二是坚持搞好上下结合，统一思想认识。所谓上下结合，就是把领导的意见和群众的意见结合起来，找准结合部，确定较为合适的预备人选。对领导与群众评价一致的干部，一般都作为重点人选，认真考察。而对于领导和群众反映不太一致的干部，起用时就要慎重。

三是坚持利用多种形式对干部进行考核。既要注重定期考核，也要针对干部的实际工作过程进行动态的跟踪考核，以全面地掌握干部的政治表现、工作实绩和处理问题的能力。

四是坚持选人用人由党组织集体讨论决定。会前认真做好准备，进行必要的会前酝酿；切实组织好讨论，当面交换看法和认识，按照组织原则和程序进行讨论决定，在选人用人方面始终坚持民主集中制原则。坚持集体讨论决定，把好讨论决定关。讨论决定干部任免，坚持“集体领导、民主集中、个别酝酿、会议决定”原则，充分发扬民主，不搞个人说了算，做到“五个不上会”，即没有经过民主推荐、民主测评的不上会，没有经过组织部门考察了解的不上会，班子成员有不同意见的不上会，对反映有问题没查清的不上会，没有征求纪委意见的不上会。要自觉接受监督，把好公示关。

7. 依法办事原则

法律制度是国民意志的统一体现，是维系现代社会秩序的基本规则。“有其法者，尤贵有其人。”法律要靠人去执行。作为一个农村的领导干部，其一言一行对本村的人民群众有着重要的影响。他们是否遵守法律、依法办事，直接关系法律在农村的实施的效果。如果其不知法懂法，不具备与领导地位相应的法治观念、法律意识，依法治村就无从谈起。

而从近年来一些地方农村中发生的群体性事件分析看，其主因也往往与部分村干部法治观念淡薄、不依法办事、违法犯罪有关。有的不善于用法律手段处理社会矛盾，把“法律问题”变成“社会问题”；有的村领导甚至违法犯罪或贪污腐败，把“民愿”变成“民怨”，把小事闹大、大事闹炸，败坏了党和政府在农村中的形象，破坏了党和政府与群众的血肉联系。

因此，村干部要带头依法办事，带头遵守法律。让“依法办事”成为选拔干部的“硬杠杠”是关键。“用一贤人，则贤人毕至。”选人用人具有鲜明的导向作用，坚持选用依法办事、遵守法律的人，坚决不用以权代法、不知法守法的人，则村干部自会学法、懂法、守法、用法；不让依法办事、遵守法律者吃亏，不让以权代法、徇私枉法者得利，依法执政、依法行政就会在广大农村中得到落实。

让“依法办事”成为选人用人的“硬杠杠”，需村官施硬功、动真格。首要坚持“依法”选“依法办事”的人，凡是选人用人中涉及法律的事项，都严格按规定办；要严格组织原则、标准、程序和组织纪律办。要把“依法办事”作为考察考核的“重头戏”，观其言、查其行、知其底，凡是不自觉学习执行法律法规的人坚决不选，凡是有过违法犯罪行为的人坚决不用。还要将整个选人用人过程晒到“阳光”里，凡是选拔使用干部都坚持公示其依法办事情况，凡是群众举报领导干部不依法办事的问题都坚持举报必查、查实必究、究其必严，从而使领导干部不愿违法、不能违法、不敢违法。

“变民风易，变士风难；变士风易，变仕风难。仕风变，天下治矣！”让“依法办事”成为选拔选人用人的“硬杠杠”，村干部带头依法办事、带头遵守法律，进而带动全村上下守法用法、言行举动符合法律规范，对建设社会主义新农村、实现农村的和谐稳定具有至关重要的作用。

二、选人用人的方法与艺术

选人用人既是一门科学，有其内在的方法，选人用人同时也是一门艺术，有其特殊的意境。方法就是艺术，艺术就是方法，方法和艺术辩证统一。作为一名村官，要当好“伯乐”，就必须在工作中认真钻研选人用人的方法，结合工作实际仔细揣摩选人用人的艺术。

1. 用其所长，避其所短

这是用人艺术之核心。俗话说，金无赤金，人无完人。任何一个人都不可能十全十美，都有自己的长处和不足。聪明的领导在于扬其长，避其短。在选人用人过程中，坚持矛盾的“两点论”，认识一个事物，既要看到事物的正面，又要看到事物的反面。要从整体出发，分析事物的各个方面和它们的相互关系，进而掌握事物矛盾的总体。在选人用人过程中，要坚持“两点论”方法，要对被选对象进行深入分析，给予全面分析，对正确认识干部具有很重要的意义。

有才能的人常常难以相处，并且喜欢争论，为了安稳而把这些人排除组织之外是错误的，这样做的结果，只能得到无能部下。法国前总统戴高乐在《剑与刃》中说：“只因为个性很强的人难以相处，就不任用他们，这是最坏的政策，在事情顺和时，关系好，容易相处，当然很好，在发生危机时，那就很可能引起灾难……个性强的人经得起重大事件的考验，但常常缺乏讨人喜欢的好看外表。个性强的人一般是粗线条的，令人不快和咄咄逼人的。”但我们可以用其长处，扬长避短，干正确的事。

2. 量才使用，才尽其用

饭盒用来盛饭，脸盆用来洗脸。具体问题具体分析，用人也是如此。不同的工作岗位，对人才有不同的要求；不同的人，对岗位也有不同的适应性。根据村里的实际情况，具体矛盾具体分析，就是在矛盾普遍性原理指导下，具体地分析各种事物矛盾的特殊性。这是马克思主义最本质的东西，活的灵魂。只有认识事物矛盾的特殊性，才能辨别事物，深刻认识事物的本质。如何才能做到具体问题具体分析？一是要弄清矛盾的普遍性和特殊性的关系是共性和个性的关系，二者既相互联系，又在一定条件下相互转化。二者的相互转化必须以时间、地点、条件为依据。二是必须正确认识事物矛盾的特殊性，客观地辨别事物，深刻地认识事物的本质。三是对事物所处的具体环境、所表现的具体情况和具体现象进行具体分析，找出解决问题的方法。选拔任用干部，就要对干部的具体情况作具体分析，量才用人，需要根据不同人才的素质才能，安排相应的岗位。既要防止大材小用，浪费人才，也要防止小才大用，虚占其位，耽误工作。

3. 明责授权，信任人才

俗话说："用人不疑，疑人不用。"既然认为是人才，就要明责授权，大胆使用，却不可既用又疑，授职无权。这方面，刘备是榜样。他"三顾茅庐"请出孔明后，不顾关羽、张飞的非难，将"实权"交于孔明。结果，孔明佐助他，成就了三国鼎立的伟业。现代农村各项工作千头万绪，一个领导人不可能包办一切，一定要大胆、充分地使用人才。

4. 组合人才，聚放效应

优秀人才总是有限的，在有限的人才资源之中，发现他们各自的优势和特点，根据各自的才能水平和性格特点进行科学的组织和合理的搭配，使人才形成团队，形成"1 +1 >2"效应。团队合作不仅是一个量才使用的问题，还有一个合理组合发挥其集聚效应的问题。现实生活中常有这样的情况，就单个讲，都是人才，但如果把两个能力、经历、资历、性格、年龄相当的人放在一起，很容易"碰撞""不团结"，出现"一个和尚挑水吃，两个和尚抬水吃，三个和尚没水吃"局面。但如果脾气上一柔一刚，性格上一外向一内向，年龄上一老一少，性别上一男一女地加以合理组合，结果可能就大不一样。因此，一个领导者在使用人才时，不仅要重视每个人才个体的素质，还要高度重视人才群体结构的组合的合理化搭配，使群体中的个体相互弥补，相得益彰，相互补台，避免相互拆台，从而达到 1 +1 >2 的效果。

5. 坚持历史分析

在选人用人的时候坚持历史分析。任何事物发展，都有着一个渐进的过程，都有自己的发展历史，并形成自己特有的发展规律；任何事物的现状与它的过去都有着一定的必然联系，任何事物的未来也都是以现状为基础的。人的成长过程，也同样符合事物发展的历史规律。因此，历史分析法也是干部考察要坚持的一种基本方法。坚持这种方法，既要看到干部的现在，又要看到干部的过去和将来。毛泽东同志指出："必须善于识别干部，不但要看干部的一时一事，而且要看干部的全部历史和全部工作，这是识别干部的主要方法。"

在考察干部中运用历史分析法，具体地说，要注意两点：

第一，要用发展的眼光来看待干部，而不能用静止的、僵固的眼光来看干部。认识干部，不能过多地囿于过去获得的对被考察者的认识，而应该对被考察者的实践进行重新认识。因为人在认识世界、改造世界的同时，也在不断地认识自己、改造自己、完善自己。再高明的领导者也有失误的时候，这并不可怕，关键是要一旦发现庸才愚才虚占其位，就要坚决而得法地将其撤换。

第二，要用联系的观点来分析干部，即联系被考察者所处的历史环境来认识被考察者。因为人都生活在一定的历史环境中，历史环境对人的活动有着一定的制约作用。良好的历史环境，会使人的聪明才智得到充分的发挥；不良的历史环境，会使人的聪明才智受到压抑。离开一定的历史环境来认识干部，就得不到对干部的正确认识。如有的干部处于一个人际关系很复杂的历史环境中，在他们的周围有过去的老上级、同学同事、亲戚朋友等关系制约他们的活动，使他们在一些问题上放不开手脚。因此要及时帮助领导干部理清关系，进行积极的交流和督查，促其正确面对，积极工作。

典型案例

村干部道德败坏暴露基层选人用人短板

近日，海南省儋州市政务网通报了五起违纪典型案件，其中，大成镇南盛村委会党支部书记陈润池在任期间，三次将淫秽图像上传镇政府工作微信平台，且屡教不改。2015年12月22日，大成镇党委给予陈润池撤销党内职务处分。

“基础不牢，地动山摇。”在村这一级，党支部书记的地位和作用不可小视，可以形象地概括为群众的“主心骨”、发展的“领头羊”、稳定的“顶梁柱”。作为村党支部书记，陈润池身上肩负的责任不小，原本该将精力投入到带领群众增收致富上，却不想心思放在了淫秽图像上面，且屡教不改，虽然其最终受到应有处置，但该事件的背后，还真得引起高度重视。

现实中，类似陈润池这样，存在道德品质败坏问题的村干部大有人在，一些村干部信念动摇、腐化堕落、道德败坏，时常做一些有伤风化、影响家庭道德之事，不仅引起民愤民怨，还严重影响到党员干部的形象。客观地看，出现这类问题，村干部自身文化素质偏低、个人修养不高是主因，但公正地讲，道德品质败坏的人能当上村干部，也暴露出基层干部选人用人上存在弊端。

不可否认，村干部选任中面临着党员和群众消极对待、家族势力干预等问题，因此，组织上对人选严格把关显得更为至关重要。然而，少数地方对此并不重视，没有深入实地走访调研，了解党员干部和群众的真实想法，没有及时开展研判分析，对发现的一些苗头性问题加以干预和引导，致使一些品行不端、作风不硬、能力不强的人得以鱼目混珠，进入到村干部队伍中，最终引得群众怨声载道、贻误一方发展。

古人云："百行以德为首。"树立正确的用人导向，坚持"德才兼备、以德为先"的用人标准，这是我们党选拔干部的一贯标准，这里所指的德，就是人的道德品行，一名干部如果才不够，可以学，但德不行，却很难补。因此，在村干部选任问题，一方面教育要引导党员干部和群众树立大局意识，出以公心选出好干部；另一方面，组织上要严格干部选任标准，善于识人用人，注重德的考察，对那些道德上不过关的、存在明显缺陷的，坚决不能选用，真正使选拔出来的干部组织放心、群众满意。

（资料来源：长江网）

本章小结

本章学习了要始终坚持用辩证唯物主义的观点认识选人用人的规律，始终坚持用唯物辩证法的思想践行选人用人的方法，科学的选人和用人关系到农村的繁荣发展和长治久安。阐述了在农村中进行科学选人和用人必须坚持的基本原则、基本方法和选人用人艺术。

思考题

1. 结合农村实际，谈谈农村中选人用人存在的问题有哪些。

2. 结合农村实际，谈谈如何建成和健全村级领导班子。

3. 请根据习总书记提出的五条"好干部"标准，同时结合农村的现实实际，谈谈如何进行科学选人用人。

第五章　村官领导沟通艺术

学习目标

了解领导沟通的内涵及作用；掌握村官领导沟通应注意的问题；掌握村官协调人际关系与沟通的艺术；掌握村官贯彻群众路线的艺术；了解村官领导沟通中存在的问题及改进的对策。

学习内容

领导沟通是由领导者发出的建立于一个组织的价值观念与文化基础之上的信息所构成，对组织的变革与发展有着重要的作用。每一名村官都要在工作中培养自己的沟通能力、与他人的交流的能力，提高工作能力，更好地服务群众，贡献基层。村官协调人际关系与沟通，特别要注意村官与上级关系的上行协调、村集体内部村官之间关系之间的平行协调、村官与村民关系的下行协调、村官与兄弟单位之间的协调。

第一节　领导沟通概述

俗话说：为政之道，在于用人；为政之妙，在于沟通。工作中，我们无时无刻不在进行着沟通。沟通是一种技巧，更是领导者取得成功的秘诀。良好的沟通不仅能使领导者拥有号召力和凝聚力，更能够使领导者得心应手和卓有成效地开展工作。沟通质量在某种程度上能彰显领导者的工作能力、职业素养，也决定着工作的好坏，甚至是职场的成败。

一、领导沟通的内涵

（一）沟通的概念

沟通是指特定的人群用语言、文字、图片、行为等方式相互交流思想、观念、意识、感情、意见、建议等信息，获得相互了解和信任，达成一致共识，产生一致行为，完成特定目标的过程。

沟通包括以下几个要素：

1. 沟通的主体

所谓主体，是指相互沟通的个人或者是组织，沟通必须是两个及两个以上的主体才能完成，没有主体或者是单个主体是无法完成沟通的。

2. 沟通的目的

沟通的目的是为了双方彼此相互了解和交流意见、建议、观点等，获取相互理解、支持和配合，最终达到理想效果。

3. 沟通的内容

就是思想、观点、想法、情感、意见、建议等，是沟通过程中需要传递的实质。

4. 沟通的渠道

也可以称为沟通的载体，是沟通主体在沟通过程中的承载体，比如报纸杂志、微机网络、语言表达、肢体语言等方式。

（二）沟通的形式

根据不同的划分方式，存在多种不同的形式。

1. 根据不同层次划分，可以分为个人与个人的沟通、个人与群体的沟通、群体与群体的沟通三个层次

（1）个人与个人的沟通。指一个人与另一个人之间的沟通，如村支部书记找入党积极分子进行个别谈话，村民向村官单独反映村里的某个问题。

（2）个人与群体的沟通。又分为一个人与多个人的沟通、多个人与一个人的沟通两种形式。如村委会主任向村委会成员传达上级的方针政策、村委会成员向村委会主任提出落实某项政策的建议。

（3）群体与群体的沟通。指两个群体或多个群体之间的沟通。如村委会和群众代表就某个问题之间的沟通。

2. 按照沟通的组织结构来划分，可以分为横向沟通和纵向沟通

横向沟通又称平行沟通，是指处于同一级的组织、单位或个人之间的信息传递和交流。如在村集体内部各小组组长之间的交流。

纵向沟通又分为上行沟通和下行沟通。上行沟通是指下级组织或个人向上级组织或个人沟通，下行沟通是指上级组织或个人向下级组织或个人沟通。如村支部书记向乡镇党委书记汇报工作、乡镇长向村委会主任安排某项工作任务。

3. 按照沟通的方向来划分，可以分为单向沟通和双向沟通

单向沟通是指一方只发送信息不接受信息，另一方只接受信息不反馈信息。

双向沟通是指沟通双方互相发送信息并接受信息。

4. 按照所借用的媒介来划分，可以分为语言沟通和非语言沟通

语言沟通是以语词符号为载体进行的沟通，可细分为口头沟通和书面沟通。口头沟通的形式很多，如演讲、汇报等。书面沟通的形式也很多，如通知、下发文件、新闻报道等。

非语言沟通是指通过某些媒介而非语言文字来传递信息的一种沟通，如情绪与面部表情、眼睛、身体姿态与手势行为等。在非语言沟通中的肢体动作也有人称为“肢体语言”，是语言沟通的特殊形式。

5. 按照是否需要别人传递来划分，可以分为直接沟通和间接沟通

直接沟通是沟通双方无需别人来传递信息，双方直接沟通。

间接沟通是沟通双方因为不方便、有障碍等某种原因，要经过别人来传递信息才更为妥当，效果才更为理想。

6. 按照沟通的场合来划分，可以分为正式沟通与非正式沟通

正式沟通是指根据有关规定或某种特定情况需要进行的沟通，包括链型、Y 型、轮型、环型、全渠道型。非正式沟通是一种比较随意、比较放松的沟通方式，分为集群连锁型、密语连锁型、随机连锁型、单线连锁型。由于本部分内容过于专业，建议只做简单了解。

（三）领导沟通的概念

领导沟通就是领导者在工作中的人际沟通，是指在领导活动中，领导者与被领导者之间，传递和交流各方面的意见、建议、观念、思想、感情、愿望、经验和做法等信息的过程。领导沟通以领导者本人的性格和组织的价值观念为

基础，体现在领导者行使权力的全过程中。沟通水平的高低，是领导能力、领导魅力的直接体现。

领导沟通与组织结构、科学决策等问题有着密切的联系，是实现组织目标、做出正确决策、增进人际和谐的重要工具。领导沟通理论在现代科学管理中得到了广泛应用，理论上一般分为信息沟通、人际沟通和组织沟通三大类别。信息沟通以数据为依据，人际沟通以行为为依据，组织沟通则强调组织系统。

（四）领导沟通的特点

1. 目的性

领导沟通的目的就是为了获得认可、支持和配合，实现组织目标或者是领导的意图。它不是漫无目的，也不是海阔天空。

2. 权威性

领导沟通的权威性在于领导所处的地位和所起的作用，领导的讲话或传递的信息会给听众某种暗示，对听众产生影响。因此，领导沟通要有一定的分寸，要讲原则，绝不能随心所欲。否则，会降低领导的威信，影响下级组织或个人对上级组织的认同，造成思想的混乱，妨碍工作的正常开展。

3. 有效性

有效就是能够实现预期目的，有效沟通表明传递和交流的信息可靠性和准确性高。领导与沟通密不可分，有效的沟通意味着良好的管理，成功的领导则要通过有效的沟通来实现，领导者与被领导者之间的有效沟通是领导艺术的精髓。

4. 多样性

领导沟通没有固定的形式，具体采取什么样的形式，应该是具体问题具体分析，与时间、地点、人物、任务目标等多方面有关系，适合什么样的形式，就用什么样的形式，关键在于如何通过沟通达到想要的效果。

二、领导沟通的作用

领导沟通是由领导者发出的建立于一个组织的价值观念与文化基础之上的信息所构成，对组织的变革与发展有着重要的作用。

（一）领导沟通有利于实现组织的愿望和使命

高明的领导必须为他的组织创造愿望，领导信息可以让人明了组织前进的方向和它的定位。通过沟通，可以使组织成员正确了解组织的目标、领导决策的意图，做到心中有数，明确各自在其中的角色和定位，促进成员之间更好地理解与合作，从而实现组织的目标。

（二）领导沟通有利于激发组织成员前进的动力

人是有思想、有理想的生命体，都有自己的价值追求，工作动力的主要来源在于个体对某种目标追求的积极性与主动性。领导者通过有意识的与下属沟通，可以使下属更加清晰地明白自己的工作性质、工作目标和工作意义，感受到自己存在的价值，从而唤起组织成员的激情，增强工作的内在动力。

（三）领导沟通有利于集思广益，促进决策的科学化

做出决策是领导者的主要职责。决策的成功与否，取决于输入信息的数量和质量。而信息需要沟通才能发挥作用。一个好的决策，必定是领导者发扬民主、博采众长的结果。领导者通过沟通，可以激发下属深入思考，出谋划策，从而引发出更多的创造性设想，并以此作为决策的参考依据。

（四）领导沟通有利于情感分享和实现价值认同

领导工作主要是与人打交道。一个组织，如果成员之间缺乏有效的人际沟通，就会出现隔阂，就没有凝聚力、战斗力。一个领导者如果不善于把自己的思想、看法传递给其他成员或者是被领导者，就难以得到大家的理解、支持和认同，任何美好的战略构想都难以实施。领导者只有不间断保持与下属的有效沟通交流，以自身学识、能力、品德来影响带动下属，才能达到情感共享和实现价值认同的目的。

（五）领导沟通有利于改善组织内的人际关系

众所周知，无论在日常生活还是在实际工作中，人们互相之间的关系都是非常重要的。如果一个组织信息沟通渠道堵塞，职工间的意见难以表达，就会使人们产生压抑、郁闷的心理。这样，不仅影响职工心理健康，还将严重影响组织的正常运转。因此，一个组织若要顺利发展，必须保证内部上下左右各种沟通渠道的畅通，只有这样才能使人们相互理解、相互尊重、和谐相处，才能使人们在工作中及时调整自己的行为，相互配合、步调一致，使工作顺利开展。

三、村官领导沟通应注意的问题

村官作为新农村建设的直接组织者、推动者和实践者，要协调上级部门与村级组织之间、村“两委”之间、党群干群之间、本村与外村之间等等一系

列的关系，任务烦琐而复杂。良好的沟通有利于更好地贯彻落实党和国家的方针政策；有利于加强村“两委”班子的团结与协作，提高工作效率；有利于集中村民的智慧和力量，更好地解决实际矛盾，促进村民和谐，带领村民共同致富。每一名村官都要在工作中培养自己的沟通能力，与他人的交流能力，提高工作能力，更好地服务群众，贡献基层。

（一）要因人而异

村官可能每天都要与很多人打交道，这些人有本村居民、上级领导、“两委”同事和外部人员，他们的想法是不一样的，沟通能力也千差万别。因此，必须辨别沟通对象，充分考虑不同沟通者的接受能力，了解他人的特点、沟通习惯和知识水平，采用对方最能接受的沟通方式，防止自己陷入“无效沟通”之中。

（二）要有效沟通

有效沟通是组织管理活动中最重要的组成部分。对于领导者而言，有效沟通不容忽视。在农村基层工作中，由于受知识结构、家族关系、利益关系等影响，进行有效沟通有时很难。这就要求村官事前有所准备，明白自己想谈什么、什么时间谈、如何去谈，这样才能使沟通内容更加清晰，更好地把握沟通机会。

（三）沟通渠道要广泛

沟通渠道是村官有效开展工作的基础。渠道越多，沟通越方便。日常工作中，有许多渠道是人们习惯使用并形成“规矩”的，如村里的长辈、常常抛头露面的能人，要对这些渠道充分利用。同时，也要重视建立自己的沟通渠道，拓宽干群沟通渠道。

（四）要因时因地而异

人们说话办事，不是任何时间任何地点都可以付诸实施的，必须要加以选择，注意对象和场合。同一句话，同一件事，在这个时间、这个地点、这种关系中可以说可以做，但在另一个时间、另一个地点、另一种关系中就不一定行得通。当前，农村人际关系更是相对复杂。如果不懂得这些技巧，不仅可能会影响交流效果，严重者甚至会把事情越搞越糟。同时，一个人要和别人交谈，不仅自己要知道说什么，还要懂得如何去说。人们更愿意接受清晰、正确、具有共同价值观的意见。因此，在日常工作中，要斟酌沟通内容，提高自己的表述能力。

第二节　村官协调人际关系与沟通的艺术

社会主义和谐社会是各种人际关系融洽、协调和均衡发展的社会，也是一个上下同心、齐心协力、共同发展的具有向心力、凝聚力和亲和力的社会。构建和谐农村，必须正确处理好各方面的人际关系和利益关系，疏通内外交往的渠道，沟通上下左右的关系，努力营造融洽、和睦的人际环境。这是村官领导艺术运用的重要领域，而且是村官工作面临的一项重要任务和课题。这里所讲的村官协调人际关系与沟通，主要是讲村官与上级关系的上行协调、村集体内部“两委”成员之间的平行协调、村官与村民关系的下行协调、村官与兄弟单位之间的协调。

一、上行关系的协调

在村官领导活动中，存在着对上级领导者的关系，处理这种关系称为对上关系协调或上行协调。基层党支部书记、村委会主任的上级是乡镇领导、甚至是乡镇以上领导；村“两委”普通成员的上级是支部书记、村委会主任。正确协调好与上级关系非常重要，它不仅关系到村级组织的发展和乡村事业的成败，也关系到村官个人的成长进步和身心健康。作为村官，都希望协调好与上级的关系。但是，正确处理与上级关系必须讲究一定的原则，只有在坚持党和人民的利益高于一切、对上负责与对下负责高度统一、党性与人格高度一致的原则下，才能正确地处理好与上级领导者的关系。否则，于公于私都不利。

正确协调好与上级领导者的关系，需要注意把握以下四点：

（一）尊重服从

尊重领导，服从领导安排，听从领导指挥，做好执行工作，在工作中要主动请示汇报，自觉接受上级的领导，树立上级领导的威信，甘当无名英雄。工作执行中的沟通，首先切记一般不要越级或绕过直接领导去报告工作，要遵循程序和规矩；其次要遵循行政执行的一般程序，即接受任务、分析并拿出办法、实施并办理、总结并反馈。

（二）协助支持

作为下级要处以公心，破除名利思想和虚荣心，维护好领导的威信和地位，积极主动地支持和配合领导工作，甘心当好“绿叶”和助手。当领导在决策时，作为下级要帮助领导想得全面周到，拾遗补阙，避免差错；当领导出现一时考虑不周的事情，要主动给予提醒，减少其失误；在执行决策中，要密切关注事态变化，为领导及时纠正偏差献计献策；当事态发展恶化之时，要敢于挺身而出，勇挑重担，提出补救措施补正纠偏，为领导排忧解难，只有这样，才能赢得上级领导的支持。

（三）请示汇报

经常主动向领导汇报自己的工作，包括工作意图、进展情况、取得的成绩、遇到的困难和问题，使领导对自己有比较全面的了解，从而得到领导的支持和帮助。同时还要注意多收集反馈信息，多反映村民和村“两委”的意愿、意见、要求和建议，以帮助领导完善措施，改进工作。

经常主动向领导请示，包括工作策略、咨询建议等，请示时要说明发生了什么、当前事情的状态，说明自己将如何处理事情，请求得到领导的指示或指导。

（四）建议沟通

村官个人的工作、思想及其他一些情况，也要及时地、经常地与领导沟通。这样会逐步缩小与领导的心理距离，逐步加深与领导的感情，从而使相互关系处于和谐融洽之中。在工作中要多和领导沟通，了解工作的整体战略规划，当自己对于工作有了好的想法建议的时候，要反复研究推敲自己的意见，使之既有科学性，又有可行性，并在适当时间、地点和场合向领导提出建议，切记“直言纳谏”不是“直言”，要维护领导的权威性。在建议中要有几种方案，留给领导以选择的余地。

在不便对领导采取直言规劝的情况下，可灵活地借用类似的事项或故事，借此喻彼，迂回启发，或者是通过“中间人”代为传话，以化解或是终止敌意。

二、平行协调

在村官领导活动中，还有村“两委”成员同事之间的平行关系。因此，就有平行关系协调或称横向关系协调问题。

在一个村集体，同事关系是建立在“住在同一个屋檐下”根本目标和利益一致基础上的分工合作的同志关系。所以，协调同事关系要注意做到以下五个方面：

（一）尊重理解，以诚相待

当同事遇到困难时，诚恳地给予精神上、物质上的帮助，为其分忧解难，当得悉有人对自己怀着敌意时，不妨对自己进行一番反省，想想自己平常在工作中，在与同事交往中是否存在不妥之处。在以后相处时，多几分谨慎，少说些易引起误解的话。当一个人在鲜花与掌声中时，更需谦虚、谨慎，从根本上调整自己。这样，真诚的相处和无私的帮助，同事间的人际关系就能得到有效协调。

（二）加强沟通，增进了解

同事之间要经常交流思想，沟通情况可通过村“两委”联席会议、党员活动日、处理村级事务、公共关系活动等不断加深，从而创造一种和谐共事的情感环境，彼此了解，相互信任，将一切不必要的误会和摩擦消灭在萌芽状态，只有这样才可能进行有效的合作。

（三）团队合作，工作为重

村“两委”每个成员都要按照分工行权，各司其职，大胆工作，做到主动沟通，相互支持、相互配合，及时进行必要的协调。每个人分工负责的工作，是村集体工作的组成部分，不是彼此孤立的，而是互相联系的。只有大家通力合作，使各自付出的力量达到最大并通过合作合理叠加，从而产生一种新的合力，才能做好各自的工作。

（四）工作探讨，交流心得

一个人的认识是有限的，再精明的人也难免有考虑不周到的地方。为了尽可能地减少失误，对于自己分内的工作应该注意多与其他同事商讨、交流，积极主动地征询他们的意见，采纳他们合理的建议，欢迎同事对自己所辖工作进行有益的批评。按照科学发展观的要求，坚持理论联系实际，向书本学，向同事学，向实践学，经常了解各部门的工作情况和业务知识，通过潜心学习，不断提高自己的综合素质。

（五）坚持原则，求同存异

在具体工作中产生的一些意见和分歧，应平心静气地交流情况和意见，观点上的争鸣和分歧要及时摆到桌面上，通过平等的交流、启发，缩小认识上的差距，从而达成彼此可以共同接受的意见。以真诚的爱心去感化嫉妒者，从而消除和化解嫉妒。以有原则的忍让来抑制无原则的争斗，求大同存小异，化解矛盾。

三、下行关系协调

在领导活动中，存在着上级领导者与下级领导者的关系，对这些关系的协调称为对下关系协调或下行协调。对村官来讲，下级就是本村集体内的所有成员。良好的下行关系是很重要的，它有助于领导者了解下情，增强团结，保证领导活动的正确性。作为上级领导者，协调好与下级关系，必须遵循公正、平等、民主、信任的原则，在此基础上，需要掌握好以下四个方面的方法与艺术：

（一）解释服务

接待群众来访时，态度要平和亲切，消除群众的心理障碍。在回答问题时，能答复的应立刻予以答复，要与村民实现信息共享，对新政策、新规定和市场新动向及时向村民传达；如情况不明，可以打电话向有关部门了解情况，再酌情处理。

通过沟通，一方面能够了解民情，体察民意，另一方面群众可以向村“两委”表达利益，提出意见和建议。通过广泛的协商、探讨问题的关键，找出其原因，然后以公正的态度及合作的精神，找出各种关系的平衡点、结合点，以此来协调各方面的关系，化解各种冲突和矛盾，维护社会安定。

（二）动之以情

每个人都是有思想和感情的个体，有自己独自的人格和愿望，需要得到他人的理解、尊重，以及宽容。工作中，既要不厌其烦、耐心细致，又要周密思考、主动沟通。一时难以达成共识的事情，不能急于求成，要善于给别人留有自我消化、自我反省、不断深化的空间。

与群众之间，应该平等相待，与群众交流时，谈谈普通生活，拉拉家常，用征求、商讨的语气，能创造一种轻松愉快的气氛，使对方产生亲近感，愿意讲真话。

（三）晓之以理

要善于客观陈述，规劝提醒，充分尊重被劝说者，尽情尽理，使之受到启发、明白道理，晓以利害、示以后果。看问题要有自己的立场和观点，如果确信自己在某件事上没有过错，就应该以客观现实情况为基础，以科学、公正、准确的理念为要求，敢于坚持原则，维护真理，决不能一味退让。应该从工作出发，通过引用事实和数据、常识、权威观点等证据，以清晰的逻辑阐明自己的观点。

（四）导之以行

孔子云："其身正，其令从，其身不正，其令不从。"作为一名村官，就要以身作则，树立良好的公仆形象，用自身的道德建树、自身的行为规范去影响和引导人民群众，做到用心沟通、以德树德，竭诚交流、以情动情，修身垂范、以行导行。

四、与兄弟单位之间的协调

在实际生活中，村官还面临与其他兄弟单位或者是相邻村庄之间存在某些事务联系。在交往中，要热情周到，注意迎送礼节，讲究说话艺术，态度诚恳，求同存异，有真诚协助兄弟单位解决困难的精神，不强人所难，坚持原则，反对不正之风。

（一）热情周到，全面了解

对于兄弟单位提出的问题，要主动反思，虚心接受，给予重视，表示感谢，并着手改善。对于兄弟单位存在的问题，要通过各种方式全面了解，如查阅档案、调查研究、侧面了解、沟通交流等方式，以免以偏概全，歪曲事实。对于兄弟单位存在的实际困难，要主动伸出援手，提供帮助，必要时申请组织的援助。

（二）工作为重，注重团结

注重和兄弟单位工作的配合，提前进行沟通联系，说明工作任务的核心重点，做好各自的任务分工及配合，产生意见分歧时能够从共同目标出发求同存异，尊重对方，理解对方，虽然存在一些分歧，但是应该看到有很多更为重要的共同点和可以共享的资源，完全可以求同存异，通过共同协商，以找到一个折中方案，努力找到符合双方意愿的解决办法。

第三节　村官贯彻群众路线的艺术

群众路线是我们党的根本工作路线，也是基本的领导方法和工作方法。村官处在新农村建设的第一线，要经常研究决定村里的重大问题，只有坚持群众路线的工作方法，才能保证重大问题决策的正确。村官所做出的某些决定，直接涉及全村的切身利益，走群众路线，充分听取群众的意见尤为重要。

一、党的群众路线的概念与内涵

党的十八大提出了党章修正案，十八大通过的党章指出，党在自己的工作中实行群众路线，一切为了群众，一切依靠群众，从群众中来，到群众中去，把党的正确主张变为群众的自觉行动。这个表述是迄今为止，我们党对党的群众路线最权威的表述。

群众路线是中国共产党在革命、建设和改革的长期实践中创造和发展起来的，被实践证明是正确的行之有效的实现党的思想路线、政治路线、组织路线的根本工作路线，是我们党的生命线，是我们党的传家宝，是我们党的领导经验的深刻总结，是我们党集体智慧的结晶，是我们党的一个优良传统和政治优势。我们党的历史事实表明，什么时候党的群众路线贯彻执行得好，党群关系密切，我们的事业就发展、就前进。什么时候党的群众路线贯彻执行得不好，党群关系受到损害，我们的事业就停滞、就遭受挫折。

二、群众路线的核心内容

（一）根本宗旨

一切为了群众，就是群众是我们党一切工作的出发点和落脚点。我们党始终坚持全心全意为人民服务的根本宗旨，除了人民利益没有自己的特殊利益，把实现好、维护好、发展好最广大人民的根本利益作为一切工作的出发点和落脚点，使我们的工作获得最广泛最可靠最牢固的群众基础和力量源泉。任何时候都要把人民利益放在第一位，同群众同甘共苦，保持最密切的联系，切实解决人民群众最关心、最直接、最现实的利益问题，做到权为民所用、情为民所系、利为民所谋。不断促进经济社会健康发展和人的全面发展，努力实现发展为了人民、发展依靠人民、发展成果由人民共享。

（二）根本立场

一切相信群众，一切依靠群众是根本立场。所谓根本立场，就是说它不是一个简单的、具体的方法问题，也不是一个认识问题，更不是一个策略问题，它是一个根本的立脚点。毛泽东说："人民，只有人民，才是创造世界历史的动力。"人民创造历史，群众是真正的英雄。相信群众依靠群众是做好一切工作的基石。坚持问政于民、问需于民、问计于民，做到思想上尊重群众、政治上代表群众、感情上贴近群众、行动上深入群众、工作上依靠群众、利益上惠及群众，从人民群众伟大实践中汲取智慧和力量，始终与人民心连心、同呼吸、共命运。

（三）根本方法

从群众中来到群众中去是根本方法。从群众中来，就是把广大群众在长期实践中所积累的经验，所提出的愿望、要求和建议，集中起来，化为领导的指导思想、决策和计划方案等。到群众中去，就是把“领导意见”化为群众的行动，即将党的方针政策变为群众实践的过程，并使之在群众的实践中得到检验、丰富和发展。实践、认识、再实践、再认识……使认识一步步地深化和丰富，各项工作决策一次又一次地得到修正和补充，越来越科学。

三、立足基层岗位，践行群众路线

作为最基层的干部，村官践行群众路线，要求我们在日常工作中深入居民家，走家串户，了解民情民意，想群众所想，急群众所急。注重深入基层，摸清情况、摸清底数，提高调查研究、掌握实情的能力；注重倾听民意、集中民智，提高科学决策、民主决策能力；注重直面困难，提高解决问题、化解矛盾能力；注重顺应群众意愿、回应群众呼声，提高宣传群众、组织群众能力。以群众的需求为工作的第一要义，努力为群众办实事做好事。

（一）勤动嘴

俗话说：“三个臭皮匠，赛过诸葛亮。”作为基层干部，能够最直接地面对群众，倾听群众的声音。要利用好这个平台，注意听取群众的意见，从群众中汲取营养。与居民群众多交流，了解他们的情况，了解他们的诉求，收集好社情民意，做好党与群众的传导器，将群众的声音、群众的诉求传达给党和政府，想民之所想，急民之所急，着力解决群众的问题。同时，作为基层干部，要将党和政府的惠民政策传达到群众中，做好正面宣传和解释。要注意摒弃行政命令的错误做法。有些村官，常常以自己的认识来代替群众的认识，以自己的决心去代替群众的决心，不善于向群众宣传、教育和解释，不善于做提高群众觉悟的工作，而是采取简单粗暴的方法来强迫群众。其结果是群众积极性受到挫伤、干群关系受到破坏。

（二）多跑腿

通过个别谈心、蹲点调查、走街串巷等多种方式，到田间地头，到群众家里嘘寒问暖，了解他们的所需所求，从家长里短当中发现群众的所思所想。决定村里重大问题时，首先要想到群众，工作中遇到阻力或困难时，要及时找群众商量，取得群众的理解、支持和帮助。在处理一些重点、难点、热点问题时，尤其要同群众商量，认真听取群众的意见，群策群力，把难事办好。通过听取群众意见了解工作的缺陷、失误，及时、客观、全面掌握情况，确保工作成效，切实把好事办实，把实事办好。

（三）讲俗话

不会用老百姓的语言与群众交流，就谈不上走近群众、融入群众。要讲群众听得懂的话，讲管用的话，讲明白通俗的话。讲话要深入浅出，通俗易懂，用朴实的语言阐述深刻的道理。讲俗话的能力不是先天就有的，需要好好跟群众学习。要到群众中去，与群众打成一片，在与群众面对面、心贴心的交流中向群众学习，从与群众促膝长谈中汲取营养。在此基础上再进行思考、提炼、升华，形成自己的语言特色，做到群众能听得懂、愿意听，这样才有共鸣，才能拉近与群众的距离。

（四）听呼声

“知屋漏者在宇下，知政失者在草野”，真心倾听群众的呼声，是了解民意，衡量工作水平的有效途径。在现实生活中，有的往往做不到这一点，以为自己比群众高明，遇事独断，听不见群众意见。有的认为从群众中来到群众中去只是个形式，不走这个形式也照样获得成功。这些人忘记了，影响实践效果的，不光是领导意见是否正确的问题，其中还有一个群众行动是否自觉自愿的问题。事实证明，只有从群众中集中起来的东西，才能在群众中自觉坚持下去。否则，工作就难以取得成功。

（五）动真情

让群众感受到村官是诚心诚意为他们服务，真心真意为他们着想。面对群众时，态度积极有热情，办事高效不拖沓。作为本职服务范围内的工作，要热情接待，积极主动为群众服务，如果不属于本职工作范畴内的，也该热情接待，积极为群众联系对应人员、对应服务部门，为办事的群众指明道路，让他们不走冤枉路。

（六）重调查

调查研究是我们的传统，也是我们党贯彻群众路线的一个基本要求。只有深入调查，才能了解群众的意愿，才能反映群众的意愿。毛泽东讲：“没有调查就没有发言权。”调查是我们了解群众意愿的一个必要途径。调查是有条件的。毛泽东说必须放下架子，不然群众不买你的账。这是他的切身体验。群众就是百姓，百姓里是什么人都有的，落后的、中间的、进步的，百姓提出来的意见也是什么都有，所以要做好群众工作就得有点度量、有点雅量。还有就是调查要真实，要善于分析汇总，不能根据自己的意愿去选择，要把调查的不系统、分散的意见集中起来，经过分析、综合变成我们党的政策再拿到群众中去。

第四节 村官沟通业务的艺术

在基层工作中，村官免不了要通过说话的方式来解决问题，如协商征收补偿、化解信访问题、沟通意见等。可以说，一天的工作过程就是一天的说话过程。但话说得对不对，说得有没有道理，说得到位不到位，往往决定了最后的结果。说话是一门艺术，一项技巧，更是一种工作方法，可见说话的重要性。在什么场合，对什么样的人说什么样的话大有讲究。

一、学会“见机行事”

“见机行事”就是要根据对象的不同而采取相应的对策。针对不同人的特点、身份、要求等，对症下药，方可见效。要抓住对方的特征，说适合的话，有的时候甚至不说话，沉默不言。如有不讲道理的群众到村委会大吵大闹，若对其大讲一番人要讲道理，不要影响办公等，定会收效甚微。有时故意提高嗓门：“有问题讲问题！”对方可能立马会静下来。不是所有场合都适合说话，更多的时候笑而不语、沉默不言是一利器，能起到此时无声胜有声的效果。如一个老信访户又来办公室吵闹，影响办公，干脆给其倒杯水，说一句：“你先坐着，我有事先忙。”或者，什么话都不说，晾其在一边，置之不理。此时，说再多的话都于事无补。对方在气头上，越说他越来劲，场面更加无法收拾。不如听其说之，任其骂之，只要过了这个时候，估计也就没有劲头再吵了，也就自然回到谈判桌了。

二、学会一招绝杀

说一句顶万句，句句是真理。有的时候，说一句有用，能让对方哑口无言、感到理亏的话能够力挽狂澜，收到意想不到的效果。关键要看这样的一句话能否震住对方，虽然表面上看来你是压制对方的，但又感觉到你说得有道理，必须听你的。如有村民来到村委会大吵大嚷，对此，如何一句话就灭其威风呢？叫派出所来，更会激怒他；讲道理，正在气头上，说一些其他的话没有明显效果。此时只要说一句，可能会让其偃旗息鼓：“你是来解决问题的，还是来吵架的。如果来解决问题，就不要吵闹，如果来吵闹，就不解决问题。”这话等于让其置于无理取闹的境地，因为说得很有道理，也很有震慑力。针对一些别有用心的人，讲话更要注意，对方可能故意设置陷阱，看看自己的反应，再做下一步的安排。此时，自己不能不应对，又要应对得恰到好处，不给对方机会，就非常重要。要采取恰当的方式，给予一语中的予以回击。比如，对方故意跟你说，听说一些群众可能听说了某些事情，要集体信访。对方这样说，实际上是在试探你，是否会在意这个事情，是否会有计划处理。你不能顺着他的思路走，问其听谁说的，群众什么反应，也不能大说自己的一顿愤怒。而是要沉静，沉得住气，明明知道又可能是他杜撰出来的，或者说就是他故意透露信息给群众的。可以说：“乱传这些事情的人是不负责任的，是别有用心的，如果出现连锁反应，将会承担应有的责任。但我肯定相信，这样的事情你是干不出的，你是不可能冒这个风险的。”如是一丝玩笑一丝严肃之语，也许会打消对方进一步试探自己的念头。

三、学会虚实结合

务虚，不是我们平时表面理解的弄虚作假、玩数字游戏，不是脱离实际的空谈；而是观察形势、探讨理论、谋划思路、把握全局、制定政策、规划未来的一项重要工作，是一种领导艺术和领导方法。务实，就是干实事，讲实效，解决实际问题，在“实”字上下真功夫、苦功夫、深功夫。就是面对千千万万的具体工作和个体行为，认真对待，求真务实，就是坚持一切从实际出发，理论联系实际，实事求是的思想路线。如在拆迁过程中，根据上级要求 10 天拆完，有时候故意把任务说得紧迫一些，在给群众下达任务时，可以说 7 天，这样就会给自己留出富裕时间去处理一些拆迁难点“尾巴”。但是，一些重要的事情，或者跟领导报告一些重要工作，假使自己做得不够，或者情况不是很清楚，一定要实事求是，而不能企图蒙骗过关。要知道，说出一个谎，要用十个谎言来弥补，还不一定弥补得了。既然这样，还不如一开始就实在点呢。

四、学会换位思考

站在自己的角度上说话，是考虑了自己的利益。同样，群众说话也是考虑了他的利益。面对双方相持不下时，不妨把问题抛给群众，让其自己判断。可以说：如果你是村长，你怎样处理，既让你满意，也不引起其他户的攀比。如果群众讲得没有道理，可以反驳，如果群众想不出好的点子，就说明自己说的对。这样说，尽管不一定能解决问题，但拉近了彼此的距离，有助于解决问题。

五、学会汇报

言简意赅概括主旨，让领导知晓“是什么”。向领导汇报工作之前，应将汇报的工作仔细梳理一下。有文件材料的，要吃透吃准精神，做到心中有数；没有文件材料的，需要打好腹稿，理好脉络，分清层次，充分做好汇报准备工作，确保汇报时有的放矢。简要汇报主要内容。向领导汇报工作时，要用精练的语言概括来龙去脉，提纲挈领，纲举目张，让领导在最短的时间内知晓前因后果和轻重缓急，对汇报事宜有一个大致了解。提醒关键环节和注意细节。简明扼要向领导汇报完主要内容后，要向领导进一步汇报需要注意的关键环节和具体细节，如完成时限、具体标准等，让领导有进一步的认识和理解，使汇报环环相连、丝丝相扣。

六、学会带着隐含意思汇报

有时跟上级领导报告工作是一件很难的事情，既要在极短的时间内把最关键的问题说清楚，还要想方设法劝说领导同意，一旦哪个环节没有处理好，就会事与愿违。比如，某项工作跟乡镇书记报告过了，书记同意了，但还得向乡镇长报告。如果乡镇长的意见与乡镇书记的意见有出入，那这个事情就很难办了。既不能说书记已经同意了，也不能说书记没有同意。如何不露痕迹地表达出书记已经同意，请乡镇长也同意呢？这就要讲究带着隐含的意思报告，可以说：“事先跟书记简单报告了下，书记好像没有太大的意见，说是请你把关，以你的意见为主。”尽管乡镇长听了这话，明知书记同意了，再跟他报告心里会有疙瘩，但这样说了，也找不出问题，也会体谅。

第五节 村官领导沟通中存在的问题及对策

随着我国经济社会的发展，村官的整体素质和领导能力也明显改善，广大村官人际关系沟通协调总体情况也明显好转。但是，仍有一部分村官在处理人际关系方面存在一些问题，影响了党群、干群关系。我们必须对此有一个清醒的认识，并注意在工作中加以避免和克服。

一、存在的问题

有的村官缺乏与群众交流的本领、处理农村问题的办法少，认为群众的声音多是些矛盾声、困难声、问题声、麻烦声，存在畏难发愁情绪或种种顾虑，怕惹事而不愿意听。有的不会听，以为自己来自群众，生活在人民群众之中，无时无刻不在听群众的声音，可实际心不在焉，并没有真正关注、深入分析群众的声音。有的是没法听，刚走到群众中间，就会被里三层外三层围起来，听不到真实合理的声音。有的抱着多一事不如少一事的态度，唯恐群众说出“难听”的话，给自己出“难题”，怕被群众“缠上”，不想听。

有的不会说，农村人讲话“嘴笨得像棉裤腰”，不懂得灵活运转。政策对群众讲不清、说不明，群众有牢骚、怨气，产生隔膜、疏离甚至对立，反过来却埋怨群众不能正确理解自己的意图，埋怨群众不能体谅自己的一片苦心。有的不想说，群众观念淡薄、轻视群众的意愿，没有想到或根本就不屑与群众进行沟通，脱离了群众，与普通群众“隔道站”，高高在上，指手画脚，遥控指挥。有些基层干部在与群众交流时，刻意显摆自己的“水平”，热衷于打官腔、唱高调，空话、套话连篇，群众不愿听，也听不懂。有的不愿说，怕担责任、惹是非。有的不敢说，怕遭到打击报复，给“穿小鞋”，故意模糊立场，耍滑头，说白了，就是不敢担当。

二、学会沟通，用心工作

（一）增强群众观念，主动融入群众

村官一定要将村里的事当成自己的事，将村民当作自己的亲人，做到“常回家看看”，多与村民拉家常，嘘寒问暖，坦诚相待，建立友谊。对村民的提问和要求，要蹲得住凳子，耐得住性子，认认真真倾听，能解决的问题、简单的事情当即落实，一时不能解决的，记在本上，放在心里，定时反馈，加强沟通，尽可能帮助落实。要重视对贫困户、低保户家庭的走访，积极解决他们在生产生活中遇到的困难，帮助选择适合其个人特长的致富项目，赢得村民的口碑。通过动真情，深沟通，达到村民与村官心灵相连、愿望相通的目的。

（二）增强宗旨观念，敢于和群众沟通

做到敢于与群众沟通，就要增强宗旨意识，抛弃私心杂念，勇于担当，不要把群众的真实想法及要求看作是对自己“发难”，怕粘上惹上。全心全意为人民服务是我们党的根本宗旨，基层干部要打心眼里端正工作态度，做到情为民所系、利为民所谋，真心真意想着为群众办实事好事，对群众随时都有可能提出的这样或那样的要求，只要是合理的，就要尽职尽责努力办好。

（三）重视群众观点，真正尊重群众

尊重群众，首先要思想上尊重群众，做到平等对话。要重视群众的观点和立场，特别是在面对群众不同的观点和声音时，更要有宽广的胸怀与度量，冷静思考、认真对待，做好宣传教育和解释工作，切不可拍屁股走人。这样才有可能听到真话，赢得群众的理解配合。其次对待群众要坦率真诚。诚意可以说是促进干群沟通的感情催化剂，缺乏诚意的交流难免会带有偏见和误解。基层干部要怀着对人民群众深厚的感情，坦坦荡荡、毫无私心地与群众打交道，促进情感上的交流，让群众感受到你的诚意，讲出心里话。事实上你会发现你对群众投入多少感情和诚意，就能从群众那里获得多少支持和认可。

（四）讲究方法技巧，善于与群众沟通

基层干部与群众如何沟通才能取得最佳成效，要注意讲究方法与技巧。首先要杜绝简单粗暴的沟通方式，做到尊重群众，语气平缓，平易近人，综合运用目光、表情、手势等各种表达方式。其次要讲群众爱听、能听懂的话。再次要做到耐心倾听。交流是双方的，基层干部要学会耐心倾听群众意见，认真回应，循循善诱，这样以利于表达诚意、增进群众的信任感，促进深入沟通，达到预期效果。

典型案例

云南马龙县“四步工作法”开展干部直接联系群众

在深入开展“四群”教育实行干部直接联系群众制度工作中，云南省马龙县在马过河镇试点，以“民情体验日、下访恳谈周、为民服务月、干群互动年”为主要内容的“干群互动四步工作法”为载体，推动机关干部积极深入群众、直接联系群众、有效服务群众。

民情体验日

每个季度确定15~20天为民情体验日，通过入户同吃同住同劳动、交友促膝谈心、发展专题论坛等方式体验群众生产生活，记录“民情日记”，真实掌握群众反映的热点、难点问题，切实从感情上贴近群众。建立《民情登记卡》《民情联系卡》和民情工作台账，推动联系服务群众经常化；建立《村情登记卡》，通过住村蹲点调研，全面掌握联系点基本情况，因村制宜制定村发展规划、户致富规划，做到“一村一策”“一户一策”。截至目前，共发放民情日记115本，发放《民情登记卡》922份，发放《民情联系卡》922份，建立民情工作台账5套，填写《村情登记卡》61份。通过对基层党组织分类定级，对13个村提出整改措施，为3个重点产业村制定发展规划。

下访恳谈周

每个季度确定一周为下访恳谈周。以联系户群众、村组干部、老党员、困难户、种养殖大户、致富能人为重点恳谈对象，根据民情体验日活动中收集整理的意见建议，突出民生保障、基础设施建设、基层组织建设、社会治安综合治理等群众关注关切的问题，确定恳谈内容；在恳谈中做到“五结合五主动”：把了解民意与改进作风、凝聚民心相结合，主动贴近群众；把倾听民声与疏导教育、化解民怨相结合，主动化解纠纷；把贴近民心与宣传政策、改善民风相结合，主动释疑解惑；把掌握民情与多办实事、解决民忧相结合，主动解决困难；把集中民智与科学决策、维护民利相结合，主动问计于民。同时，认真填写《村情民意恳谈会情况反馈表》，建立民情恳谈公开承诺、服务群众定期通报制度，对群众反映的问题做出办理承诺，承诺事项办理情况在下次“民情恳谈周”上向群众反馈，确保“民情恳谈周”活动取得实效。2012年以来，全镇共开展民情恳谈461场次，收集《村情民意恳谈会情况反馈表》67份，通过民情恳谈，真诚倾听群众呼声，如实反映群众意愿，真切回应群众期盼，切实做到思想上装着群众、感情上贴近群众、决策上想着群众，行动上为了群众。

为民服务月

将每个季度的第三个月确定为为民服务月。围绕强化党务、规范村（居）务、优化服务、协调事务的要求，以“帮扶一批重点户、化解一批矛盾纠纷、办好一批好事实事、发展壮大一支党员队伍、建立健全一项工作制度、管住用好一个活动场所、提升一个基层党组织”的“七个一”为主要服务内容，在下访恳谈的基础上，结合各联系点实际，建立群众意见建议“一事一表”梳理上报、“一会三单”（交办会，交办单、承诺单、整改单）解决落实、“群众评议”确定销号的镇、村、组三级联动工作机制，使群众的意见诉求及时得到落实。一是入户收集。制定《群众反映问题处理情况登记表》，由各联系干部在开展民情体验、下访恳谈过程中，对群众反映的问题进行分类收集和梳理。二是分级交办。联系干部能解决的问题，由包村部门负责人签署意见，发出《交办单》进行交办；解决不了的问题，及时上报镇党委政府协调办理。单个部门可以解决的问题，由分管领导签署意见，发出《交办单》进行交办；对需多个部门共同解决的问题，由主要领导主持召开交办会，进行现场交办，责任领导和联系干部当场填写递交《承诺单》，进行办结承诺。三是限期办结。能现场办理的现场办结，不能现场办结的及时上报，并在10日内向群众回复；10日内不能解决、答复的问题，及时向当事人解释原因；对群众反映强烈、长期积累下来的问题，派驻工作组专题进行解决。四是督查监办。对未按规定时限办结、达不到要求或者办理结果群众不满意的，发出《整改单》责令限期整改。目前，全镇共发放《群众反映问题处理情况登记表》100余份，填写《交办单》30余份、递交《承诺单》50余份。

干群互动年

一时难以解决或需要投入较多人力物力才能完成的实事好事，可跨年进行落实。各联系干部以村为单位，梳理出热点、难点问题，及时召开村民大会，向群众征集“金点子”；然后，组织人大代表、党代表、政协委员进行评审，投票评选出集聚群众意见的“金点子”，归口各职能部门负责办理。对于处理完毕的“金点子”，在每年底，由牵头单位和责任干部回到问题与诉求来源地，向群众发放《满意度测评表》进行公开测评，依据群众满意度情况进行销号，群众满意率在90%以下的，不予销号，并限期整改。今年以来，全镇115名领导干部积极进村入户，直接联系群众461户，设立群众工作室5个、群众工作区59个、群众工作联系点40余个，与群众交心谈心200余人次，征求意见建议12条，排查矛盾纠纷15件，为困难群众发放慰问金52500元、大米3000余公斤、衣服42套、棉被100余条，免费为群众提供病情咨询100余人次，实施各类简单治疗82例，帮助群众解决实事10余件。

（作者：刘鑫　萧晶文）

本章小结

领导沟通是由领导者发出的建立于一个组织的价值观念与文化基础之上的信息所构成，对组织的变革与发展有着重要的作用。本章主要介绍了领导沟通的内涵、作用以及村官在领导沟通中应该注意的问题；村官协调人际关系与沟通中要讲究一定的艺术；村官在贯彻群众路线中，要把握群众路线的核心内容，要从群众中来，到群众中去，重视群众自己教育自己；部分村官在处理人际关系方面存在一些问题，影响了党群、干群关系，对此要有一个清醒的认识，并注意在工作中加以避免和克服。

思考题

1. 领导沟通的内涵和作用是什么？
2. 结合工作实际，简述村官在领导沟通中应注意哪些问题。
3. 村官在协调人际关系与沟通中应注意哪些问题？
4. 村官如何在实际工作中贯彻群众路线？
5. 结合自身实际，谈一下个人在与领导沟通中存在哪些问题，如何改进。

第六章　村官深入调查研究的艺术

学习目标

掌握调查研究的概念；掌握调查研究的主要方法；了解调查研究的目的与意义；了解观察法、访谈法、问卷法、文献法、专家法、抽样调查法、典型调查法、统计调查法等研究方法的特点；掌握观察法的含义和特点；了解访谈法的类型及特点；了解问卷语句的类型，设计中应注意的问题，语句如何避免诱导性，了解如何对敏感问题进行处理；掌握问卷调查的含义、问卷的基本结构、问卷调查方法的优缺点；掌握文献和文献研究的含义，掌握文献研究的特点和作用；了解专家法、抽样调查法、典型调查法、统计调查法的含义；了解调查的信度、效度对调查结论的影响；重点掌握问卷调查中的问题与解决对策。

学习内容

第一手资料对村官决策的重要性不言而喻，如何获取第一手资料成为摆在村官面前的重要课题。在阐述调查研究内涵的基础上，详细探讨了调查研究的类型与优缺点，重点学习调查研究的各种方法，定性调查研究方法有观察法、访谈法、文献研究方法，定量调查研究方法有问卷调查法、统计调查法。村官面临着农村的土地、住宅、养老、儿童教育、计划生育、道路建设等问题，在相关决策过程中，收集相关资料对于做出科学的决策具有重要意义。实践过程中，村官调查研究存在诸多问题，把握这些问题对于解决农村落后、农民贫困、农业欠发达等问题具有现实意义。

调查研究是做好领导工作的一项基本功，调查研究能力是领导干部整体素质和能力的一个组成部分。调查研究是一切工作的基础，是贯穿于我们工作全过程的基本工作制度。在调查研究中提高认识能力、判断分析能力和驾驭领导环境能力，增进对人民群众感情，增强责任感，密切党与人民群众的关系。调查研究能力的高低是决定工作成败的关键，坚持调查研究经常化、制度化，在调查研究过程中不断增强调查研究能力，才能适应不断变化的新形势发展需要，不断提高党的建设科学化水平。

第一节　调查研究概述

一、调查研究的内涵

调查研究方法是一项古老的研究方式，据文献记载，早在古罗马时期，人们就开始应用该方法对本国人口进行普查。到了20世纪，由于第二次世界大战后产生了诸多社会问题，同时很多国家开始了经济发展和工业化等各种发展，有关社会变化的分析便成为一个突出的研究领域，调查研究法因此得到迅猛发展，逐渐形成家庭调查、行业调查、机构调查、全国普查、民意调查等，调查研究愈加广泛化、科学化、现代化和专业化。

调查研究是获取社情民意的最直接方法，也是一项积累经验、锤炼作风、增强综合能力素质的最有效途径。调查研究即了解情况、考察分析，是通过调查方式进行统计分析，研究事物的总的特征。调查研究分为“调查”及“研究”两个部分。

调查研究是一个较为复杂的动态过程。在这里，调查研究被分为四个阶段，这四个阶段紧密联系在一起但又有本质的区别。这四个阶段分别是准备阶段、实施阶段、整理分析资料阶段、研究写作阶段。第一阶段是调查研究开展前的准备，准备工作要有科学的态度和方法。第二阶段主要是资料的收集，收集的过程要注意科学的方法和技术运用。第三阶段要对资料数据等进行科学的整理、计算、分析，在此基础上寻求内在的联系和价值。第四阶段要在此前工作的基础上作定量与定性相结合的分析，最后提出解释性和预见性的观点、结论。

由此可知，调查研究原本只是人们解决具体问题的一种方法，人们通过对对象、资料、统计数据的实际调查、查证得出结论性的意见，然后对结论进行研究，从而完成整个调查研究工作。可以说，原本意义上的调查研究包含两个特征：第一，关注具体的事物或者事实，单纯地对事物、现象进行分析，进而得到调研所需要的结论。第二，调查研究是技术层面的方法，是人们对具体事物的认识工具。可以说，本义上的调查研究是微观层面、实际问题解决方法层面、具体意义上的调查研究。

在此意义基础上的调查研究活动的开展需要两个步骤。第一个步骤是调研前的准备。第一，明确调查研究的目的。调查研究是一个有目的的工作，因此调查研究的动机、意图、任务是必须明确的。第二，调查对象的准备。调查研究的结论来自于调查对象，对象即调查的感性材料，对象的准备是必不可少的。第三，知识的准备。我们进行调查研究要建立在一定的知识储备、方法掌握的基础之上，所以在开展调查之前，要做好知识的积累以及方法的培训。

第二个步骤是分析研究，得出结论。分析研究的活动贯穿于整个调查研究过程，我们既要对调查前的准备进行研究分析，也需要对调查过程中的情况进行综合分析，更需要对调查的结果进行整合总结，从而形成科学的调查结论。

所以，调查研究本义上是开展工作，解决具体问题的一种方法、一种手段，是微观层面、具体意义上的活动。调查研究是认识事物的一种过程。首先，调查研究本身就是一个系统的过程。调查研究是科学完整的实践活动，包括目的、过程、结果三个方面，这三个方面是一个有机统一的过程。第一，从调查研究的目的来说，调查研究作为一种实践活动，是有目的要求的，即希望实现某种结果。在确定调查研究所希望达到的目的时，就需要对事物有一个最初的感性认识，进而做出假设，即调查研究的开始阶段就是一个过程。第二，从调查研究的过程来说，“实现实践的目的要求是一个实践的过程，只有这个过程完结时才能完全实现”。因此，调查研究从目的出发，本身就要有一个过程，而这个过程正是为实现目的而对客观对象调查研究的过程。第三，从调查研究结果来看，调查研究的结果是通过调查研究得出的结论性观点，这个结果是主观见之于客观的结果，是经过实践而产生的结果，是目的、过程综合条件下产生的。因此可以说，调查研究本身就是一个基于目的，开展实践活动，进而得出结论的系统过程。

二、调查研究的意义

（一）调查研究是关系党和人民事业得失成败的大问题

重视调查研究，是我们党在革命、建设、改革各个历史时期做好领导工作的重要传家宝。马克思主义的辩证唯物主义、历史唯物主义世界观和方法论，党的实事求是的思想路线，党的从群众中来、到群众中去的根本工作路线，都要求我们的领导工作和领导干部必须始终坚持和不断加强调查研究。只有这样，才能真正做到一切从实际出发、理论联系实际、实事求是，真正保持党同人民群众的密切联系，也才能从根本上保证党的路线方针政策和各项决策的正确制定与贯彻执行，保证我们在工作中尽可能防止和减少失误，即使发生了失误也能迅速得到纠正而又继续胜利前进。回顾我们党的发展历程可以清楚地看到，什么时候全党从上到下重视并坚持和加强调查研究，党的工作决策和指导方针符合客观实际，党的事业就顺利发展；而忽视调查研究或者调查研究不够，往往导致主观认识脱离客观实际、领导意志脱离群众愿望，从而造成决策失误，使党的事业蒙受损失。

调查研究的过程，是领导干部提高认识能力、判断能力和工作能力的过程。经常走出领导机关，深入实际、深入基层、深入群众，进行各种形式和类型的调查研究，非常有益于促进领导干部正确认识客观世界、改造主观世界、转变工作作风、增进同人民群众的感情，有益于深切了解群众的需求、愿望和创造精神、实践经验。现在的交通通信手段越来越发达，获取信息的渠道越来越多，但都不能代替领导干部亲力亲为的调查研究。因为直接与基层干部群众接触，面对面地了解情况和商讨问题，对领导干部在认识上和感受上所起的作用和间接听汇报、看材料是不同的。通过深入实际调查研究，把大量和零碎的材料经过去粗取精、去伪存真、由此及彼、由表及里的思考、分析、综合，加以系统化、条理化，透过纷繁复杂的现象抓住事物的本质，找出它的内在规律，由感性认识上升为理性认识，在此基础上做出正确的决策，这本身就是领导干部分析和解决问题本领的重要反映，也是领导干部思想理论水平和工作水平的重要反映。领导干部不论阅历多么丰富，不论从事哪一方面工作，都应始终坚持和不断加强调查研究。

对领导干部的调查研究，要强调“始终坚持”和“不断加强”。一是因为我们所肩负的任务是不断变化的，原有的任务完成了，新的任务又摆到了面前，又需要重新学习和调查研究。二是因为我们党的领导干部是要不断地进行新老交替和不断地调换工作岗位的，老干部离开了领导岗位，新一批干部上来了，老干部学习和调查研究的经验可以供新上来的干部学习借鉴，但代替不了新上来干部的学习和调查研究。领导干部从一个地区和部门到另一个地区和部门，都必须进行调查研究。即便是回到曾经熟悉的工作岗位和工作环境，也不能刻舟求剑，还需要重新调查了解新情况。三是客观事物总在不断变化，新矛盾新问题每日每时都在出现，在当代中国社会主义现代化事业蓬勃发展的形势下，在当今世界多极化、经济全球化深入发展和科学技术突飞猛进的条件下更是如此。这也要求领导干部必须坚持不懈地进行和加强调查研究。

应该看到，当前在领导干部中，不重视调查研究、不善于调查研究的问题还是存在的。有的走不出“文山会海”，强调工作忙，很少下去调查研究。有的满足于看材料、听汇报、上网络，不深入实际生活，坐在办公室关起门来做决策。有的自认为熟悉本地区本部门情况，对层出不穷的新情况新问题反映不敏锐，对形势发展变化提出的新课题新挑战应对不得力，看不到事物的发展变化是一个由量变到质变的过程，凭经验办事，拍脑袋决策。有的调研走过场，只看“盆景式”典型，满足于听听、转转、看看，蜻蜓点水、浅尝辄止。凡此种种，严重影响决策的科学性，妨碍党的路线方针政策的贯彻执行，也损害领导机关、领导干部的形象。

（二）学习和掌握正确方法，努力提高调查研究水平和成效

做好新形势下的调查研究工作，要坚持以中国特色社会主义理论体系为指导，紧紧围绕党的路线方针政策和中央重大决策部署的贯彻执行，坚持解放思想、实事求是、与时俱进，深入研究影响和制约科学发展的突出问题，深入研究人民群众反映强烈的热点难点问题，深入研究党的建设面临的重大理论和实际问题，深入研究事关改革发展稳定大局的重点问题，深入研究当今世界政治经济等领域的重大问题，全面了解各种新情况，认真总结群众创造的新经验，努力探索各行各业带规律性的东西，积极提供相应的对策，使调查研究工作同中心工作和决策需要紧密结合起来，更好地为各级党委和政府科学决策服务，为提高党的领导水平和执政水平服务。

调查研究，是对客观实际情况的调查了解和分析研究，目的是把事情的真相和全貌调查清楚，把问题的本质和规律把握准确，把解决问题的思路和对策研究透彻。这就必须深入实际、深入基层、深入群众，多层次、多方位、多渠道地调查了解情况。既要调查机关，又要调查基层；既要调查干部，又要调查群众；既要解剖典型，又要了解全局；既要到工作局面好和先进的地方去总结经验，又要到困难较多、情况复杂、矛盾尖锐的地方去研究问题。基层、群众、重要典型和困难的地方，应成为调研重点，要花更多时间去了解和研究。只有这样去调查研究，才能获得在办公室难以听到、不易看到和意想不到的新

情况，找出解决问题的新视角、新思路和新对策。领导干部搞调研，要有明确的目的，带着问题下去，尽力掌握调研活动的主动权，调研中可以有“规定路线”，但还应有“自选动作”，看一些没有准备的地方，搞一些不打招呼、不作安排的随机性调研，力求准确、全面、深透地了解情况，避免出现“被调研”现象，防止调查研究走过场。党的十七届四中全会《决定》明确规定：“领导干部下基层调查研究，要轻车简从，不扰民，不搞层层陪同，不组织群众迎送。”这个要求，各级领导干部要认真贯彻落实。

搞好调查研究，一定要从群众中来、到群众中去，广泛听取群众意见。人民群众的社会实践，是获得正确认识的源泉，也是检验和深化我们认识的根本所在。调查研究成果的质量如何，形成的意见正确与否，最终都要由人民群众的实践来检验。毛泽东同志1930年在寻乌县调查时，直接与各界群众开调查会，掌握了大量第一手材料，诸如该县各类物产的产量、价格，县城各业人员数量、比例，各商铺经营品种、收入，各地农民分了多少土地、收入怎样，各类人群的政治态度，等等，都弄得一清二楚。这种深入、唯实的作风值得我们学习。领导干部进行调查研究，要放下架子、扑下身子，深入田间地头和厂矿车间，同群众一起讨论问题，倾听他们的呼声，体察他们的情绪，感受他们的疾苦，总结他们的经验，吸取他们的智慧。既要听群众的顺耳话，也要听群众的逆耳言；既要让群众反映情况，也要请群众提出意见。尤其对群众最盼、最急、最忧、最怨的问题更要主动调研，抓住不放。这样才能真正听到实话、察到实情、获得真知、收到实效。

调查研究必须坚持实事求是的原则，树立求真务实的作风，具有追求真理、修正错误的勇气。现在有的干部善于察言观色，准备了几个口袋，揣摩上面或领导的意图来提供材料。很显然，这样的调查是看不到实情、得不到真知、做不出正确结论的。调查研究一定要从客观实际出发，不能带着事先定的调子下去，而要坚持结论产生在调查研究之后，建立在科学论证的基础上。对调查了解到的真实情况和各种问题，要坚持有一是一、有二是二，既报喜又报忧，不唯书、不唯上、只唯实。有些干部，不是不了解情况，也不是看不到问题，而是不愿正视现实，不敢讲真话，报喜不报忧。这些现象都是违背实事求是原则的。在调查研究中能不能、敢不敢实事求是，不只是认识水平问题，而且是党性问题。只有公而忘私，把党和人民利益放在第一位，才能真正做到实事求是。在领导机关、领导干部中，要进一步营造和保持讲真话、讲实话、讲心里话的良好氛围，鼓励如实反映情况和提出不同意见，积极开展批评与自我批评，坚决反对上下级和干部之间逢迎讨好、相互吹捧，坚决反对把党内生活庸俗化。

调查研究，包括调查与研究两个环节。衡量调查研究搞得好不好，不是看调查研究的规模有多大、时间有多长，也不是光看调研报告写得怎么样，关键要看调查研究的实效，看调研成果的运用，看能不能把问题解决好。从目前领导干部开展调查研究的实际情况看，有调查不够的问题，也有研究不够的问题，而后一个问题可能更突出。有的同志下去，只调查不研究，装了一兜子材料，回来汇报一下写个报告就了事；有的领导干部连调研汇报也不听，调查材料也不看。这种调查多、研究少，情况多、分析少，不解决什么问题的调查研究，是事倍功半的。我们要充分认识到，调查研究的根本目的是解决问题，调查结束后一定要进行深入细致的思考，进行一番交换、比较、反复的工作，把零散的认识系统化，把粗浅的认识深刻化，直至找到事物的本质规律，找到解决问题的正确办法。

调查研究方法也要与时俱进。在运用我们党在长期实践中积累的有效方法的同时，要适应新形势新情况特别是当今社会信息网络化的特点，进一步拓展调研渠道、丰富调研手段、创新调研方式，学习、掌握和运用现代科学技术的调研方法，如问卷调查、统计调查、抽样调查、专家调查、网络调查等，并逐步把现代信息技术引入调研领域，提高调研的效率和科学性。

（三）建立和完善制度，保证调查研究经常化

我们党有重视调查研究的优良传统，在新的形势下要大力弘扬。在坚持和加强调查研究方面，我们党相继制定了一系列行之有效的制度，要在实践中不断健全完善，切实抓好贯彻落实，使调查研究真正成为各级领导干部自觉的经常性活动。

坚持和完善先调研后决策的重要决策调研论证制度。陈云同志说：“领导机关制定政策，要用百分之九十以上的时间作调查研究工作，最后讨论作决定用不到百分之十的时间就够了。”这是很有道理的。决策是一个提出问题、分析问题、解决问题的过程。为了防止和克服决策中的随意性及其造成的失误，提高决策的科学化水平，必须把调查研究贯穿于决策的全过程，真正成为决策的必经程序。该通过什么调研程序决策的事项，就要严格执行相关调研程序，不能嫌麻烦、图省事。对本地区、本部门事关改革发展稳定全局的问题，应坚

持做到不调研不决策、先调研后决策。提交讨论的重要决策方案，应该是经过深入调查研究形成的，有的要有不同决策方案作比较。特别是涉及群众切身利益的重要政策措施出台，要采取听证会、论证会等形式，广泛听取群众意见。要在建立、完善落实重大项目、重大决策风险评估机制上取得实质性进展，使我们的各项工作真正赢得群众的理解和支持，从源头上预防矛盾纠纷的发生。

坚持和完善领导机关、领导干部的调研工作制度。领导干部要带头调查研究，拿出一定时间深入基层，特别是主要负责人要亲自主持重大课题的调研，拿出对工作全局有重要指导作用的调研报告。为什么要强调各级领导机关的主要负责人亲自下去做调查，亲自主持重大课题的调研呢？因为对各种问题特别是重大问题的决策，最后都需要主要负责人去集中各方面的意见由领导集体决断，而主要负责人亲自做了调查研究，同大家有着共同的深切感受和体验，就更容易在领导集体中形成统一认识和一致意见，更容易做出决定。20 世纪 60 年代初，为了度过当时国民经济的严重困难，全党同志就当时一些重大问题同时开展调研，尤其是各级领导机关的主要负责人都参与了调研，结果很快就形成了解决一系列重大经济社会问题的正确决策，使困难局面迅速得到扭转。那次全党大调研给我们留下了宝贵经验。中共中央办公厅 2010 年印发的《关于推进学习型党组织建设的意见》明确要求："建立健全调查研究制度，省部级领导干部到基层调研每年不少于 30 天，市、县级领导干部不少于 60 天，领导干部要每年撰写 1 至 2 篇调研报告。"对这些要求，各级领导干部要认真执行，各级领导机关要经常督促落实。

坚持和完善领导干部的联系点制度。建立领导干部联系点，是防止领导干部脱离群众的一种重要手段，也是发现和解决问题的有效途径。各级领导干部要坚持这一制度，并注意总结经验，不断加以完善。党政主要领导干部要以身作则，率先垂范。不仅要"身入"基层，更要"心到"基层，始终关心基层联系点，关心联系点的群众。到联系点调查研究，要真心实意地交朋友、拉家常，通过面对面交流，直接了解基层干部群众的所想、所急、所盼。同时，还可有选择地开展蹲点调研。蹲点调研、解剖"麻雀"是过去常用的一种调研方式，在信息化时代依然是管用的。要注意选择问题多、困难大、矛盾集中，与本职工作密切相关的农村、社区、企业等基层单位，开展蹲点调研，倾听群众心声，找准问题的症结所在。近年来，有些领导干部包括有的省部级干部不打招呼、不要陪同，一竿子插到底，直接深入基层和群众之中进行调查研究。

一些省区市和中央部委开展“领导干部下基层”“进千村入万户”等活动，每年安排一批干部到村镇、社区和其他基层单位蹲点。中央组织部组织开展万名组织部长下基层活动，推动各级组织部长深入基层、深入一线，与群众零距离接触、与干部面对面交流，实地考察基层经济社会发展和党的建设情况，解决了一批影响和制约地方科学发展的突出问题，发现和总结了许多基层党建新经验，结交了普通百姓朋友，密切了党群、干群关系，同时也发现了一批优秀人才。中央宣传部、中央外宣办、国家广电总局、新闻出版总署、中国记协等五部门在新闻战线开展“走基层、转作风、改文风”活动，大批编辑记者深入基层蹲点调研、采访写作，采写的新闻报道令人耳目一新，在了解基层实际、反映群众意愿、树立良好形象、推动具体工作上取得了积极进展，受到广大干部群众的普遍好评。浙江省嘉善县从2008年起，每年分批选派近200名部门中层干部到基层单位开展为期3个月的蹲点调研，采取“菜单式点题”“承诺式蹲点”和“全程式联挂”等形式，组织机关干部集中下基层开展服务、调研活动。参与调研的干部每年都提出了一批好的工作建议，并为基层和群众解决了一批突出问题，办了不少实事，群众赞誉“党的好传统、好作风又回来了”。像这样的例子在中央机关和地方还有不少。以上这些做法，都有助于了解实际情况、听取群众意见、发现和解决问题、密切党群关系，值得学习和借鉴。

第二节　调查研究的方法与艺术

一、调查研究方法基本类型

（一）观察法

调查者在实地通过观察获得直接的、生动的感性认识和真实可靠的第一手资料。但因该法所观察到的往往是事物的表面现象或外部联系，如调查村民外出打工的心理想法，通过观察法就比较困难，因为，观察法带有一定的偶然性，且受调查者主观因素影响较大，所以，不能进行大样本观察，需结合其他调查方法共同使用。通常适用于对那些不能够、不需要或不愿意进行语言交流的情况进行调查。

（二）访谈法

该法是比观察法更深一层次的调查方法，它能获得更多、更有价值的信息，适用于调查的问题比较深入；调查的对象差别较大；调查的样本较小；或者调查的场所不易接近等情况。包括个别访谈法、集体访谈法、电话访谈法等。如对某街道留守儿童的心理状况通过访谈进行调查。但由于访谈标准不一，其结果难以进行定量研究，且访谈过程耗时长、成本较高、隐秘性差、受周围环境影响大，故难以大规模进行。值得注意的是，访谈法需要在访谈之前制订周密的访谈计划和访谈提纲，这些均对访谈效果具有重要影响。

（三）文献法

通过对文献的搜集和摘取，以获得关于调查对象信息的方法。适用于研究调查对象在一段时期内的发展变化，研究角度往往是探寻一种趋势，或弄清一个演变过程。这种方法能突破时空的限制，进行大范围的调查，调查资料便于汇总整理和分析。文献的搜集可以是期刊、报纸，也可以是图书、报告等，然后由于资料的有限性，该方法往往难以调查到有效的信息；同时，还具有资料可靠、用较小的人力物力收到较大效果等优点。但它往往是一种先行的调查方法，一般只能作为调查的先导，而不能作为调查结论的现实依据。

（四）问卷法

即间接的书面访问，该法最大优点是能突破时空的限制，在广阔的范围内，对众多的调查对象同时进行调查，适用于对现时问题、较大样本、较短时期、相对简单的调查，被调查对象应有一定文字理解能力和表达能力。如对某地区农村党员教育培训情况调查、中小学教师队伍科研现状的调查等。由于问卷调查法只能获得书面的社会信息，而不能了解到生动、具体的社会情况，因此该法不能代替实地考察，特别是对那些新事物、新情况、新问题的研究，应配合其他调查方法共同完成。值得注意的是，问卷的设计即问卷的信度和效度关系到调查的可信性与可靠性。

（五）专家调查法

这是一种预测方法，即以专家作为索取信息的对象，依靠其知识和经验，通过调查研究，对问题做出判断和评估。最大优点是简便直观，特别适用于缺少信息资料和历史数据，而又较多地受到社会的、政治的、人为的因素影响的信息分析与预测课题，如咨询农村人员开发问题、专家有关农民的培训开发手段。广泛应用于对某一方案做出评价，或对若干个备选方案评价出相对名次，选出最优者；对达到某一目标的条件、途径、手段及它们的相对重要程度做出估计等。

（六）抽样调查法

指按照一定方式，从调查总体中抽取部分样本进行调查，并用所得结果说明总体情况。它最大的优点是节约人力、物力和财力，能在较短的时间内取得相对准确的调查结果，具有较强的时效性。组织全面调查范围广、耗时长、难度大，常采用抽样调查的方法进行检查和验证。比如开展全省党风廉政建设社会民意调查、流动党员现状社会调查都可以通过选取一定样本对问题进行调查等等。局限性在于抽样数目不足时会影响调查结果的准确性，统计学上的大样本标准是 30 个，当小于 30 个抽样样本时，调查结论就缺少可信性。

（七）典型调查法

指在特定范围内选出具有代表性的特定对象进行调查研究，借以认识同类事物的发展变化规律及本质的一种方法。在调查样本太大时，可以采用此种方法。但必须注意对象的选择，要准确地选择对总体情况比较了解、有代表性的对象。如某地级市开展对区县市农村党员致富情况的调查，应选取经济发展较快、农村党员致富能力较强的县市作为典型调查对象，也就是说，典型的选取对于调查结论具有重要影响。

（八）统计调查法

如果说前面的调查研究方法是一手资料收集的话，统计调查法是对二手资料进行量化处理的方法，是通过分析固定统计报表或者调查问卷的结果把下边的情况反映上来的一种调查方法。由于统计报表的内容是比较固定的，因此适用于分析某项事物的发展轨迹和未来走势。如通过党员统计年报表，可以分析出某地全年党员的发展、转接、流动等情况，并能分析出比上年同期增减情况，还可对下一步趋势做出预测。运用统计调查法，特别应注意统计口径要统一，以统计部门的数字为准，报表分析和实际调查相结合，不能就报表进行单纯分析。如对某一个数据大幅度上升或下降的原因，报表中难以反映出来，只有通过实际调查才能形成完整概念。

二、调查研究方法应遵循的基本原则

（一）客观性原则

客观性原则即收集资料，分析资料以及得出结论都不掺杂调查者的主观因素。客观性原则也是管理心理学研究的首要原则。因为人的心理现象是受外界条件制约的，是在各种实践活动中表现出来的，调查者的判断往往会受到其感情的影响。所以，在实践活动中，根据人们的所作所为，才能对他们的心理状态做出正确的判断。由于人的行为和心理现象是复杂多样的，因此调查者的判断往往不像自然科学那样直观，容易运用数量分析处理，但不能否认它的客观性。近代心理学研究中运用统计学、电子技术仪器和电脑等，对社会心理现象的客观分析找出了一条科学的客观研究的途径。调查研究也须采取相应的手段，保持研究的客观性。

（二）科学性原则

指调查研究必须借助各门科学研究的有关成果而建立起来的具有自我规律的体系。调查者对调查对象、调查方法、调查结论的研究都要以科学思想为指导，以事实为依据。以一定的事实为依据，可以使所选对象、方法具有实践基础。巴甫洛夫曾说过，事实是“科学家的空气”，没有事实的理论是虚构的。科学研究就是要研究事实，研究客观实际存在的现象。需要注意一个问题，即怎样看待违背传统观念与常识的新问题。传统和常识并不一定是科学的，其背后很可能隐藏着人们还未发现的科学规律，需要随着科学的发展而更新。因此，调查者要敢于怀疑和批判，敢于运用已证明的科学原理对这些问题提出质疑，这同样也是尊重科学性的表现。

（三）系统性原则

系统性原则即要求调查研究要从系统的角度出发，适应对象的特点。现代管理理论认为组织是一个开放的社会技术系统，不仅包括组织结构和技术的因素，而且包括管理、心理和社会方面的因素。管理心理系统把个体心理、群体心理、组织心理、领导心理等都看成是整体的要素，彼此既相互联系，又互为条件。在调查研究过程中，涉及的调查者、调查对象、调查方法、调查环境等要素都不是单个人或某种孤立群体的个别现象，而是经过系统加工了的，所以表现出来的都是组织行为和群体行为，它都是各种关系进行彼此加工和相互影响的结果，即都是系统要素结合的产物。系统性原则要求调查人员在开展调查的过程中，综合考虑各种因素的影响，对调查对象、调查方法与调查内容进行科学而系统的思考，从而得出全面正确的结论，科学地指导管理实践活动。

第三节　村官调查研究工作中存在的主要问题与对策

调查研究不仅是村官的根本工作方法，也是领导干部必须具备的能力之一。十八大以来，全国各地掀起改进作风的热潮，相继开展形式多样的改进作风的活动。深入基层调研作为改进工作作风、践行群众路线的重要抓手如雨后春笋蓬勃开展，相关报道也不绝于耳。基层调研活动确实取得了一定的效果，但在一些基层调研中存在着一些问题，值得关注。

一、当前基层调研中存在的主要问题

开展调查研究的目的，是为了科学、准确、全面地了解事物的真相和全貌，把握问题的本质和规律，研究解决问题的思路和对策。长期以来，各级各部门对于深入基层开展调查研究，向来高度重视，并一直将此作为推进各项工作上水平的重要抓手。但必须面对的是，在这一过程中，仍然存在一些不容忽视的问题。当前基层调研中主要存在以下几个方面的问题：

（一）调研缺少实践性

调研主题确定后，要忌走捷径，不要靠电话、传真把基层党组织的材料"排列组合"促成一篇调研报告，或者网上调研闭门造车。由于未能亲临一线，所掌握的情况要么离题，要么分析问题不透彻。开展调研活动一定要"对症下药"，要通过多种调查与实践方法，把问题了解全面、透彻；对调研过程中征集来的素材要辨伪存真，要站在一定高度，做到观点独到、角度新颖，针对问题提出科学有效的意见和建议，突出实践性和可操作性。

这一类的调查研究往往是把调查研究看成是工作中一个程序，并非出自真心想要了解基层真实客观的情况，只是在一些政策的制定和决策的酝酿阶段不得不做出调查研究的样子，或者迫于上级任务压力不得不去完成，只是满足于能够按照要求开展调研。在程序上看，我到场了、"了解"了、有相关的记录和影像资料，这样的"调研"看上去确实很像是在做细致深入的调研，至于能否通过调研发现问题、解决问题则是次要的，重要的是这个程序我走了。而且往往此类情况不会就调研一个单位。显然，这种走马观花似的调研，既劳民伤财，又徒劳无功，对工作更是有害无利。

（二）调研缺少针对性

调研没有主题，随意性强，指导性不强，这样既浪费宝贵时间，又影响基层工作效率。一开始就要明白通过调研要做什么、要达到什么样的目的。注重学习实践，注重解决实际问题，主要结合基层组织定位升级实践活动中查找出来的突出问题，结合领导决策需要参考的问题，结合群众关心的热点、难点问题，精心确定调研专题，科学合理搭配人员，选准调研点和面，确保调研富有针对性。

一些上级部门到基层调研，有些按照基层部门事先指定路线，基层单位同志在前面走我在后面跟着，你让我去哪我就去哪，你让我看什么我就看什么，只机械地走“规定路线”，没有“自选动作”。这种情况往往是基层单位高接远送、好吃好喝好招待。去的地方、见的人、拍的照片一般是基层单位按照调研目的和本单位意图事先“精心”准备、认真包装、隆重推出的，听到的也是提前经过严格“培训”和矫正的语言，而与调研无关或者可能影响“效果”的人往往事先被“请出”相关区域。这样的调研双方单位和参与人员心照不宣，听不到群众最真的声音、看不到基层存在的问题倒不是主要的，主要的是能不能达到自己的预期效果。

（三）调研缺少深入性

按照被“安排”好的调研路线走马观花，查查看看，自以为掌握了实际情况，实则一些问题被“屏蔽”，自然也就难以接触到实情，难以对问题进行客观纵横对比、分析，以及科学提出破解问题的预案。在听取基层情况介绍、查看实情基础上，还要深入到乡镇、村（社区）、企业、农户及职工家中，虚心听取基层党员群众的意见和建议，为科学决策，破解基层难题，服务基层发展，掌握第一手资料和素材。

在调研中基层单位反映了问题和真实情况，而且问题也确实存在，但是听完后没有什么措施，原来怎么干听完还是怎么干。在调研中，只是按照程序，大体询问一下基层存在的困难和问题，并简单地做一下记录，但对于这些问题如何解决，考虑得不够充分和细致，把问题汇总后形成调研报告，然后上交了事，至于说如何解决问题、制订对策那是组织的事，能推则推。

（四）调研缺少真实性

部分同志很少深入一线调研，只是坐在办公室里搞所谓的“研究政策、学习文件”，对于基层和一线的各种呼声，只是根据平时听取的汇报材料一知半解，对于各种汇报材料过分看重，对于深入一线的调查研究反而不大相信，对基层人民的疾苦置若罔闻、对基层的问题视而不见、对解决基层的问题毫无热情、对基层干部的说法人云亦云。

这样的干部往往对调研中对发现的一些问题和不足用材料、数字说话，证明成绩还是很大的。至于问题，一是尽量压缩，二是以产生原因是历史问题、地理问题等开脱，而不是把主要精力放在如何解决问题，更好地促进发展上来。因此，做决策的水平就相当欠缺，从而在一定程度上阻碍和影响了单位、部门的改革发展。

二、当前基层调研中存在问题的原因

调查研究作为了解基层情况、促进工作提升、密切干群关系的重要手段和方法，出现的问题必须要高度重视，认真分析存在的原因。之所以出现以上问题，至少有以下几个方面的原因：

（一）思想认识缺失

在调查研究中出现问题的单位往往是相关人员在思想上没有牢固树立“没有调查就没有发言权”和“纸上得来终觉浅，绝知此事要躬行”的思想，对深入基层调研的认识不够，长期强调调查研究的重要性，使一些干部认为这只是一项工作要求，对其重要意义没有完全理解。更有甚者，片面地认为调研只是一种形式，存在应付心理。另一方面，认为开展调研只是工作的一种形式，完全可以通过听汇报的形式来掌握，从而也在一定程度上放松了对基层调研的要求。归根结底，还是对调研的重视程度不够，没有很好地从改革发展大局角度认识到调研对推动工作上水平的重要意义。

（二）群众意识淡薄

部分同志，对工作成绩看得重，对工作中的问题看得轻；对干部汇报看得重，对群众反映问题看得轻；官僚意识重，群众观念轻。在调查研究中不能从真正干事创业的角度去考虑，对基层部门和一线员工关心较少，与群众特别是一线员工的距离比较远。出现调研中发现的问题，有时问题还比较严重，解决起来往往让基层单位解决，定期向他反馈处理情况，“工作深入一些的”会让基层单位附一些照片和当事人的语言记录。一是只把问题看成个例，解决了一个，往往其他的没看到就认为没有问题或者不想揭开问题产生的原因；二是后续的解决没有深入基层实地考察，重材料、重言语，只要反馈的解决了就认为解决了。实际中确实发现的问题会很快解决，但是不深入研究原因，往往是消灭了一只苍蝇，还有无数苍蝇在飞，因此也影响了工作的质量和效果。

（三）大局意识欠缺

行业和社会的发展离不开人的作用的发挥，而基层调研，正是进一步凝聚人心的重要平台。通过面对面的谈心交流，不但可以解决基层真实的工作生活困难和问题，更能进一步增进感情，拉近干群关系，从而以更加良好的状态投入工作。有些部门负责同志没有意识到这方面的重要性和紧迫性，对此不够重视，甚至以没有时间等为借口进行搪塞。这在一定程度上反映了这些负责人的大局意识不够强，只满足于坐在办公室看材料、听汇报，以为材料上的就是大局，透过材料就能完全看到真实的情况和全局的发展。调查研究的不足必然引起对于长远的发展没有清醒的认识，对于发展的动力、出现的问题、群众的所期所盼等缺乏足够清醒的认识，以后的发展必定会出现各种各样的问题。何况一些领导干部不调研或者调研中回避问题的呢？

三、村官调查研究工作改进对策

（一）在转变作风上下功夫

坚持以马克思主义的辩证唯物主义、历史唯物主义为指导，坚持实事求是的原则是搞调查研究工作的每个同志首先必须坚持的一条指导方针，也是做好调研工作包括其他一切工作的最有力的、时时刻刻都不能离开的思想武器。有了这个思想武器，才能在纷繁复杂的形势面前保持清醒头脑，提高政治敏锐性，坚决地在政治上与党中央保持一致，才能学会用马克思主义的宽广眼界，观察社会，分析问题，抓住实质。搞调研做结论，才会有科学性、原则性。要树立牢固的群众观，坚定不移地走群众路线，与“群众路线实践教育活动”等活动结合起来，与地方党组织安排的关于落实八项规定的一系列活动结合起来，如此，通过多种形式的教育学习，思想境界才会得到进一步提升，从而更好地推进调研工作的水平。

（二）树立求真务实的理念

调查研究的首要任务是弄清事实真相，把发展现状搞清楚，把问题和原因找准，这是认识事物本质的前提，是得出正确结论的基础，是取得调研实效的保证。这就要求在调查中做到真实准确、客观公正，去伪存真，由表及里，深入基层、深入群众、深入现场，掌握大量的第一手资料，避免从书本到书本、从资料到资料、从文件到文件，要有实事求是、认真负责的调查态度，一丝不苟、艰苦细致的调查作风。实事求是是我们的党的思想路线。但“实事求是”说起来容易，做起来难。调研中往往会出现不少的困难：飘浮的作风容易使人们不去了解真实情况；利益诉求导致一些地方、单位有意隐藏真实情况；能力所限只见树木不见森林，以偏概全；限于体制、机制等因素不能深“求”、不愿深“求”，浅尝辄止。因为存在诸多困难，才需要下大力气进行调查研究。借助调查研究，掌握真实情况，探究规律性，为科学决策提供依据和参考。调查研究若缺失了实事求是这一基本要求，其对于政策制定和科学决策的价值就无从谈起。

（三）注重措施的细化

首先要搞清楚基层调研包括哪些方面的内容。调研之前要制订目标明确、逻辑严密有针对性的调研方案，不仅要有对政策效果的调研，也要有基层干部群众真实的想法和看法。因为调研并非仅仅涉及改革发展大局的大事，更包括涉及基层干部群众切身利益的“小事”。对此，要逐项逐条分析企业方方面面存在的问题和不足，分门别类地梳理汇总后，精心拟定调研课题，认真设计调查问卷，逐一从被访者的角度换位思考，以确保调研过程中能获得更加真实的第一手资料。

（四）有吃苦耐劳思想

调查研究不是走马观花或者只看成绩，而是要深入基层生产生活一线，没有吃苦的思想准备和足够的耐心往往不能感受到基层真实的情况。要勤于调查，勤于记载，勤于思考，勤于研究，勤于写作。如果懒懒散散，东抄西搬，敷衍塞责，热衷于喝酒、打牌、娱乐享受，就难以完成任务、取得实效，就有负于组织的重托。要有甘于淡泊的作风，努力去达到一种“淡泊以明志，宁静以致远”的境界。如果我们的工作和劳动，能为本单位、本地区解决点实际问题、能给基层群众干点实实在在的好事，那就是一种有意义的工作。搞专题调研，当然希望对领导有所帮助，对决策有所参考。由于种种原因，或选题不准，或深度不够，或实施条件不具备，我们的调研报告不可能都被采纳。但只要付出了心血，只要是确有真知灼见，不用不等于无用，今天不用不等于将来不用。

（五）注重落实整改

基层调研中发现的问题、群众的心声能够如实地表现、表达出来，这只是“万里长征迈出了第一步”。更为重要的是，群众的呼声，特别是群众提出的合理化诉求能否得到及时有效的解决，这才是更为关键的。对此，抓好调研，发现问题进行整改和反馈不容忽视。这一环节恰恰是很多单位、部门的负责同志最容易忽视的，或者貌似很重视，对于发现的问题今天研究一次、明天研究一次，时间长了往往被淡化或者被眼前的工作所替代，问题的解决也就遥遥无期了。因此，如何进一步在调研问题的落实整改上下功夫，应该成为下一步开展基层调研的一个努力方向。

典型案例

传统工艺调查研究个案

一、个案基本情况

传统工艺作为中华民族集体智慧的结晶，其内容涉及了古代人民衣、食、住、行的各个方面，不仅是古代科学技术的物质载体，同时也是各地域、各特定民族地方性知识、民族精神和民族文化的集中体现。随着民众对传统文化保护意识的逐渐提高，以及对文化多样性的迫切追求，社会各界对传统工艺挖掘、保护与传承的呼吁也逐渐趋于一致，其认可度也不断得到深化。但是随着现代科技的迅猛发展，一些传统的技艺必将不可避免地在新旧科技的博弈中被淘汰。由此，对一些濒临失传或已经失传的传统工艺进行挖掘记录、调查研究就显得非常有必要，这也是对传统工艺极其珍贵文化遗产进行保护和传承的一种方式。而究竟如何对传统工艺进行调查、研究，仍是一个值得讨论的问题。本案例对广西宜州传统水车进行了调查研究，目的在于更好地实现对传统工艺的挖掘与记录。

二、确定研究对象

目标对象的确定，是传统工艺进行调查研究的开始。中国的传统工艺种类繁复，内容多变，而且各种工艺保护与传承的情况也千差万别，一项传统工艺究竟值不值得或需不需要进行调查研究以及保护传承，这就需要事先进行评估。首先必须确定该项传统工艺调查研究的必要性。一是尚无前人进行过研究或者是未曾被深入研究的工艺，这同时也应该成为自己研究的独特性；除此，还必须确定该项传统工艺的研究价值。其次，也要考虑该目标对象的研究可行性。而通过对这些因素进行评估之后，才最后确定得出所要研究的对象。

三、列出提纲

提纲是一项研究进行的指导性纲领，也往往决定了该研究的主要内容及其侧重点，将为整个调查研究的进行提供参考和指导。在对传统工艺进行调查研究往往需要两个提纲：一个是整个调查研究的提纲，即要列出研究该传统工艺所要解决的所有问题，也就是整个项目的框架；而另一个则是对传统工艺进行调查时需要用的提纲，即进入调查地后需要解决的问题。这两个提纲不是固定不变的，有时往往会根据实际情况的不同有所改变，尤其是进入调查地后需要的提纲，更多时候会根据调查过程中的变化进行修改。

对广西宜州传统水车的调查研究也是如此，当确定好目标地及目标物之后，先根据研究内容的需要，制定了一个大致的提纲，包括该传统工艺的历史渊源、传统水车工艺的完整工艺流程、其中涉及修造时间的选择、工具的使用、原材料的使用等，该传统工艺在当地的传承情况及其对该调查地的影响等等。当然，要做好一项传统工艺的调查研究，一次性的调查并不一定能解决所有问题，这就要求在有机会进行第二、第三次补充调查之前对前次调查所缺的材料进行总结，尽早列出第二、第三次调查所需要的提纲。

四、查阅文献

由于大部分的传统工艺都是口传身授型的经验性知识总结，往往缺少文字资料的记载。这种情况下，文献查阅的目的就主要有两个：

一是了解该项传统工艺在其调查地所在区域内的历史概况，这主要可以通过方志性文献进行获取。对传统水车工艺而言，与农业、水利、灌溉相关的文献都可以利用起来。除此，调查地所在的乡、县、市等的档案资料也会对该地的工艺状况有所记载，通过档案资料的查阅，往往可以发现新的数据和材料。

文献查阅的第二个目的就是了解该传统工艺的保存、研究状况。从该传统工艺本身来说，可以通过各种古代科技文献找到相关的文字记载，如《考工记》《天工开物》《农书》等等；但如果限于某区域内的一项传统工艺的话，则可以通过各期刊数据库进行查找相关研究，这种情况就需要不限内容地查找相关性资料，或与调查地相关、与该项传统工艺相关等的都应该进行查阅，并从中找出未被挖掘研究的空白点。

五、实地调查

实地调查，又名田野调查或实地研究，是传统工艺调查的重要过程，也是获取第一手资料的关键环节。通过实地调查，可以直观性地认识该项传统工艺，从而较为完整地获取该项传统工艺的相关信息。但对调查者来说，到一个异域或相对陌生的环境进行工艺的调查并不是一件容易的事情，它会涉及各方面的问题，比如语言障碍、他者接受度、资料获取可信度等。以下结合实际的调查工作简要分析实地调查的大致思路及其相关问题。

1. 前期准备

在实际进入调查地之前，必须做好相应的准备。除了前面已经提到的：通过文献了解调查地状况以及列好调查提纲之外，还应准备好调查所需的各种工具，如摄像机、照相机、录音笔、电脑等，对传统工艺调查来说，像卷尺、米尺之类的测量工具也是必需的。此外还要准备好各种证件、相关生活用品和必备药品等，做好一切出发准备。更重要的一点是要事先确定自己进入调查地的方式。在当代中国的实证研究中，常见的现场进入方式主要有海外访谈、官方支持、选择家乡、运用私人网络和匿名曲线闯入等。

而对初学的调查人员来说，通过官方支持进入调查点是比较常用的一种方式，也是比较有保障的一种方式。如果条件允许的话，出发前可以事先联系接待者或准备好联系人的联系方式，并跟对方确定好进入时间，这样就可以进一步保证下步工作的顺利进行。在对广西宜州传统水车进行初次调查时，主要使用官方支持进行。由于传统水车建造的时间并不是固定不变的，往往会根据当时具体的天气情况或村民空闲状态而定，所幸在调查过程中村官与当地负责修造水车的工匠师傅保持了良好的互动关系，可以及时得到通知在他们修造水车之前再次进入调查地并顺利进行第二次的补充工艺调查。

2. 开展调查

对于刚进入调查点的调查人员来说，首先开始的应该是普及相关情况的调查，比如调查地小区域内的人口、经济、社会背景，传统工艺存着的状况等。如果该传统工艺属于集体性技艺，这些相关情况的了解就显得非常有必要。即使不是集体性技艺，在调查地范围内了解工艺相关的情况也是收集资料的一种方法，这对于特定传统工艺的研究也是极有帮助的。当对大致情况有所了解之后，才能开始进行一些有针对性的重点调查，如对经验最丰富的工匠的调查、对有着特殊地位的工匠的调查等。

在初次进行调查时，调查人员花了一个多星期的时间对宜州市祥贝乡大水车屯这一背景做了普查性的调查，通过观察、走访了解了相关信息，并得到了传统工匠的大致资料，这就为随后的重点调查奠定了一定的基础。但由于广西宜州传统水车的修造工艺就属于一项集体性的技艺，每次修造水车都几乎是全村参与的活动，因此，在进行重点调查时，我们更注重对经验丰富的“水车长（即负责每架传统水车修造工作的人）”的跟踪调查，并以其作为典型来挖掘工艺相关的信息。同时，在开展实际的工艺调查过程中，还需要注意的几点是：

①在调查地调查过程中要尽可能与入住家庭、被采访者们保持良好的互动关系，以保持调查的顺利进行。

②相同或相似的语言是拉近与被调查者关系的有效手段。宜州市祥贝乡大水车屯是一个壮族社区，当地居民主要以壮语和桂柳话为主，在调查中我们就发现，使用相同的民族语言进行沟通是可以给调查带来极大的便利和收获的。

③对传统工艺进行调查，在采访中就应该详细弄清楚工艺的细节，多问“为什么”，并尽可能用被采访者的表述将其记录下来，而不是用自己想当然的想法来代替被采访者的表述。

④调查、采访过程应尽量使用数码科技产品将必要的信息用图片、录音或视频等手段记录下来，这也是为过后的资料整理提供必要的参考。

3. 资料整理

资料整理的内容应主要包括走访过程中的所见所闻、重点访谈的笔记以及图片、录音、视频资料等。而且，在时间允许的情况下，资料的整理应与实地调查同时进行，这样才能及时发现缺漏或未弄清楚的问题，也有利于及时的深入的补充调查。在民族学家那里，对走访过程中所见所闻的材料一般采用的是田野笔记的方式进行整理记录，这就需要每天及时地书写整理，以免随时间流逝而有所遗漏。同样，在对传统工艺所在区域进行实地调查时也可以采用这种方式进行资料的收集整理。如果是重点访谈的资料，其整理则会配合录音资料进行，一般通过转化成“问答式”的对话方式来记录在案。对于图片或者音频资料，则需要按照时间或者工艺流程来分类整理，以方便后续的使用。无论是对哪一类资料进行整理，在初步整理过程中，都应注意保持资料的原始性和真实性，而不是加入个人主观评论的陈述。如果在资料整理过程中有不甚明白的细节要点，则需再次对当事人进行访谈调查，确定资料来源的真实可靠。

4. 回访调查

回访调查是一个必要的但并不是必需的步骤，在很多情况下，传统工艺的调查只能一次完成，往往缺少回访的机会。基于此，民族学和人类学视野下的田野调查往往就需要有时间的保证，希望在尽可能长的时间范围内实现全方位的调查和资料收集。但是对传统工艺的制作来说，有些现存工艺的制作时间是有限定但又不太固定的，这样就要求调查者必须事先选定修造时间来进入调查地，否则就得对调查地进行回访调查。对已经失传的传统工艺来说，也许对老工匠进行的采访已经是最大限度地获取第一手工艺资料了；但对于尚未失传的且仍在小范围内传承的传统工艺来说，其调查的目的就应该是获取第一手的直观资料，这就需要亲自参与观察、实地实时记录获取了。在事先并不确定传统工艺制作时间的情况下，回访调查就显得非常有必要了。在对广西宜州大水车屯的传统水车工艺进行调查过程中，由于是在初次调查时才确定该屯第二年的修造时间的，所以，其重要的工艺流程及其细节只有在第二次回访调查时才真正获取的。而且，在第二次回访调查中还得以补充并修正了第一次调查时所缺失的信息资料，这也是回访调查的价值所在。

本章小结

调查是指通过各种途径，运用各种方式方法，有计划、有目的地了解事物真实情况。研究则是指对调查材料进行去粗取精、去伪存真、由此及彼、由表及里的思维加工，以获得对客观事物本质和规律的认识。二者既有明显区别又有紧密的联系，调查是研究的前提和基础，研究是调查的发展和深化。

调查研究是村官做好本职工作的重要途径，也是实现为人民服务的重要内容。在实践当中，村官往往缺少调查研究的科学精神，一旦违反客观、系统、科学原则，必然在工作中难以实现工作的目标。调查研究的方法主要有定性、定量两种方法，实践中需要综合两种方法进行运用，没有哪一种方法是完美的，观察法、访谈法、问卷法、抽样法、统计法是调查研究常用方法，对于顺利完成工作任务具有重要意义。实践中调查研究的存在缺少实践性、针对性、深入性的问题，存在这些问题的原因在于缺少群众意识、大局意识、服务意识等，为解决这些问题需要转变工作作风、树立科学调研理念、注重调研方法的可行性等。

思考题

1. 调查研究的内涵是什么？
2. 调查研究的意义有哪些？

3. 说一说各类调查研究的方法与特点。定性、定量的调查研究方法都有哪些？

4. 村官调查研究中存在的问题与原因有哪些？

5. 改进调查研究的方法与措施有哪些？

6. 如果当前某地需要修建农村公路，而修建公路需要银行金融机构的贷款，请设计一下该调查研究的框架与思路。

第七章　村官带头致富的艺术

学习目标

掌握农村扶贫的概念；了解农村扶贫的现状；理解农村贫困形成的原因；了解农村贫困的种类；理解农村扶贫存在的问题；掌握农村扶贫的路径；了解村官带头致富的方式；理解村官带头致富存在的艺术；理解村官带头致富存在的问题；掌握村官带头致富的对策。

学习内容

农村扶贫工作是党和政府的重要工作之一。解决农村贫困问题，是全面建成小康社会的关键。当前，农村扶贫工作既取得重大成就，又面临很大挑战，要抓住机遇，确保到2020年贫困县、贫困人口实现全部脱贫，确保全面建成小康社会。实现农村扶贫脱贫，以农村基层党组织书记为代表的村官群体发挥着不可替代的作用。村官要掌握带头致富的艺术，发挥好农村基层党支部的战斗堡垒作用，提高村官带头致富的素质和能力，把握好带头致富中的关键问题，依靠集体智慧解决带头致富中的难题。

第一节　农村扶贫概述

一、农村扶贫的概念、对象、扶贫意义

（一）农村扶贫的概念

狭义的农村扶贫仅指开发式扶贫，即对农村中有一定生产经营能力的贫困户，从政治、思想、资金、物资、技术、信息等方面给予扶持，使其通过生产经营劳动摆脱贫困的社会救助项目。

广义的农村扶贫是指一切以使农村中的贫困户摆脱贫困为目的的社会救助项目，主要包括救济式扶贫和开发式扶贫。

（二）农村致贫因素

农村的致贫因素具有一定的共性，一是基础设施薄弱，二是产业发展不足，三是生存环境较差。导致贫困的主要原因有8个方面：因病致贫，因学致贫，缺乏实用技能致贫，缺乏资金致贫，因灾致贫，短暂性缺劳动力致贫，缺水、缺地、不通路以及自身发展能力不足，因残和智障丧失部分劳力致贫等。

（三）农村扶贫的对象范围

农村扶贫的对象是处于贫困标准以下的贫困地区和贫困人口。

根据《中国农村扶贫开发纲要（2010～2020年）》（以下简称《扶贫开发纲要》），我国农村扶贫的主要对象是在扶贫标准以下具备劳动能力的农村人口。建立健全扶贫对象识别机制，做好建档立卡工作，实行动态管理，确保扶贫对象得到有效扶持。逐步提高国家扶贫标准。

连片特困地区：六盘山区、秦巴山区、武陵山区、乌蒙山区、滇桂黔石漠化区、滇西边境山区、大兴安岭南麓山区、燕山—太行山区、吕梁山区、大别山区、罗霄山区等区域的连片特困地区和已明确实施特殊政策的西藏、四省藏区、新疆南疆三地州是扶贫攻坚主战场。加大投入和支持力度，加强对跨省片区规划的指导和协调，集中力量，分批实施。

重点县和贫困村：要做好连片特困地区以外重点县和贫困村的扶贫工作。原定重点县支持政策不变。

（四）农村扶贫的意义

扶贫开发，事关巩固党的执政基础，事关国家长治久安，事关社会主义现代化大局。深入推进扶贫开发，是建设中国特色社会主义的重要任务，是深入贯彻落实科学发展观的必然要求，是坚持以人为本、执政为民的重要体现，是统筹城乡区域发展、保障和改善民生、缩小发展差距、促进全体人民共享改革发展成果的重大举措，是全面建设小康社会、构建社会主义和谐社会的迫切需要。必须以更大的决心、更强的力度、更有效的举措，打好新一轮扶贫开发攻坚战，确保全国人民共同实现全面小康。

二、农村扶贫的现状

（一）扶贫成就

消除贫困、实现共同富裕，是社会主义制度的本质要求。改革开放以来，我国大力推进扶贫开发，特别是随着《国家八七扶贫攻坚计划（1994～2000年）》和《中国农村扶贫开发纲要（2001～2010年）》的实施，扶贫事业取得了巨大成就。改革开放近40年来，我们成功走出了一条中国特色扶贫开发道路，使7亿多农村贫困人口成功脱贫，我国成为世界上减少贫困人口最多的国家，也是世界上率先完成联合国千年发展目标的国家。农村贫困人口大幅减少，收入水平稳步提高，贫困地区基础设施明显改善，社会事业不断进步，最低生活保障制度全面建立，农村居民生存和温饱问题基本解决，探索出一条中国特色扶贫开发道路，为促进我国经济发展、政治稳定、民族团结、边疆巩固、社会和谐发挥了重要作用，为推动全球减贫事业发展作出了重大贡献。

（二）扶贫的阶段认识

我国扶贫开发已经从以解决温饱为主要任务的阶段转入巩固温饱成果、加快脱贫致富、改善生态环境、提高发展能力、缩小发展差距的新阶段。

（三）农村扶贫任务艰巨

我国仍处于并将长期处于社会主义初级阶段。经济社会发展总体水平不高，区域发展不平衡问题突出，制约贫困地区发展的深层次矛盾依然存在。扶贫对象规模大，相对贫困问题凸显，返贫现象时有发生，贫困地区特别是集中连片特殊困难地区（以下简称连片特困地区）发展相对滞后，扶贫开发任务仍十分艰巨。截至2014年底，全国仍有7000多万农村贫困人口。

三、农村扶贫目标、条件及方法

（一）农村扶贫目标

党的十八届五中全会从实现全面建成小康社会奋斗目标出发，明确到2020年我国现行标准下农村贫困人口实现脱贫，贫困县全都摘帽，解决区域性整体贫困。“十三五”期间脱贫攻坚的目标是，到2020年稳定实现农村贫困人口不愁吃、不愁穿，农村贫困人口义务教育、基本医疗、住房安全有保障；同时实现贫困地区农民人均可支配收入增长幅度高于全国平均水平、基本公共服务主要领域指标接近全国平均水平。

（二）扶贫开发的有利条件

我国工业化、信息化、城镇化、市场化、国际化不断深入，经济发展方式加快转变，国民经济保持平稳较快发展，综合国力明显增强，社会保障体系逐步健全，为扶贫开发创造了有利环境和条件。

（三）农村扶贫的方式和方法

1. 专项扶贫

（1）易地扶贫搬迁。坚持自愿原则，对生存条件恶劣地区扶贫对象实行易地扶贫搬迁。引导其他移民搬迁项目优先在符合条件的贫困地区实施，加强与易地扶贫搬迁项目的衔接，共同促进改善贫困群众的生产生活环境。充分考虑资源条件，因地制宜，有序搬迁，改善生存与发展条件，着力培育和发展后续产业。有条件的地方引导向中小城镇、工业园区移民，创造就业机会，提高就业能力。加强统筹协调，切实解决搬迁群众在生产生活等方面的困难和问题，确保搬得出、稳得住、能发展、可致富。

（2）整村推进。结合社会主义新农村建设，自下而上制定整村推进规划，分期分批实施。发展特色支柱产业，改善生产生活条件，增加集体经济收入，提高自我发展能力。以县为平台，统筹各类涉农资金和社会帮扶资源，集中投入，实施水、电、路、气、房和环境改善“六到农家”工程，建设公益设施较为完善的农村社区。加强整村推进后续管理，健全新型社区管理和服务体制，巩固提高扶贫开发成果。贫困村相对集中的地方，可实行整乡推进、连片开发。

（3）以工代赈。大力实施以工代赈，有效改善贫困地区耕地（草场）质量，稳步增加有效灌溉面积。加强乡村（组）道路和人畜饮水工程建设，开展水土保持、小流域治理和片区综合开发，增强抵御自然灾害能力，夯实发展基础。

（4）产业扶贫。充分发挥贫困地区生态环境和自然资源优势，推广先进实用技术，培植壮大特色支柱产业，大力推进旅游扶贫。促进产业结构调整，通过扶贫龙头企业、农民专业合作社和互助资金组织，带动和帮助贫困农户发展生产。引导和支持企业到贫困地区投资兴业，带动贫困农户增收。

（5）就业促进。完善雨露计划。以促进扶贫对象稳定就业为核心，对农村贫困家庭未继续升学的应届初、高中毕业生参加劳动预备制培训，给予一定的生活费补贴；对农村贫困家庭新成长劳动力接受中等职业教育给予生活费、交通费等特殊补贴。对农村贫困劳动力开展实用技术培训。加大对农村贫困残疾人就业的扶持力度。

（6）扶贫试点。创新扶贫开发机制，针对特殊情况和问题，积极开展边境地区扶贫、地方病防治与扶贫开发结合、灾后恢复重建以及其他特困区域和群体扶贫试点，扩大互助资金、连片开发、彩票公益金扶贫、科技扶贫等试点。

（7）革命老区建设。国家对贫困地区的革命老区县给予重点扶持。

2. 行业扶贫

（1）明确部门职责。各行业部门要把改善贫困地区发展环境和条件作为本行业发展规划的重要内容，在资金、项目等方面向贫困地区倾斜，并完成本行业国家确定的扶贫任务。

（2）发展特色产业。加强农、林、牧、渔产业指导，发展各类专业合作组织，完善农村社会化服务体系。围绕主导产品、名牌产品、优势产品，大力扶持建设各类批发市场和边贸市场。按照全国主体功能区规划，合理开发当地资源，积极发展新兴产业，承接产业转移，调整产业结构，增强贫困地区发展内生动力。

（3）开展科技扶贫。积极推广良种良法。围绕特色产业发展，加大科技攻关和科技成果转化力度，推动产业升级和结构优化。培育一批科技型扶贫龙头企业。建立完善的符合贫困地区实际的新型科技服务体系，加快科技扶贫示范村和示范户建设。继续选派科技扶贫团、科技副县（市）长和科技副乡（镇）长、科技特派员到重点县工作。

（4）完善基础设施。推进贫困地区土地整治，加快中低产田改造，开展土地平整，提高耕地质量。推进大中型灌区续建配套与节水改造和小型农田水利建设，发展高效节水灌溉，扶持修建小微型水利设施，抓好病险水库（闸）除险加固工程和灌溉排水泵站更新改造，加强中小河流治理、山洪地质灾害防治及水土流失综合治理。积极实施农村饮水安全工程。加大牧区游牧民定居工程实施力度。加快贫困地区通乡、通村道路建设，积极发展农村配送物流。继续推进水电新农村电气化、小水电代燃料工程建设和农村电网改造升级，实现城乡用电同网同价。普及信息服务，优先实施重点县村村通有线电视、电话、互联网工程。加快农村邮政网络建设，推进电信网、广电网、互联网三网融合。

(5) 发展教育文化事业。推进边远贫困地区适当集中办学，加快寄宿制学校建设，加大对边远贫困地区学前教育的扶持力度，逐步提高农村义务教育家庭经济困难寄宿生生活补助标准。免除中等职业教育学校家庭经济困难学生和涉农专业学生学费，继续落实国家助学金政策。在民族地区全面推广国家通用语言文字。推动农村中小学生营养改善工作。关心特殊教育，加大对各级各类残疾学生扶助力度。继续实施东部地区对口支援中西部地区高等学校计划和招生协作计划。贫困地区劳动力进城务工，输出地和输入地要积极开展就业培训。继续推进广播电视村村通、农村电影放映、文化信息资源共享和农家书屋等重大文化惠民工程建设。加强基层文化队伍建设。

(6) 改善公共卫生和人口服务管理。提高新型农村合作医疗和医疗救助保障水平。进一步健全贫困地区基层医疗卫生服务体系，改善医疗与康复服务设施条件。加强妇幼保健机构能力建设。加大重大疾病和地方病防控力度。继续实施万名医师支援农村卫生工程，组织城市医务人员在农村开展诊疗服务、临床教学、技术培训等多种形式的帮扶活动，提高县医院和乡镇卫生院的技术水平和服务能力。加强贫困地区人口和计划生育工作，进一步完善农村计划生育家庭奖励扶助制度、“少生快富”工程和计划生育家庭特别扶助制度，加大对计划生育扶贫对象的扶持力度，加强流动人口计划生育服务管理。

(7) 完善社会保障制度。逐步提高农村最低生活保障和五保供养水平，切实保障没有劳动能力和生活常年困难农村人口的基本生活。健全自然灾害应急救助体系，完善受灾群众生活救助政策。加快新型农村社会养老保险制度覆盖进度，支持贫困地区加强社会保障服务体系建设。加快农村养老机构和服务设施建设，支持贫困地区建立健全养老服务体系，解决广大老年人养老问题。加快贫困地区社区建设。做好村庄规划，扩大农村危房改造试点，帮助贫困户解决基本住房安全问题。完善农民工就业、社会保障和户籍制度改革等政策。

(8) 重视能源和生态环境建设。加快贫困地区可再生能源开发利用，因地制宜发展小水电、太阳能、风能、生物质能，推广应用沼气、节能灶、固体成型燃料、秸秆气化集中供气站等生态能源建设项目，带动改水、改厨、改厕、改圈和秸秆综合利用。提高城镇生活污水和垃圾无害化处理率，加大农村环境综合整治力度。加强草原保护和建设，加强自然保护区建设和管理，大力支持退牧还草工程。采取禁牧、休牧、轮牧等措施，恢复天然草原植被和生态功能。加大泥石流、山体滑坡、崩塌等地质灾害防治力度，重点抓好灾害易发区内的监测预警、搬迁避让、工程治理等综合防治措施。

3. 社会扶贫

（1）加强定点扶贫。中央和国家机关各部门各单位、人民团体、参照公务员法管理的事业单位和国有大型骨干企业、国有控股金融机构、国家重点科研院校、军队和武警部队，要积极参加定点扶贫，承担相应的定点扶贫任务。支持各民主党派中央、全国工商联参与定点扶贫工作。积极鼓励、引导、支持和帮助各类非公有制企业、社会组织承担定点扶贫任务。定点扶贫力争对重点县全覆盖。各定点扶贫单位要制定帮扶规划，积极筹措资金，定期选派优秀中青年干部挂职扶贫。地方各级党政机关和有关单位要切实做好定点扶贫工作，发挥党政领导定点帮扶的示范效应。

（2）推进东西部扶贫协作。东西部扶贫协作双方要制定规划，在资金支持、产业发展、干部交流、人员培训以及劳动力转移就业等方面积极配合，发挥贫困地区自然资源和劳动力资源优势，做好对口帮扶工作。国家有关部门组织的行业对口帮扶，应与东西部扶贫协作结对关系相衔接。积极推进东中部地区支援西藏、新疆经济社会发展，继续完善对口帮扶的制度和措施。各省（自治区、直辖市）要根据实际情况，在当地组织开展区域性结对帮扶工作。

（3）发挥军队和武警部队的作用。坚持把地方扶贫开发所需与部队所能结合起来。部队应本着就地就近、量力而行、有所作为的原则，充分发挥组织严密、突击力强和人才、科技、装备等优势，积极参与地方扶贫开发，实现军地优势互补。

（4）动员企业和社会各界参与扶贫。大力倡导企业社会责任，鼓励企业采取多种方式，推进集体经济发展和农民增收。加强规划引导，鼓励社会组织和个人通过多种方式参与扶贫开发。积极倡导扶贫志愿者行动，构建扶贫志愿者服务网络。鼓励工会、共青团、妇联、科协、侨联等群众组织以及海外华人华侨参与扶贫。

4. 国际合作

开展国际交流合作。通过走出去、引进来等多种方式，创新机制，拓宽渠道，加强国际反贫困领域交流。借鉴国际社会减贫理论和实践，开展减贫项目合作，共享减贫经验，共同促进减贫事业发展。

四、中央关于精准扶贫思想

（一）解决好“扶持谁”的问题

扶贫首先要解决好“扶持谁”的问题，确保把真正的贫困人口弄清楚，把贫困人口、贫困程度、致贫原因等搞清楚，以便做到因户施策、因人施策。只有坚持精准扶贫、精准脱贫，才能提高脱贫攻坚成效。关键是要找准路子、构建好的体制机制，在精准施策上出实招、在精准推进上下实功、在精准落地上见实效。

（二）解决好“谁来扶”的问题

要解决好扶贫主体问题，加快形成中央统筹、省（自治区、直辖市）负总责、市（地）县抓落实的扶贫开发工作机制，做到分工明确、责任清晰、任务到人、考核到位，解决好“谁来扶”的问题。

（三）解决好“怎么扶”的问题

解决好“怎么扶”的问题，就是要对症下药，坚持一把钥匙开一把锁，按照贫困地区和贫困人口的具体情况，实施“五个一批”工程。

一是发展生产脱贫一批，引导和支持所有有劳动能力的人依靠自己的双手开创美好明天，立足当地资源，实现就地脱贫。二是易地搬迁脱贫一批，贫困人口很难实现就地脱贫的要实施易地搬迁，按规划、分年度、有计划组织实施，确保搬得出、稳得住、能致富。三是生态补偿脱贫一批，加大贫困地区生态保护修复力度，增加重点生态功能区转移支付，扩大政策实施范围，让有劳动能力的贫困人口就地转成护林员等生态保护人员。四是发展教育脱贫一批，治贫先治愚，扶贫先扶智，国家教育经费要继续向贫困地区倾斜、向基础教育倾斜、向职业教育倾斜，帮助贫困地区改善办学条件，对农村贫困家庭幼儿特别是留守儿童给予特殊关爱。五是社会保障兜底一批，对贫困人口中完全或部分丧失劳动能力的人，由社会保障来兜底，统筹协调农村扶贫标准和农村低保标准，加大其他形式的社会救助力度。要加强医疗保险和医疗救助，新型农村合作医疗和大病保险政策要对贫困人口倾斜。要高度重视革命老区脱贫攻坚工作。

（四）解决好扶贫效果评估问题

精准扶贫是为了精准脱贫，脱贫效果体现在一定时间内脱贫的质量，是否具有持续性、经得起检验。中央提出要设定时间表，实现有序退出，既要防止拖延病，又要防止急躁症。具体时间要求，就是确保到2020年实现全部脱贫。要留出缓冲期，在一定时间内实行摘帽不摘政策。要实行严格评估，按照摘帽标准验收。要实行逐户销号，做到脱贫到人，脱没脱贫要同群众一起算账，要群众认账。

（五）解决好扶贫的政策支持问题

打赢脱贫攻坚战，必须加大扶贫开发投入力度。具体来说，中央财政专项扶贫资金、中央基建投资用于扶贫的资金等，增长幅度要体现加大脱贫攻坚力度的要求。中央财政一般性转移支付、各类涉及民生的专项转移支付，要进一步向贫困地区倾斜。省级财政、对口扶贫的东部地区要相应增加扶贫资金投入。要加大扶贫资金整合力度。要做好金融扶贫这篇文章，加快农村金融改革创新步伐。要加强扶贫资金阳光化管理，集中整治和查处扶贫领域的职务犯罪，对挤占挪用、层层截留、虚报冒领、挥霍浪费扶贫资金的要从严惩处。

（六）解决好扶贫的组织领导问题

越是进行脱贫攻坚战，越是要加强和改善党的领导。脱贫攻坚任务重的地区党委和政府要把脱贫攻坚作为“十三五”期间头等大事和第一民生工程来抓，坚持以脱贫攻坚统揽经济社会发展全局。要层层签订脱贫攻坚责任书、立下军令状。要建立年度脱贫攻坚报告和督察制度，加强督察问责。要把脱贫攻坚实绩作为选拔任用干部的重要依据，在脱贫攻坚第一线考察识别干部，激励各级干部到脱贫攻坚战场上大显身手。要把夯实农村基层党组织同脱贫攻坚有机结合起来，选好一把手、配强领导班子。

第二节　村官做好带头致富的艺术

一、村官在带头致富中要发挥好党支部的战斗堡垒作用

“自己富了不算富，大家富了才算富。”大家能不能富，关键要看能否发挥好党的基层组织的作用。党的基层组织是党在社会基层组织中的战斗堡垒，是党的全部工作和战斗力的基础，村党支部更是村里经济社会发展的领导核心。这就要求发挥村党支部的战斗堡垒作用，使党支部成为一面旗帜，引领经济发展，强村富民，让老百姓真正见到实效。农村党支部要以学习为基础，以服务为核心，以创新为动力，围绕提高政策水平、增强宗旨观念、完善工作方

法，进一步加强农村基层党组织建设。具体工作中要做到以下几点：

（一）谋大局，抓重点

村官一切活动的出发点和落脚点就是维护一方平安，带领群众致富，带动一方发展。这就要求一切决策都要立足实际，服从和服务于长远发展，科学有效地统筹谋划。村官工作直接面对老百姓，往往处于矛盾的焦点之上，分析判断事物发展要看主流、看趋势，谋事要善于牵“牛鼻子”，抓住事物的本质和关键环节；不能做“尾巴主义”，迎合一部分落后群众的思维和要求。要善于分清主次缓急，找准解决问题的突破口，以快刀斩乱麻。

（二）敢碰硬，善决断

农村工作千头万绪，社会稳定、经济发展、土地调整、宅基地划分、村务公开、邻里纠纷、班子建设、乡村文明，既有涉及全体村民的公共事务，又有村民个人诉求，还有上级的工作安排。面对复杂繁多的方方面面的任务，村官不能被动应付，玩“猫躲躲”，而要勇于面对，做好组织领导工作，既当指挥员，又当战斗员，敢于知难而上，碰硬较真。要注意工作方法，坚持矛盾不激化、问题不上交，就地解决问题；办事讲民主，问题讲协商，思维用法治。对于认准的事，只要条件允许、符合法律、村民认可、有益于村庄发展，就应果断决策，防止议而不决、贻误时机，错失发展机会，造成村民埋怨，影响党支部形象。

（三）善求知，勇创新

支部班子成员要深入研究中央精神，结合新的实际，分析发展中遇到的问题，找准问题症结，在学习中累积知识，找到解决问题的钥匙。要善于用创新的思维、创新的方法、创新的举措开拓新局面。防止支部班子成员故步自封、不思进取、碌碌无为，不干事、不作为，当庸官。这是衡量农村班子及其成员是否合格的重要标志，也是党对农村干部的一贯要求。

（四）强服务，聚民心

发展经济是农村第一要务，也是衡量农村党支部战斗堡垒作用能否充分发挥的关键。农村一切工作都要服从和服务于经济发展。要强化农村基层服务型党组织建设，发挥支部引领作用，在新型产业组织体系构建和农业新型经营主体建设上带动示范，适应现代农业发展需要，真正起到致富一方、引领发展的作用。同时，发挥基层党支部对农村党员的向心、凝聚作用，使党员关键时候站得出，危急时刻冲得上，利益面前坚决让，使群众感受到农村党支部、普通党员的力量。这样，群众就会团结在党支部周围，真心拥护党的方针政策。

（五）守党纪，严自律

党支部班子成员要自觉遵守党规党纪，带头把纪律挺在前面，尤其是严守政治纪律和政治规矩，增强政治意识、大局意识、核心意识、看齐意识，在思想上政治上行动上同以习近平同志为核心的党中央保持高度一致。每名班子成员包括普通党员，自觉树立党员意识，以党员标准严格要求自己，严格遵守八项规定；开展正常的党内政治生活，自觉运用批评和自我批评这一有力武器，查找问题和不足，防微杜渐。在涉及全村发展及村民利益的村庄规划、工程招标、扶贫救济、医疗养老、社会保障、对外接待等方面，严格遵守相关规定，严守“底线”，不踩“红线”，清清白白做人，干干净净做事。

二、村官带头致富要具备的素质和能力

村官长期工作在基层一线，是农村经济和各项事业发展的领路人，是党和国家路线、方针和政策在农村基层的直接实践者。一名优秀的村官，自己首先要有致富的本领，如果自己都不能致富、不会致富，怎么能带领大家致富呢？村官自己能致富至少应该具备以下素质和能力。

（一）事物的正确认知能力

村官能致富，首先自己是个“明白人”，对事物的认知快速准确，即使错了也能够及时纠正，并且能够清晰判断事物的发展趋势。

（二）灵活的市场意识

能够运用现代手段掌握市场信息、了解市场行情，准确把握市场节奏，预知市场“冷暖”，根据市场需求灵活调整经营思路。市场行情瞬息万变，在变化中把握好节奏、踏准市场节拍，需要的是把握市场商机的能力，指导农业生产经营。

（三）准确的政策把握

能够了解中央路线方针，及时感知政策变化，结合基层工作实际，把脉基层特殊的地缘区位、产业特点以及发展阶段，积极搞好政策对接，发挥政策的最大效应。每年的中央一号文件，都对全年的农业政策定出调子，中央倡导什么、提倡什么、要求怎样，既有中央的政策扶持，又有对基层党委政府的具体要求，作为村官，关键是在结合上做文章。

（四）善于创新发展

创新是发展的不竭动力，农村生产经营活动更需要创新。村官要尝试创新农业经营主体，积极主动发展农民专业合作社、家庭农场、种植大户；尝试股份经营、租赁经营、反租倒包；运用现代科技武装农业，在绿色种植、喷灌滴管、无土栽培等方面先行先试，趟出路子。

（五）善于学习的能力

走出去海阔天空。思路一变天地宽，留心处处皆学问。作为村官，要想致富，必须有善于学习先进的能力，学习他人（外地）的长处，包括理念、思路、手段、举措，用人之长补己之短，发挥“弯道超车”优势。这就要求村官要有进取之心，善于学习，封闭僵化脑袋就会固化，只能越拉越远，走不出落后的“方寸之地”。

（六）能够掌握一技之长

俗话说，“技不压人”。掌握一技之长，对广大农民群众来说，都是致富的“好帮手”，对于想带领村民致富的村官来说尤其如此，因此，要利用各种途径和方式学习好一门技术，包括种植技术、养殖技术、加工技术等，凡是能与市场经济有效结合、有益经济发展的先进技术等都可以学习。

三、村官带头致富需把握的关键

（一）选准致富路子

我们农村地域广大，自然环境、地理特征、区域位置大相径庭，基础设施、发展阶段、政策作用迥异，人文素质、文化背景、生活习俗、民族状况等也都不相同，这些医素决定了各地发展不能照抄照搬外地经验，应因地制宜，根据各自特点进行现代生产，宜农则农、宜工则工、宜商则商，农林牧副渔、种养加贸易流通，都是可选之项。问题的关键在于要体现地域特色，发挥自身优势。

（二）具有带富的能力

群众不希望看到村干部仅仅是“守成有余”，现在群众更看重的是村干部开拓进取，是否有带领群众致富的本领。要让群众致富，村干部要先尝试、先示范，让自己先富起来，干给农民看，然后带领农民干，带动周边群众了解接受新品种、掌握新技术、发展新项目，把致富的技能传给村民，达到共同增收致富的目的，这样的村干部才是农民真正需要的。

在带富能力的培育上，村官应大力扶持发展现代农业经营主体。农民专业合作社、家庭农场等农业新型经营主体是引领现代农业发展的主力军，是农村致富的“急先锋”。要坚持把加快发展农民专业合作社等新型经营主体作为创新农村经营机制的重要抓手，通过重点围绕某个主导产业和具有地方特色的名特优农产品，组建农民专业合作社，加快提高优势产业的产业化经营水平和农户的组织化程度，把主导产业和特色产品做优做强。

村级要以示范创建为抓手，以产业带动为导向，以平台搭建为载体，加大政策引导扶持力度，加强专业技术指导和服务，从完善制度、扩大规模、提高效益、规范化管理、示范性建设等方面，配合地方政府建立引导考核机制，全面提升农民专业合作社、家庭农场、专业大户等农业新型经营主体发展水平。

（三）组建专业合作社协会和联合社，建立产业运营组织体系

提高农业组织化程度，是推动农业从家庭分散经营向市场化合作经营转型，从粗放种植向标准化种植转型，从追求规模向追求品牌品质转型，实现生产的“组织化、标准化、品牌化”的必由之路，也是解决农民致富问题的有效途径。

村级应在扶持规范农民专业合作社建设的基础上，积极组建农民专业合作社协会并发挥其作用。同时，村干部应发挥牵头作用，尝试加强村与村之间的联合社建设，发挥横向联合优势；不论是种植业还是养殖业，在采购、生产、营销等环节实施组织化、标准化的运营模式，实现统一种苗，统一用药，统一技术，以生产的标准化控制提升种植过程的科技运用，推动农业提质塑牌，提高农产品市场占有率和土地产出率，提升农民富裕化程度。

第三节　村官带头致富工作中存在的主要问题与对策

一、村官带头致富存在的主要问题

（一）为官不为问题

个别村官占据“官位”却不想作为，心里只有自己的“小九九”。要么是挣个名，像有些人说的，咱也弄个官当当，出去有头有脸，回来趾高气扬，装出一个官派头，其实一个官迷；要么挣点小利，认为当上村官不仅有工资，每

年有上万元进账，或许还能通过官位挣点“外快”，希望迎来送往有人看得见，村内公共事业发展招投标，投标人意思意思，计划生育、民生社保服务对象对村官的关照表示谢意。还有的在村官任上，借着“官位”，利用人脉等各种资源优势，把自己的生意搞得风生水起，但是对集体的发展、村民的利益漠不关心，体现的都是私心。

凡是有这些表现和想法的人当上村官，村民只能自认倒霉，正如有村民所描述的，“又上来个和上任一样不干事的”。究其原因，这些人还是对为啥想当村官“心思歪了”，没往正路上使劲。这种人之所以能“上位”，与宗族势力或是外部力量的介入有很大关系。

（二）封闭落后、保守固化

不少地方的农村迟迟发展不起来，与村官的能力不足有很大关系。有的位置偏远，交通闭塞；有的地处山区，地形复杂，出行困难，通信落后，这种情形导致基础设施差，文化教育落后，村民文化程度普遍不高。在这种环境下的浸染下，村官往往因循守旧、不思进取，致富渠道不宽、带头致富能力不强。

这与他们所处的环境、所受的教育有很大关系。知识改变命运、教育提升素质并不是一句简单的口号，而是真知灼见。见有多广，心有多宽，行有多远。素质能力提升成为不少村官亟待解决的问题。

（三）能力差，缺乏开拓创新意识

不少村官抱怨多、干事少，强调困难多，开拓创新少。有的对中央“三农”政策不知道、不了解，更不会去落实，在发展经济上束手无策、有畏难情绪。有的村官长期不见踪影，群众有事相求更是难上加难。对发展集体经济一筹莫展，村干部工资开不出来，班子成员无心干事，工作被动应付多，主动出击少，更谈不上创新。

（四）班子软弱涣散问题

有的村“两委”班子年龄偏大，60 岁左右的不在少数，导致干事无激情、工作无闯劲，“老牛拉破车”，得过且过，不思进取，“当一天和尚撞一天钟”；干部后备力量不足，在后备干部培养上，不少村没有进展，怕年轻人起来顶了自己的位置，换届面临着无人可选只能凑合的境地。

还有的村班子不团结、闹矛盾、搞内耗，争权夺利，派别之争、宗族之争扩大化，严重影响村班子的凝聚力，更形不成向心力、战斗力。

二、解决村官带头致富存在问题的主要对策

（一）完善机制、强化制度约束，培养干部担当意识

进一步完善农村优秀干部脱颖而出的机制，包括发现、培养、选拔、使用、考核、激励、奖惩等内容，使优秀人才愿意到农村工作、能够到农村更好地开展工作。乡镇党委政府年初应与村“两委”签订目标责任书，年终进行全面考评，考评结果与村干部的报酬、奖惩、任免挂钩。

要有制度支持、组织保障、经费保障，建立村干部工资待遇财政专户，根据村级规模，采取“固定工资＋绩效补贴”确定待遇标准，实行县级统一管理，规范运作，确保在职村干部的工资待遇及时足额发放到位，稳定村干部队伍。

对那些大胆工作、敢于负责的村干部要态度鲜明地支持，对那些为官不为、占位不做事的村干部要进行教育或及时进行调整，保证农村班子尤其是支部书记这个“主心骨”不能缺位。

（二）以素质能力提升为基础，解放思想、开阔视野

对于交通不便、封闭落后地区，上级政府部门在财力上要重点倾斜，瞄准精准扶贫、实施产业带动，尤其在基础设施方面要加大投入力度，加快老少边穷地区教育、文化、卫生、社保、养老等基本公共服务统筹步伐，使这些地区的群众在享受发展成果的同时，强化技能培训，进一步提高素质。

要组织村“两委”班子成员有计划分批次走出去，到先进地区考察学习、挂职锻炼，解放思想、开阔视野，增强服务本地加快发展的本领。

（三）上下结合、左右联动，增强创新意识

组织、民政、经管、妇联、共青团等部门要定期组织好各类村干部的培训，把握好中央省市县的相关政策精神，结合地方实际、自身实际，以工作开展为抓手，以经济发展、服务民生为平台，鼓励村官大胆创新、宽容失败；以本地先进村社企为标杆，抓好对典型的剖析，解剖麻雀，找出自身发展的问题症结所在，对症下药，分类实施。

也可以建立帮扶机制，利用各地开展的第一书记下乡、包村驻点，切实帮助被帮扶村建立起发展的长效机制。

（四）加强村级班子建设，形成发展合力

对年龄偏大的村级班子要及时调整，打破地域界限，把那些政治素质高、

群众威信高，组织协调能力强、致富带富能力强的“双高双强”的年轻人尽早安排进班子，参与村级事务。参选范围可扩大到大学生村官、私营企业主、在外经商打工人员、复退军人。对后备人选，安排外出学习培训和班子成员传帮带，帮助他们提高思想素质，增强服务意识，掌握工作方法，增加工作经验。逐步把不是党员的培养成党员，表现优秀的培养成村党组织书记。

对村班子不团结、闹矛盾的，要派驻工作组，了解村情民意，争取大多数。首先要把村内党员组织起来，开展好党内政治生活，进行批评和自我批评，充分发扬民主，维护党员基本权利，查找分析问题。对有问题的村干部要逐一分析排查，对作风不民主、问题较多的干部在调查清楚之后进行党纪处分，构成违法犯罪的要走法律程序，及时改选补全班子，树立新任村官的威信，增强党支部领导下的村“两委”班子的凝聚力、号召力和战斗力。

典型案例

城中村科学发展个案

一、个案基本情况

山东省寿光市圣城街道东关村，30 年前贫穷落后，村民主要依靠种地为生，人均收入 370 元，集体没有什么工副业项目，到 1987 年集体欠债 23 万元。30 年后的 2015 年该村实现集体经济年销售收入 10.6 亿元，纯收入 1.45 亿元，上缴税金 2355 万元，村民人均纯收入超过 4 万元。这里关键有一位好当家——党支部书记马景海，让我们探寻其带领村民致富腾飞的足迹。

二、案例推进过程

1. 做大蛋糕，产业实现工商并举

1988 年 8 月，31 岁的马景海临危受命担任东关村党支部书记。此前，他在城关公社建筑公司工作过 4 年，在东关建筑公司担任了 7 年经理。

见多识广、善于学习是马景海的强项。上任之初，经过多方求证、实地调研，马景海提出了“以工促农、工业强村”的发展思路。1990 年，东关村办起了第一个企业——灯具厂，当年收入 36 万元。此后，村里依托原有的建筑公司资源，陆续上马了装饰公司、塑胶公司、玩具厂等企业。

敢闯敢试是马景海的个性。1992 年村里多方筹资 360 万元，建起一个铝型材市场，当年为村里带来近百万元的收入。同年，东关村组建寿光东升经济开发总公司，马景海兼任总经理。到 1993 年，村办企业达到了 11 家。1994

年，总公司实现产值2.2亿元，利税达到2160万元。

有些人守着资源不会用，而马景海是个会借船出海的人，并且是个驾帆远洋的高手。东关村是个城中村，如何利用这个优势并且借助寿光市区规划东扩的机遇，一直是马景海及其他班子成员思考的重要问题。

从1999年开始，东关村借助位于寿光银海路两旁的区位优势，频频施展拳脚，商业与资本合作的好戏、大戏连台，寿光老城商业重心形成渤海路与银海路争雄态势。东关村的集体资产蛋糕越做越大。

2. 分好蛋糕，体制改革激发活力

随着集体经济的壮大，东关村的问题逐渐暴露：村级事务管理与集体企业发展的纠葛，村民与村干部之间因村集体资产管理与处置等方面引发的矛盾若隐若现，已经到了必须拿出对策进行决断的时候。加快村级集体经济发展，必须理清村居、企业、群众等几方的权、责、利，集体经济股权改制迫在眉睫。2009年下半年，寿光市、圣城街道改制领导小组成员以及东宇集团、东关社区相关人员先后多次外出考察，经过几番研究讨论，在广泛征求党员群众意见的基础上，从明晰产权、激发活力入手，按照“统筹贡献、按人分配、保证收益”的原则，经审计评估参与改制的经营性净资产达2.1亿元，获得有表决权的村民95.7%的赞成票，2010年1月18日山东东宇工贸集团有限公司召开创立大会，标志着东宇工贸集团改制完成，成为寿光市975个村中率先推行集体企业股份制改革的村。

通过集团改制，发生了“三大变化”：一是实现了集体资产从“人人虚有到人人持股”的本质改变，建立了权、责、利相统一的现代企业制度，居民股占总股本2.1亿股总额的45%，该股按人头平均量化分配给社区全体居民，社区611户居民平均每户持16万元股份，2366名居民成为股东，居民股持有人有分红权、表决权。同时兼顾奉献、岗位的原则，适当照顾做出特殊贡献的和处于重要岗位的，体现了公平优先，兼顾效率。二是实现了村级集体经济与市场机制全面接轨，社区与集团从管理上彻底分开，调动了社区居民参与集体经济的积极性，为东宇集团经济提供了前所未有的发展空间和强大推动力。三是实现了集团效益的裂变式增长。2010年，改制第一年纯收入净增1600万元；2011年，集团纯收入达到7200万元；2015年，集团纯收入实现1.89亿元，是改制前2009年的5倍。

东宇集团建立企业运营长效机制，规范管理，定期召开股东代表会议，对企业经营、收支预算、成员报酬等重要事项实行民主审议、内部考核、以岗定职、以考定酬，保证了企业的健康平稳发展。集团还富于民，让社区居民直接分享公司发展成果。2010 年，社区为60 岁以下（不含60）、60 岁以上、80 岁（包含80）以上股民每人分别提供6200 元、7935 元、8215 元分红福利；2015 年，社区为60 岁以下、60 岁以上、80 岁以上股民每人分别提供 10815 元、13605 元、13905 元，他们既是东宇的股东，又是东关的主人。股份制改革，理顺了分配关系，调动了股民的积极性，同时也实现了融资和积累的相互协调。

3. 创新模式，强化产业转型升级

在本村土地资源日益紧张的情况下，东关村眼光向外，借助自身工商及资本优势与本市有关村强化联合，通过“两种模式”实现合作共赢。第一种，“村企联建”模式。2012 年 3 月份，东宇集团与文家街道文家村、大尧村签署合作协议，以“土地入股”“村企联建”形式，共同建设东宇金海商城项目。仅此项目每年销售收入 2.6 亿元、利税 3000 万元以上。同时，每年给文家村带来 200 多万元的净收益，带动周边 1800 人就业。第二种，“多方联建”模式。东宇集团联合鲁商集团、上海燎申集团，与周边村合作，共同建设上海车配龙山东寿光国际汽车广场项目。该项目一期投资 3 亿元，建设面积 10 万平方米，辐射带动 5000 人就业，还可为以“土地入股”形式参与联建的几个村每年创造上千万元的红利收入，直接带动三村跨入全市富裕村行列，实现了合作共赢。

此外，东宇集团主动适应“互联网 +”的大背景，依托东宇金海商城开辟了寿光 CED 电商聚集区。整个聚集区划分为四大板块，全部采用创新的专业市场与电子商务、线下销售与线上销售相结合的运作模式，为入驻的青年创业者提供两年免租商铺，10 万元以内创业全额贴息贷款，各类创业、职业、电商培训以及免费考察学习等优惠政策，为各类创新人才借助“互联网 +”实现创业梦搭建了一流的平台。

4. 整合优化，促进产业链式发展

东关村通过做三篇文章，促进产业繁荣，实现村级经济多元化。第一篇文章，通过产业结构调整，巩固规模发展优势。按照“依托区位优势、实现三产富民”的思路，整合优势资源，加快布局调整，从 1999 年至 2014 年，先后投资 3000 万元、3000 万元、1.2 亿元、1.2 亿元、1.9 亿元建设了东亚家具城、东亚家居饰品广场、中百大厦、银座商城、中百益家园建材家居广场等一批优势项目，引进了潍百集团、鲁商集团等一批知名企业，集中打造了银海路商贸服务、正阳路特色餐饮、金光街文化教育、广场街百货家居等特色街道，培育了汽车交易、铝型材批发等一批规模化专业市场。第二篇文章，通过延伸支柱产业，放大链式发展优势。突出主业、链式运作是东宇集团在发展中探索确立的一种卓有成效的发展模式。近年来，东宇集团围绕房地产业链条延伸，向上建设了建筑安装、水泥制品、建材批发等产业，向下上马了建筑配套、装饰装修、物业管理等公司，构建了完整的房地产产业链。同时，在社区区域内形成了"商贸—餐饮—购物—娱乐—住宿"等完整服务产业链条，打造成了配套完善、结构合理、繁荣兴旺的现代服务业集聚区。第三篇文章，通过拓宽产业领域，形成持续发展优势。在做大做强服务业经济的同时，把发展的触角向金融、网络科技、教育等领域延伸，东宇集团已由过去较为单一的投资性企业逐步发展成为拥有钢构公司、商贸公司、鸿翔木业、金海建材等16处集体企业的综合性集团公司，形成了坚实的"一主多元"的产业发展格局。借助区位优势和资源优势，东关社区在盘活资产、促进产业发展的同时，极大地促进了社区居民就业。

5. 加大投入，发展成果惠及民生

东关社区通过发展教育、完善保障、改善村居环境等措施，提升社区居民的幸福感。

一是发展教育事业，优化教学环境。2010年6月，投资5000多万元建设的东关小学、幼儿园交付使用。该校教学楼、图书馆、音乐食堂等基础设施为国内一流标准，是寿光市首屈一指的村办小学。该校在全市率先采用地源热泵技术为学生提供环保节能的供暖和制冷，仅此一项就投入300余万元。在改善本社区孩子就学条件的同时，还解决了周边儿童的就读问题。社区每年都从集体积累中拨出教育专款，用于教学和师生福利。考上大中专院校的学生都得到一定的奖励，本科生奖励2万，研究生奖励5万。二是加大养老保障，树立关爱新风。社区居民的分红和福利补贴，基本能解决老年人生活保障问题。东关村积极探索适合"村民"到"城市居民"转变的社会保障制度，使居民在改制后，养老、医疗有保障、有依靠。社区还为居民免费提供生活用水，为全体居民代办了家庭财产保险和新型农村合作医疗、代交了有线电视收视费。三是抓好环境整治，改善村居环境。为改善居住条件，社区投资300余万元为前苑小区和金光街北新区配套完善了水、电、暖等基础设施。以国家卫生城市复审为契机，加大环境综合整治力度，拆除居住区周边养殖小区29家、非法废品收购站5处，并对社区卫生进行了环卫托管，居民生活环境和村容村貌大为改善。

三、案例成效评估

1. 推进了“城中村”城市化

“城中村”城市化是中国城市化过程中的必然选择。我国城市化水平还处在一个较低的层次，近年来随着经济社会的发展，城乡一体化进程的加快，城市居民与农村居民的界限正在逐渐消除，大多数地方都在创造条件鼓励农民进城落户。作为“城中村”的东关社区，其改革打破了城乡二元结构，改变了过去由于村居混杂、地域交错而带来的管理职责不清、标准不一、体制不顺的状况，适应了寿光城市加快发展的需要；将东关社区纳入到整个城市规划的一盘棋中，把旧村改造与房地产开发结合起来，可进一步加快“城中村”城市化、村民变居民步伐，提升居民素质和城市形象。

2. 推动了产业结构转型升级

在我国，城镇化的发展大多是以工业化为基础的。由于我国工业发展起步晚，科技支撑力度弱，往往存在高投入、高能耗、高排放、高污染、低效益的粗放经营方式，与当前中央提出的“创新、协调、绿色、开放、共享”的新发展理念不相符，转方式、调结构的压力大、难度大。改制后的东宇集团以服务业为主体，并适当发展其他产业（生产型企业仅占集团总资产的30%左右），增强了集团发展的抗风险能力，突出了科学发展这一主题，符合国家转方式、调结构的要求，实现了发展方式的根本转变。

3. 实现了社区居民充分就业

我国“城中村”农民绝大部分已脱离农业，转向其他产业，但这些农民大多存在文化程度低、专业技能缺乏，许多仅仅依托出租房屋的租金和村集体的福利生活，缺乏其他正常劳动收入。东关村通过改制，改革“城中村”村集体经济组织，把集体资产量化到人，村民以股东的身份参与村集体经济组织的管理与监督，享受相应的收益分配权益；通过培训实现就业，从根本上解决了“城中村”居民的出路问题。股份制改革使经济发展的后劲更足，为教育、文化、养老、基础设施等民生事业的持续投入提供了源泉。同时通过“城中村”改制，把村民统筹到城市经济、社会、文化等方面发展之中，提升和改善居民的物质和精神生活条件，进而从根本上、长久地保障群众利益。

四、几点启示

1. 强本固基，实践为民宗旨

党的农村基层组织是党在农村全部工作和战斗力的基础，村级班子建设是农村基层组织建设的重中之重。作为村社企合一的党的基层组织，东宇集团党委始终把班子建设作为根本来抓，换届选举中，集团党委书记马景海在全体党员中以98%的选票高票当选，顺应了社区居民意愿。加强班子作风建设，强化廉政勤政教育，狠抓党员素质提高，以学习促队伍建设，以队伍建设促进理念转变。正是在以人民为中心的理念指引下，集团党委忠实实践为民服务宗旨，真正做到权为民所用、情为民所系、利为民所谋。近年来，马景海同志先后获得山东省优秀共产党员、富民兴鲁劳动奖章获得者等10多项荣誉称号，东关社区被评为寿光市先进基层党组织、潍坊市先进基层党组织、文明单位、全国民主法治示范村。这些荣誉，就是对马景海为首的班子实践为民宗旨的最好诠释。

2. 因地制宜，找准发展路子

发展为先，注重特色。东关社区形成以三产服务业为中心，以商贸流通服务为特色的发展路子，符合了国家转方式调结构的需要、寿光城市发展的需要和东关社区的实际，这是我国改革开放近40年发展成果在东关社区的集中体现，是东关社区科学发展、和谐发展、率先发展的有力佐证。东关社区注重长远规划，走出了一条可持续发展的路子。

在农村城市化、社区化过程中，如何引导组织农民发挥自身特点，找准发展路子，发展优势产业，致富一方，成为衡量村官致富带富能力的重要标准。

3. 创新机制，破解发展难题

思想解放的力度决定改革的深度和发展的程度。思路一变天地宽，机制创新使东关社区完成了股份制改革，社区走上了快速发展的路子。机制创新，东关社区在城区黄金宝地建设物业出租而不出卖土地，社区80%的土地资源被保留下来，为以后持续发展奠定了基础。占地200亩，投资达6600万元的潍坊科技学院体育中心，投资迁建的寿光口腔医院门诊楼等大型出租物业都是机制创新的结果。

作为可以借鉴的地方，在农村产权改革、“城中村”改造或村庄社区化过程中，能否把土地作为股份入股成为解决我国农村城镇化、农业现代化的一个关键问题，也是我国农村能否可持续发展的根本问题，因为中国农村、农民、农业的根本问题是对土地的占有、使用、收益的问题。

本章小结

2020 年是我国“两个百年”奋斗目标之“第一个百年”的关键节点，即全面建成小康社会。全面小康的重点和难点都在农村，尤其是农村贫困人口的脱贫问题。了解当前我国农村扶贫状况，才能根据中央扶贫工作精神，结合地方实际，有针对性地制定指施，精准施策，对症下药，解决困扰农村发展的问题。作为党的路线方针政策在农村的“代言人”、贯彻落实的具体责任人、农村脱贫奔康的领路人，村官发挥着不可替代的作用。村官带头致富需要具备一定的条件和素质，要有一定的能力和胸襟，要有一定的方式方法。特别是面对农村的困难和问题，能够做到解放思想、开拓创新、敢闯敢干，从这层意义上说，村官带头致富更是一门科学和艺术。

思考题

1. 农村扶贫的概念、对象及扶贫意义是什么？
2. 新时期中央扶贫的最新精神有哪些？
3. 村官带头致富中如何发挥党支部的战斗堡垒作用？
4. 村官带头致富存在的问题有哪些？
5. 结合实际，谈谈在农村工作中村官如何带头致富。

第八章　村官做思想政治工作的艺术

学习目标

了解新时期农村思想政治工作的重要性；掌握新时期农村思想政治工作的主要任务；理解掌握新时期农村思想政治工作的特点；掌握做农村思想政治工作应该遵循的原则；掌握做农村思想政治工作的方法和艺术；了解新时期农村思想政治工作中存在的主要问题；掌握新形势下做好农村思想政治工作的对策。

学习内容

做好思想政治工作是农村干部工作的重要组成部分，思想政治工作的好坏，在某种程度上决定和制约着党在农村工作的成败。在新的历史时期，农村工作不断出现新的情况与问题，能否为新时期农村思想政治工作“把好脉”，并灵活运用思想政治工作的方法和艺术，实现“对症下药”，是农村各级党组织面临的一个重大课题，也是摆在每一个农村干部面前的一项十分重要和紧迫的任务。

第一节　新时期农村思想政治工作的重要性及任务

一、新时期农村思想政治工作的重要性

随着改革开放的深入进行以及社会主义市场经济体制的建立和完善，我国农村发生了巨大而深刻的变化，迫切需要加强和改进农村思想政治工作，并运用各种方式增强思想政治工作的艺术性和有效性，实现农村社会的全面进步和稳定。

（一）思想政治工作是党的路线、方针、政策在农村得以正确贯彻执行的保证

党在农村的一切工作靠人去贯彻并最终得以落实到广大人民群众中去，而人是现实中的人，都是有理想的。在农村，由于农村干部和农民的素质参差不齐，在这种现实条件下，人的思想就很难统一到党的思想、路线、方针、政策上来，必须要借助一定的手段和方式，这就是思想政治工作。所以思想政治工作是党一切工作的灵魂，是做好其他一切工作的生命线，只有依靠强有力的思想政治工作，党的路线、方针、政策才能变为广大农民群众的自觉行动，才有可能真正得到贯彻和落实。

（二）农村思想政治工作是密切党群干群关系的基础

由于农村干群之间存在着千丝万缕的联系，受家庭、宗族及其他因素的影响，加之农村干部对政策的宣传不到位，工作中有疏忽，甚至由于工作方式方法上存在不足，导致干群矛盾很难避免。虽然这些矛盾有时会自生自灭，但在更多的时候需要靠思想政治工作来化解。实际工作中，如果思想政治工作跟不上，干群之间矛盾就会由少积多，由小变大，有时还会导致矛盾升级，影响农村工作的开展，甚至会导致一些突发性案件的发生，影响农村稳定。必须看到，目前在我国农村虽然也存在因农村干部腐败而引起的干群矛盾，但并不是主要方面，其主要方面还是由于村干部的工作能力、工作水平等引起的，且是因为思想工作不到位而存留的旧有矛盾。因此，要强化农村思想政治工作，农民群众才能真正理解农村干部为群众服务的良苦用心，才会与农村干部同心同德，同舟共济。所以，思想政治工作是密切农村党群干群关系的基础。

（三）农村思想政治工作是提高村级党组织战斗力的重要手段

农村思想政治工作是提高村级党组织战斗力的重要手段，主要表现在以下几个方面：一是只有通过思想政治工作，才能充分调动每一位党员干部的工作积极性，使村级党组织具有生机和活力；只有通过思想政治工作，才能提高广大农民群众的思想觉悟和认知水平，使村级党组织具有一个良好的工作环境；三是只有通过思想政治工作才能团结群众、组织群众，提高村级党组织的战斗力；四是只有通过思想政治工作才能加强与群众的沟通和联系，并在沟通中获得群众的理解和支持，从而增强村级党组织的凝聚力和号召力。目前，在我国部分农村党组织的核心领导作用之所以出现弱化的趋势，在很大程度上是因为思想政治工作做得不够好，这一点早已被农村先进党支部的发展实践所证实。

因此，提高村级党组织战斗力，必须强化思想政治工作的地位和作用。

二、农村思想政治工作的任务

（一）进行党的理想信念教育

要抓住思想理论建设这个根本，对广大农民进行马列主义、毛泽东思想、邓小平理论、“三个代表”重要思想、科学发展观教育，带领广大农民认真学习贯彻党的十八大，十八届三中、四中、五中、六中全会精神和习近平总书记系列重要讲话精神以及治国理政新思想新理念新战略，统筹推进“五位一体”总体布局，协调推进“四个全面”战略布局，深入开展中国特色社会主义理想信念和中国梦的宣传教育，全面提高农村党员群众的素质能力，使广大农民群众了解这些理论的主要内容，明确现阶段党在社会主义初级阶段的基本纲领和根本任务，从而使广大农民群众坚定道路自信、理论自信、制度自信、文化自信，进一步转变思想，更新观念，促进农村改革开放深入发展，为全面建成小康社会、不断夺取中国特色社会主义新胜利、实现中华民族伟大复兴的中国梦提供坚强保证。

（二）进行党在农村的路线、方针、政策教育

以稳定和鼓舞民心为目的，对广大农村党员和群众，有针对性地进行中央关于农村、农业、农民问题的一系列路线、方针、政策的教育，贯彻落实好各项改革惠农政策，使他们对党的农村政策放心，进而鼓舞信心，稳定以家庭联产承包为主的责任制，不断完善统分结合的双层经营体制，积极推进农村土地所有权、承包权、经营权分置改革，激发农村发展活力，建设富裕、文明、和谐的社会主义新农村。

（三）加强社会主义核心价值观教育

社会主义核心价值观，是共同理想在国家、社会、公民不同层面的价值表达。要坚定全体人民的共同理想信念，必须坚持不懈地用核心价值观凝魂聚力，为农村经济社会发展提供源源不断的精神动力和道德滋养，使广大农民群众自觉抵制错误思潮和腐朽文化的侵蚀，坚定正确的价值取向，实现中华民族优秀传统文化的创造性转化、创新性发展，展示中国农民的现实正当文明追求和文化素养。

（四）进行社会主义市场经济知识教育

改革开放以来，虽然农民市场经济观念逐渐增强，但仍有许多人思想观念

陈旧，面对市场经济无所适从。所以，要加强市场经济知识教育，提高农民的市场主体意识、市场风险意识和诚信意识教育，使“一处失信、处处受限”的信用惩戒规则深入人心，把握和尊重市场经济的运行规则，增强农民驾驭市场经济的能力。

（五）进行社会主义民主法治教育

随着我国社会主义民主法治进程的加快，农民群众的民主意识和法治意识有了增强，越来越多的群众懂得用党的方针、政策和法律知识来维护自己的权益，但是不习惯也不愿用法律和道德来规范和约束自己的言行，无形中给党的群众工作带来了阻力。这就要求充分发扬基层民主，让群众参与、决策、管理，畅通民意渠道，促进农村民主建设；同时要对广大农民进行《宪法》《刑法》《行政诉讼法》《婚姻法》《土地管理法》等一系列法律法规的教育，积极引导广大农民树立法治思维、提高法治观念，自觉做到尊法学法守法，严格依法办事，依法致富，这是做好农村思想政治工作的内在要求，也是思想政治工作迫在眉睫的重要任务。

第二节　村官做好思想政治工作的艺术

一、新时期农村思想政治工作的特点

在改革开放不断深化、社会主义市场经济迅速发展以及新媒体猛烈冲击的新形势下，农村出现了很多新情况、新问题，给做好群众思想政治工作带来了许多挑战。如何做好农村思想政治工作，解决这些新问题，化解这些新矛盾，是广大村官面临的新课题，需要我们在工作实践中不断探索和总结。

（一）利益诉求多元性

在新型分配方式下，农村群体之间的利益差距不断加大。由于经济水平、文化层次、社会地位的不同，群体及个体间的物质和文化需求差异明显，农村思想政治工作的对象和需求呈现出层次化和类别化的特点。这要求思想政治工作必须分类进行，因人而异，提高针对性。

（二）干群思想上距离性

干部与群众之间应是鱼与水的关系，思想一致，感情融洽，这样才能共同推动经济社会的发展进步。因各种因素的影响，不少基层组织对群众的黏性越

来越小，导致很多地方干群关系在实践中越来越疏离。久而久之，部分群众便产生了对抗心理，给干群之间的沟通交流增加了障碍和难度。

（三）信息技术迅猛发展与工作手段滞后的矛盾

当前，网络已经成为人们日常生产生活中接受信息、沟通联系的主要渠道，网络社会和现实社会互动日益加深，传统的工作手段显得被动和滞后，跟不上信息网络时代的变化节奏，如何不断创新突破，实现网上网下的有效结合，增强工作针对性、实效性，是必须抓紧破解的一道难题。

二、农村思想政治工作应遵循的基本原则

农村思想政治工作面临的是千差万别、千变万化的活生生的人，除了应重视它的重要性，还应该坚持以下基本原则。

（一）继承和创新相结合的原则

我党历来十分重视思想政治工作，有正确的指导方针，有一套行之有效的基本方式方法，积累了丰富的工作经验，我们应该很好挖掘、总结、概括和继承，结合今天的实际，加以灵活运用。同时也应该看到，不同历史时期党的总任务不同，思想政治工作的形势和社会环境也发生了变化，与此相适应，思想政治教育的指导思想、内容和方法也应有新发展，因此必须坚持、继承与创新并举，既汲取传统教育经验和方法的精华，又抛弃不适合当前形势的做法，并补充新的举措，其根本目的就是要使思想政治教育符合客观规律，具有较高的社会实践效果。

（二）适用与实效相结合的原则

讲求适用与实效是农村思想政治教育的出发点和落脚点。要特别反对搞花架子，搞形式主义。必须从客观实际出发，对教育决策进行可行性研究，力求做到主观与客观的统一，把近期的促进作用和远期的持续效果结合起来，把简单的说教转化为经常性的与农业生产和农民生活密切相关的丰富多彩、形式活泼的文体活动，寓教育于娱乐之中，潜移默化长久持续地影响和教育广大农民，使农村思想政治教育更具有针对性、群众性、持久性和有效性。

（三）身教与言教相结合的原则

思想政治工作不仅要靠言教，还要靠身教，身教与言教相结合的原则是我们党的优良传统。在对群众进行言教的同时，还必须对自己严格要求，身体力行，言行一致，做好表率，用自己的模范行动影响和教育群众。凡要求群众做

到的，自己首先要做到；凡要求群众抵制的，自己首先抵制。这是我们党的干部的优良品质。如果做思想政治工作的同志言行不一，广大群众难以心悦诚服地接受这种教育，甚至会产生反感情绪。所以，做思想政治工作，必须坚持身教同言教相结合，身教重于言教的原则，做到以身作则，言行一致。这既是我们党的思想政治工作具有强大说服力和生命力的重要表现之一，又是思想政治工作者应当具备的优良品质和必须坚持的一条重要原则。

（四）疏导和法治相结合的原则

思想政治工作要立足于耐心的疏导，教育不怕麻烦，要坚持不懈，不怕曲折，反复工作。当然，疏导教育并不是万能的，如果触犯了党纪国法，那就要实行纪律和法律处分。党的十八届四中全会提出全面推进依法治国建设社会主义法治国家的治国方略，思想政治工作也应纳入法治化的轨道。厉行法治也是一种教育形式，与疏导教育相辅相成。纪律和法律处分以后，思想政治教育还要紧紧跟上。在把握疏导和法治相结合的问题上，既要防止脱离疏导教育的单纯惩罚主义，又要防止片面强调说服疏导教育，不实行严格的纪律或法律的约束。而要把两者很好结合起来，这是我们做思想政治工作必须坚持的一个重要原则。

三、农村思想政治工作的方法与艺术

在农村，农民的思想政治素质是有差异的，存在思想问题也是不尽相同。因此，对农民进行思想教育应根据不同层次、不同群体、不同的人，采用不同的方式方法，并要讲究思想工作的艺术性，这样才能取得事半功倍的效果，使思想工作做得更好。

（一）农村思想政治工作的方法

思想政治工作的方法，也就是思想政治工作者为完成思想政治工作任务，实现思想政治工作的目的而采用的各种方式、办法和手段。在当前农村新的形势下，村官要做好思想政治工作，就必须掌握和灵活运用各种思想政治工作的方式方法。

1. 正面灌输法

思想政治工作者通过各种形式的学习活动，把马列主义的真理和党的路线、方针、政策宣传到农民之中。实践证明，正面灌输法是农村思想政治工作中不可缺少的形式，它在创造舆论氛围、更新思想观念和提倡先进道德等各个方面都发挥着积极作用。通过正面灌输法，加强对农村党员干部和全体农民的理想信念教育。对农村党员群众进行共产主义理想教育，马克思主义世界观、人生观、价值观教育，进行爱国主义、集体主义和社会主义的教育，使广大农村干部群众把自己的利益与国家民族的利益联系起来，增强主人翁意识，把自己的思想和行动凝聚到维护社会稳定、发展农村经济、实现共同富裕上来。

2. 说理教育法

由于农民的理论水平和思想水平的不同，他们分辨是非的能力也就不同，要使他们能够正确地认识事物，农村思想政治工作者必须对他们进行说理教育。例如，有的农民对政策的看法不够科学，带有片面性，村官在做群众思想工作时，可以通过辩证分析和举证，诱导启发农民，提高理解政策的水平等。要善于在日常工作生活中，对群众进行说理教育，纠正群众的错误观念，消除群众内心的疑虑误解，彻底改变他们的错误看法。另外，在对他们进行说理教育时，还应该注意语言的运用。要多用热情、通俗、贴心的语言，切忌说大话空话，言之无物，更不能语言粗鲁，甚至恶语伤人。总之，说理教育既是一个认识提高的过程，也是一个诱导感化的过程，村官要把两者有机结合起来，才能达到良好的教育效果。

3. 典型示范法

典型示范法就是通过树立典型，引导教育农民的工作方法。发挥先进典型的模范引领作用，把他们的进步思想、优秀品质和模范事迹宣扬开来，展现社会主义的时代风貌，引领人们追求的正确方向。村官要善于发现和总结先进典型，并注重实事求是地宣传先进典型，形成崇尚先进、学习先进和争当先进的良好风气。例如，在农村广泛开展“文明家庭”“守法模范”“致富能手”“好媳妇”“好婆婆”“孝老敬亲”等评比活动，弘扬农村思想政治教育的主旋律，凝聚社会主义正能量，逐步形成一个热爱先进、支持先进、尊重先进、争当先进、赶超先进的良好社会风气。

4. 重点突破法

搞好思想政治工作，不能眉毛胡子一把抓，要突出重点。即集中主要力量，解决在全局中最重要最具有决定性的问题和矛盾，以此来带动其他问题和矛盾的解决。重点突破法中的重点，主要包括一些热点、难点问题，比如着重对农民进行政策教育和法制教育等。但特殊情况下也会有例外，诸如邻里纠纷，事情虽然不大，但解决不好也会引起突发事件，这应引起村官的重视，也可作为一个重点来对待。因此，运用重点突破法，需要村官在认真调查研究的基础上，选准重点，然后集中力量突破。值得注意的是，在解决问题时切忌强行突破，而要学会运用思想政治工作的艺术灵活处理，将问题妥善解决，巧妙化解。

（二）农村思想政治工作的艺术

思想政治工作既是一门科学，又是一门艺术。要做好农村思想政治工作，不仅要遵循它的客观规律，掌握科学的理论和方法，而且还必须讲究机智、巧妙、灵活并富有创造性的工作艺术。

1. 寓教于乐

村官在做农民的思想工作时，要采用灵活多样的方式方法，寓教于乐。例如，在教育方面，可建立农民夜校、农民专业技术学校等，并且经常组织村民进行文化知识竞赛、农业技术大赛等各种竞赛活动，对于比赛成绩好的，给予荣誉和物质奖励等等；在文化娱乐方面，可建立图书馆、文化广播室、电影放映室等，也可举行节日晚会、广场舞展示、趣味运动会等各种各样的文体活动；在社会舆论阵地方面，可以成立党员议事会、村民议事会、道德评议会、红白理事会等；在宣传方面，可以借助书籍报刊、黑板报、宣传栏、村建网站等多种媒介进行宣传。依托这些灵活多样的方法，使农民在寓教于乐的活动中充实生活，陶冶情操，提高素质，把思想政治工作融入每个家庭，融入每位村民的心中。

2. 解民之难

就是要将思想政治教育与解决农民的实际困难相结合。农村工作难做，其实是有深刻的历史背景的，各种矛盾、意见的背后，都与农民实际问题的解决有关系。如果我们不注重从实际出发，帮助农民排忧解难，思想政治工作就会脱离群众，成为空中楼阁，得不到广大群众的信任和支持。所以，思想政治教育与实际问题的解决必须有机统一起来。一要了解群众都有什么实际困难，只有了解了群众的实际困难，才能有的放矢地开展工作。二要着重解决群众中反映比较多、影响比较大的困难，以此作为突破口带动整个工作的开展。三是对于一时无法解决的问题，要与群众解释清楚，以获得群众的理解和谅解。从解决农民的实际问题入手，倾听群众呼声，关心群众疾苦，实心实意为群众办实事，才能得到广大群众从心底里的信任和支持，这样，才会更加得心应手地开展好思想政治工作。

3. 以情感人

讲究情感艺术，以情感人，是提高新时期农村思想政治工作实践的有效方法之一。思想政治工作的过程既是思想交流的过程，也是情感交流的过程，在思想政治工作中如果只重视前者而忽视后者，就会导致片面化、简单化。因此，在做思想政治工作时，必须重视情感因素，要以情感人。然而，情从何来，这是每一位村官所要面对的问题，作为一名村官，要处处关心农民，心里想着农民。为农民服务，还要会讲会说，说到群众心坎里，用言语说服农民群众，最后还要勤跑腿，勤到百姓家里去看看，征求群众的意见。只有这样才能与群众建立起良好的感情。处理农民的问题时，学会换位思考，并且坚持做到客观公正，这样百姓才会信服，才能够用真情打动群众，思想政治工作才更具有感染力和渗透力。

4. 因人施教

指思想政治工作要注意层次，区分对象，对症下药，做到量体裁衣。人与人之间的思想是千差万别的，世界上没有包治百病的灵丹妙药，做人的思想工作更是如此。这就要求每一名思想政治工作者从每一位教育对象的实际情况出发，摸清他们的兴趣爱好、个性脾气、思想状态、个性特点和实际表现，做到情况不同、处理方法不同。同时，要注重对象的层次性，贯彻分层实施的原则。对党员要加强党性教育，引导他们严格要求自己，起到表率的作用；对一般群众，要加强遵纪守法教育和爱党爱国教育，引导他们树立正确的人生观、价值观；对个体户和私营企业主，要向他们宣传党的经济政策，引导他们诚信经营、合法经营，不断提高道德素质和科学文化水平。

第三节　农村思想政治工作中存在的主要问题及对策

一、农村思想政治工作中存在的主要问题

（一）对思想政治工作认识不到位

认识上的误区是造成农村思想政治工作存在问题的主要原因。有些人认为，现在党的中心工作是抓好经济建设，只要把经济建设搞上去，其他问题就迎刃而解了，抓经济建设是一个硬任务，而抓思想建设则是一个软任务，经济建设容易出成绩，而思想建设一时还难以看到成绩。甚至有的同志错误地认为

思想工作可有可无，发展经济才是硬道理，把经济发展和思想政治教育完全对立起来。还有的同志认为替老百姓解决问题，是受人之托，所以被动地去处理问题，并没有把做群众的思想工作作为自己分内的事情。

（二）思想政治工作缺乏行之有效的方式方法

思想政治教育缺少活力和新意，农村思想政治教育内容不少脱离农村的实际，教育方法机械，缺少灵活性。在许多人的眼中，思想政治教育就是一种说教，大话、空话，没有实际内容，加上一些领导不够重视，使思想政治工作队伍不健全，今天拉张三去宣读文件，明天让李四去落实政策，让人感觉什么人都可以做思想政治工作，从而使思想政治工作失掉了在群众中应有的威信。加上从事农村思想政治工作的队伍有的十分老化，工作习惯于老的模式，缺少创意，不了解农村的实际，大搞形式主义，农村思想政治工作的效果就可想而知了。

（三）受思想政治工作者能力水平的限制

随着科学技术的不断进步和市场经济的建立，强烈的竞争机制也使农民感受到了巨大的压力。他们重视自身素质的提高，重视自我教育、自我发展，思想越来越活跃，观念也越来越更新。与此同时，农民在思想上和精神文化上的需求也日益强烈。这就要求思想政治工作要根据这一变化对农民进行引导，才能取得良好的效果。但是，有的村官个人能力素质、工作水平无法适应这种新的形势，无法满足群众的需求。

（四）受社会上错误思潮的影响

一方面，信息技术的高速发展和网络的普及使得信息的接收渠道明显增多，开阔了农民的视野；另一方面，国内外一些不良文化和错误思潮也深刻影响着农民，面对西方资本主义的生活方式、价值观念，部分农民的思想观念、价值取向也发生着变化。集体观念淡薄，拜金主义、个人主义有所抬头，小农经济的残渣泛起，只求自己发财，不惜损害他人的利益，封建迷信活动时有抬头；不少农村青年不关心国家大事，缺乏理想，追求享乐，甚至开始对社会主义产生怀疑。加之有的地方农村思想政治工作放任自流，无形中给错误思潮的生长创造了机会。当务之急是建立一整套行之有效的符合农村实际的思想政治教育方法，占领农村思想政治教育这块主阵地，加强思想政治工作队伍建设，把教育深入到千家万户，从满足农民的需要出发，想农民之所想，急农民之所急，把党的温暖和党对农村的政策送到农民心中，解决农村思想政治教育针对性不强的问题。

二、新形势下做好农村思想政治工作的对策

（一）强化服务观念

发展农村经济，使农民增收，让他们尽快富裕起来，这是解决农村所有问题的关键，农村的思想政治工作必须围绕这一主题来进行。农村经济的大力发展，农民收入的大幅度增加，是农民既看得见又摸得着的物质利益，在此基础上进行思想政治教育，农民才能心服口服。因此，思想政治教育服务于农村、服务于农民、服务于农业，其出发点和落脚点都必须有利于农民增收和农村的稳定。要牢固树立为农村经济发展服务、为农民素质提升服务、为共享改革发展成果服务、为全面建成小康社会服务的意识，把思想政治教育和农村、农业、农民有机地融为一体，为农村的全面改革保驾护航。

（二）突出教育重点

首先要加强政策的教育，把政策法规纳入到思想政治教育中来，根据农村的实际，加大党在农村各项方针政策的宣传力度，特别是深化“三农”改革的政策、落实新发展理念的政策、农业供给侧结构性改革的政策，使农民真正把党的政策和精神实质全部吃透，从而保证农村各项改革和建设顺利进行。针对农村存在的农产品科技含量不高、科技致富人不多的现状，要大力普及科学知识，多种渠道向农民赠送科技图书，让科技下乡，加强科学技术教育培训，特别是符合农村实际的农业技术的教育，以知识开启农民的心智，使农民真正走上靠科技致富的道路。针对个别地方农村封建迷信盛行、赌博成风的现象，首先要治愚，大力开展反对封建迷信活动的教育，进一步加强思想政治工作，宣传唯物论和无神论，让科学占领整个农村文化阵地。市场经济的发展，特别是经济生活中的一些腐败现象极大地冲击着农民的思想，不少农民把追求个人的利益作为实现自我价值的目标，因此要大力加强集体观念的教育，让农民树立起共同致富的观念。

（三）创新农村思想政治工作的方法

在继承传统的同时，又要根据农村新的情况积极寻找更加科学的教育方法，才能因势利导。做好农村思想政治工作，首先要以理服人，以情感人，要创造良好的社会舆论环境，采取多样化的教育方式。实质就是要把思想政治工作延伸到农村的各个层面，面向农村，面向农户，从而形成一个纵横农村思想

政治工作的网络体系。加强农村文化书屋建设和体育健身设施建设，进一步完善现代化信息的传播手段和传播方法，有效地将传统教育和现代教育融为一体，在教育内容上突出新、奇、活等特点，把思想性强的教育内容融入娱乐当中，通过潜移默化的作用，使农民受到教育、提高觉悟。思想政治工作要立足于创新，不断根据农村变化的实际，赋予思想政治教育新的活力，以人为本，紧紧抓住群众所关心的热点难点问题，既讲大道理又要结合农村实际，紧紧围绕农民增收和农村稳定开展思想政治教育。教育的方法可以灵活机动，农闲时可以开展思想理论、市场经济、农业实用技术、伦理道德和法制的教育，帮助村民寻找适合自身发展的农业项目，促进农业生产项目的发展。同时，通过教育使农民的思想得以提高，精神得以充实。

（四）完善责任机制

建立健全思想政治教育的长效机制，才能保证思想教育落到实处。关键是领导重视，首先一把手就应该担起思想教育的责任，要有计划、有目标、有奖励、有惩罚，使思想政治工作成为衡量干部业绩的重要标准。在具体推动上，要一级抓一级，层层抓落实，把层级压力变成农村思想政治工作的动力，形成活力。

（五）加强队伍建设

做好农村思想政治工作，要建立一支政治素质高、业务能力过硬的队伍。要达到这个目标，必须得对农村思想政治工作者进行培训，提高他们的政策、理论水平，还要对他们进行农业生产知识的培训，只有这样，才能在新的形势下做好农村的思想政治工作，带领群众脱贫致富奔小康。同时，还要对农村思想政治工作队伍不断进行调整，把那些政治素质好、工作能力强、具有开拓创新精神的年轻干部，源源不断地补充到这支队伍中来，确保农村思想政治工作后继有人。

典型案例

农村思想政治工作个案

一、个案基本情况

东斟灌村，一个坐落于山东省寿光市东北35千米的普通村庄，全村现有586户、2073人，土地4486亩。相传4000多年前，这里是夏朝的诸侯国之一，古斟灌国。20年前，东斟灌村还是清一色低矮平房，道路坑洼。1993年后，寿光劲吹蔬菜大棚推广之风，东斟灌村也三三两两开始建起大棚种植黄瓜，群众开始尝到种菜的甜头。如今，在支部书记李新生带领下，这个资源匮乏的纯农业村，2015 年集体收入 80 万元，村民人均纯收入 19800 元，成了远近闻名的富裕村、“明星村”。

这主要得益于多年来东斟灌村党支部始终不渝践行党的群众路线，感情上融入群众、思想上尊重群众、工作上服务群众，充分尊重群众的自治权、自主权，紧紧依靠群众智慧、百姓力量治理村级事务、壮大集体经济，让群众来当家、支部搞服务，形成了干群和谐、村情稳定、齐心干事的良好局面，走出了一条基层民主之路，也是农村思想政治工作融会贯通之路。

二、个案推进过程

当前，我国改革不断深化，社会利益关系复杂多样，社会思潮多元，各种深层次矛盾和问题日益凸显，这些都深刻影响着广大农村。发展、稳定始终是农村工作的两大主线。稳定是发展的基础，没有稳定就谈不上发展；发展是更高层次上的稳定，发展为社会和谐稳定提供物质基础、精神动力和保证支撑。

作为党的路线方针政策在基层的忠实维护者、践行者，农村党支部在维护稳定、推动发展的过程中，必须结合实际做好群众思想政治工作，凝聚起加快发展的正能量。

1. 农村思想政治工作必须坚持走群众路线

新形势下，党支部做村民的思想政治工作，不能用过去的居高临下的“命令式”要求农村，而要坚持走群众路线，用群众思维考虑问题、群众观点看待问题、群众方法解决问题，用平等的方式邀请群众参与，在有关村级的大事小情上都由村民做主。

东斟灌村旧村改造征求意见，第一次摸底，全村 586 户中有 37 户不同意。经过走访交流，还有 12 户不同意。后来再次征求意见，修改实施方案。最后村民大会投票通过，2015 年破土动工。这说明，村民自己决定的事，干起来没有“挡头”。

实现土地规模经营，村里要搞土地流转，可是想出租土地的最高每亩每年要到 1200 元，想承租的最低出价 200 元。村里先后召开了 14 次党员、村民代表会，4 次村民大会，最后达成共识，租金分为每亩每年 500 元、600 元、700 元三档。2012 年 9 月，方案经村民大会通过后，仅两天村民就全部签订了 4486 亩土地的流转协议。村里建立土地股份合作社时，用了 7 个月时间征求村民意见，中间开了很多次会，最终方案获得村民100%表决同意。

2. 农村思想政治工作应与解决实际问题结合起来

农村思想政治工作不能仅仅是“凭空说教”的口号，而应是与解决农村发展、促进村民增收致富的实际问题紧密联系起来。

人地矛盾是农村的主要矛盾之一，人死了土地调整不了，新增的人口分不到土地。为解决人地矛盾，2012年东斟灌村成立土地股份合作社，村民以土地经营权入股，人均1亩，1亩为1股，每股年保底收入600元。剩余土地作为集体股，收益按集体60%、村民40%的比例分红，并根据人口、地价变动情况，一年一调股，三年一调承包费，实现了集体、村民双受益。

前些年村民卖菜后经常出现客商“打白条”现象，甚至有的欠着菜农的钱不见了踪影。为解决卖菜难问题，东斟灌村注册资金333万元，成立了“寿光市洛城街道斟都果菜专业合作社”。从种子购进、管理技术培训、蔬菜安全监测到购销信息发布、钱款收支等，全部由合作社负责，实行收菜预付款制度，保障了菜农收益。合作社建立了专门的销售市场，形成“市场+合作社+基地+农户”的生产模式，以利益联结为纽带，实行“合作社参与中介、客户与种植户买卖分离、购销钱款集体负责”的办法，保障了农业种植调整后继续增收。

在农村，资金缺乏问题一直是影响农业生产的大问题。这一解决问题，东斟灌村于2013年成立资金互助合作社，350户村民加入，募集互助金270万元，月息4.2厘，有资金需求的社员可以从合作社贷款，月息7.2厘，每户最多可贷款5万元。方便了群众生产，村民得到了实惠。

这三个合作社的成立与运行，都牵扯到村民的切身利益，村民也都因此受益。在合作社成立之前，村“两委”一班人反复征求村民代表和广大村民的意见，及时与他们沟通，设身处地替村民考虑，耐心地做说服工作，在大多数村民代表同意的基础上召开村民大会，最后村“两委”集体决策决定成立合作社。因此，我们说农村思想政治工作必须建立在解决农村实际问题，统筹考虑村民利益的基础之上。

3. 公开、公平、公正是打开农村思想政治工作之“锁”的“钥匙”

“心底无私天地宽。”村官要做好农村思想政治工作，就要在村级事务上做到公开、公平、公正，让村民感受到正义的“阳光”和力量。

东斟灌村有专门的档案橱，整齐的档案记载着本村的民主进程。村里东西大街建设、低保户确认、土地地面附着物处理、土地面积重新丈量等村级事务，都逐一登记在册，何时表决、表决结果，连村民代表的签字和手印都一清二楚。据档案记载，10 多年来，全村公开招投标 50 多项重大工程，涉及金额 600 多万元，村两委成员从不参与、不插手，只负责按村民大会意见最后签字把关，没有一个村干部在这个容易出问题的环节上犯错误。

1998 年，李新生接任村支部书记。他想，村里的事，也是大家的事。如果支书想事事自己说了算，肯定会掉进矛盾窝子里。相信群众，让群众知情、参与、决策，干部就超脱了。

开始有人提醒他，你说话不算数，谁还听你的？可最后党支部一班人还是统一了思想：不谋私利，就不怕村务“晒太阳”。“公开、公平、公正地办事，不捂着、瞒着，群众肯定拥护你。”李新生说。

一晒太阳，村干部的特权不好使了。李新生的亲属有件事想得到村里照顾，这在过去也算不了什么大事，但李新生说，村里有规矩，得按规矩办，群众的眼睛都在盯着，干部亲属也不能搞特殊。

过去分配宅基地，怎么分都有人骂娘。村民想出好办法：想挑好地块的，要交“区位优势费”；“区位优势费”专款用于村庄建设，随时接受村民查账质询。这样村干部没法送人情，也不会得罪人了。

修路是村庄大事，他们招标确定材料供应商后，村民代表、监督委员会成员“一审到底”。工程结束后，村里把支出向村民公示，对于不合理的开支，群众直接找“两委”质问。李新生说：“量地请村民看尺子，修路请村民验石子，群众就会心无顾虑跟着你走。”这个被外界称为“小延安”的村，自 1999 年实行要事票决制以来，共票决村级重大事务 110 多项，其中否决 9 项。由于过程公开透明，村民对结果普遍满意。2014 年，在整修村路时，将 8 米宽的路铺二次沥青，上级只负担 6 米费用，是铺 6 米还是 8 米？村民代表认为那是条主干道，即便自己出钱也要修到 8 米，结果村集体出资 15 万元，满足了村民的意愿。路铺上了沥青后，村委原想将两侧辅路用彩砖硬化，但最后表决时，大多数村民代表不同意，因为村庄近期要进行改造建设，多投资金会造成浪费，最后村委这一提议被村民否决，将 700 米长的辅路撒上石子，节约资金 15 万元。年逾古稀的村民李长江说：“过去村里办事情捂着盖着，党员一边看、群众靠边站；现在，村里大事小事都是商量着办，让村民说了算，我们真正体会到了当家做主的感觉。”这就是公开、公平、公正带来的好处，也是该村思想政治工作能够“做透”的重要原因。

4. 农村思想政治工作必须与时俱进、创新发展

当前，随着农村城镇化、农业规模化进程的不断加快，原先以耕地片区为主划分的村民小组越来越不适应形势的发展要求，并且上级政策的传达、邻里纠纷的解决也迫切需要建立一种新的村级治理格局，在这种情况下，东斟灌村网格化治理模式应运而生。具体做法是，村“两委”根据居住区域划分“责任巷”，由党支部指派或村民党员自荐担任“巷长”，“巷长”必须素质高、群众威信高、热衷公务、愿为村民服务，每名“巷长”服务本“责任巷”10户左右的村民，负责收集社情民意、调解邻里纠纷、搞好环卫整治，全村共选定55名“巷长”；在选出“巷长”后，村“两委”指定7名村民小组长，村民小组长根据要求负责联络“巷长”，形成村“两委”—村民小组长—“巷长”—村民的治理格局。

东斟灌村每年至少召开2次村民大会，每月至少召开1次村“两委”成员、村民小组长、“巷长”、普通党员、村民代表会议，传达上级政策精神、畅通信息渠道、反馈村民需求、及时调处矛盾，使思想政治工作真正接地气。

5. 农村思想政治工作要与乡村文明建设结合起来

恩格斯指出：“一切以往的道德论归根到底都是当时的社会经济状况的产物。”人是道德发展的主体，与经济社会相向而行，这是一种规律。这些年来，东斟灌村党支部对全村村民的思想教育紧抓不放，围绕“发展经济，做高尚新型村民”主题，用科学的形式和内容，天天抓，经常讲，思想教育不间断。在教育形式上，村中广播喇叭一天播放三次，定期召开村民学习会，建立科普与时事宣传栏，用好网络和放电影等思想教育平台。在教育内容上，围绕爱国、敬业、诚信、友善精神，开设国德、村德、民德讲座。在形式上，有寿光好人榜、“四德”榜等，具有鲜明的时代特征和地域特色，引导农民产生满满的正能量。村支书李新生说：“在当今时代的新农村建设中，决不能让村民‘满了口袋，穷了脑袋’。”

乡风文明是农民素质的反映，体现农村精神文明建设的要求。只有农民的思想、文化、道德水平不断提高，才能形成家庭和睦、民风淳朴、稳定和谐的良好社会氛围。在该村，“人生都有夕阳红，尊老敬老树新风”“父母恩爱千秋难忘，尊老爱幼万代流芳”等温馨宣传标语随处可见，村民对待老人比着孝顺，逢年过节，你给老人300元，我给老人500元。老人因为有合作社的股

份并不缺钱，再找个机会把钱给孙子、孙女。村民王秀珍与儿媳董世娜，婆媳俩相处得就像亲娘俩，有活儿抢着干，有好吃的让着吃，一个被评为“好婆婆”，一个被评为“好媳妇”。村民李梅芹无微不至地照顾年迈又体弱多病的公婆，并且时常照顾邻里老人，被潍坊市妇联授予“三八红旗手”“百佳敬老好儿女”称号。

做好农村思想政治工作离不开党支部的引领作用。2014 年上初三的李寿胜，母亲是残疾人，父亲因病去世，家庭比较困难，党支部书记李新生带头为这个特殊的家庭捐款，村里广大党员和普通百姓也都踊跃捐款，党员李成强更是从李寿胜上初一开始，每年资助 200 元，并承诺直到大学毕业。用李新生书记的话说，“在引领社会新风方面，如果农村党支部、党员不率先做在头里，个别有其他想法的人就会趁机介入，这样就会使我们党所倡导的优良传统、社会传承的美德被‘异化’，因此，在群众遇到困难时，我们基层党组织必须勇敢站出来，敢于发声”。

6. 农村思想政治工作必须坚持法治思维

当今，法治意识越来越深入人心，这种思维是随着人们尊法、学法、守法、用法的不断深入而推进的。但在农村，人们的法治意识是不会自我提高的，这就需要在农村及时组织学法、普法，这方面，东斟灌村做到了“两条腿”走路。

一是利用会议、课堂、板报、宣传窗口等各种形式及时加强宣传，使法律能够入脑入心；同时，邀请司法、派出所等工作人员不定期进行以案说法，使村民觉得法治就在身边，并不遥远，增加村民的认同感。二是在处理村级事务中做到依法办事，坚持遇到问题靠法，民主决策、依法决策，用村规民约、法律作为工作推进的尺子，用村民是否满意作为衡量工作是非得失的标准。

该村已连续 17 年无信访上访事件、无刑事案件，先后被评为山东省民主法制示范村、山东省文明村等，成为基层民主、依法治村新样板。

三、个案工作方法综合评价

村官的素质和能力决定着农村思想政治工作成败，同时又体现着一定的科学性和艺术性。从东斟灌村思想政治工作的实践来看，体现了矛盾的普遍性和特殊性，要善于抓主要矛盾和矛盾的主要方面。

第一，东斟灌村思想政治工作没有离开村情，从本村实际出发，从群众的需求出发，让群众参与、让群众做主，尤其是创新实施基层党组织领导下的

“自主议事、自治管理、自我服务”的自治模式，是农村基层民主的鲜活样板。

第二，东斟灌村思想政治工作不是空口说教，而是实实在在从群众的利益出发，无论是三个合作社的成立、运行，还是规划、建设、贫困救济等其他民生事业，都与村民利益息息相关，体现了共建共享的全面小康社会的美好愿景和追求。

第三，东斟灌村思想政治工作坚持把深入细致的耐心说服与德法并举结合起来，既有人情温暖、关心关爱，使人感到如沐春风，又有道德引领、法治约束，如车之双轮、鸟之两翼，相辅相成，使村民在自律、自觉中体会自在、自由。

本章小结

农村思想政治工作是党的农村工作的重要组成部分，是党的路线方针政策在农村得以贯彻执行的有力武器。做好新形势下的农村思想政治工作，要把党的路线方针政策的贯彻执行与农村发展结合起来，把维护稳定、推动发展，全面建成小康社会作为农村思想政治工作的出发点和落脚点。

农村思想政治工作，说到底是做人的工作，是做农村居民的工作。做好农村思想政治工作，村官需要把握思想政治工作的特点，在遵循基本原则的基础上，掌握和讲求思想政治工作的艺术和方法。要转变作风，融入群众，想群众之所想，急群众之所急，设身处地为群众办实事、做好事、解难事；坚持走群众路线，把从群众中吸取的精华进行创造性转化，推动“三农”工作创新性发展。

思考题

1. 农村思想政治工作的意义是什么？
2. 农村思想政治工作的特点、原则有哪些？
3. 农村思想政治工作的方法有哪些？
4. 结合实际，谈谈村官如何做好新形势下的农村思想政治工作。

第九章　农村干部处理突发事件的艺术

学习目标

认识突发事件的危害性和及时有效处理的重要性、必要性；了解突发事件的概念、特点、类型；掌握处理突发事件的原则；掌握处理突发事件的方法和艺术；认识农村突发事件预防为主的重要性。

学习内容

通过对突发事件相关内容的学习，全面掌握突发事件的基本内涵和主要内容，特别是重点把握当前农村突发事件中比较突出的群体性事件的相关内容，全面、深入地了解和掌握应急工作的各项要求，不断增强预防和处置突发事件的危机意识、法治意识、大局意识、责任意识，进一步提高依法应对突发事件的能力和水平。

第一节　农村突发事件概述

近年来，农村基层突发事件时有发生，这些事件的发生严重影响了农村正常的生活秩序，在社会上产生了极其不良的影响。作为农村基层干部，应对突发事件已经成为日常工作中的一项重要的工作。如何提高农村基层干部应对突发事件的能力已成为推进社会主义新农村建设进程中亟待要解决的现实问题。面对突发事件，农村基层干部如何化被动为主动、化危机为机遇、快速高效地采取对策，有效处置好突发事件，成为时时摆在农村基层干部眼前的现实课题。

一、农村突发事件概述

突发事件是一种全球性的现象和灾难。从公元 79 年意大利维苏威火山喷发到 1999 年土耳其 7.4 级大地震，从 1970 年秘鲁大雪崩到 1987 年孟加拉国特大水灾，从 1952 年伦敦大烟雾到 1986 年苏联的切尔诺贝利核电站第四号核反应堆发生爆炸，从 1994 年第一次世界大战到 2001 年美国“9·11”恐怖袭击，从 1918 年全球性流感到 1994 年印度鼠疫，从 1973 年非洲饥荒到 2008 年的粮食危机……突发事件无时不有，无处不在。

作为世界大家庭的一员，中国也备受各种突发事件的危害。据《竹书记年》记载，早在帝舜时期就有地震的记录。据邓拓研究统计，从公元前 206 年到 1936 年，共方生严重灾害 5150 次，平均每年 2.4 次。其中，旱灾 1035 次，水灾 1037 次，风灾、雹灾、山崩、泥石流等其他灾害 3000 多次。另据历史灾害资料记载，从 1900 年到 1994 年，累计因各种灾害死亡的人数在 1055 万人以上，平均每年死亡人数超过 21 万人①。此外，还发生过无数次的饥荒、战争、事故、瘟疫等突发事件，给国家和人民带来难以尽述的灾难。

新中国成立后，各类突发公共事件也从未停止过肆虐。1976 年，发生了严重的自然灾害。1976 年 5 月 29 日，云南龙陵、潞西一带发生 7.5 级地震。7 月 28 日，河北唐山、丰南一带发生 7.8 级地震，造成 24.2 万人死亡、16.4 万人重伤的历史惨剧②。近年来，各种突发事件不仅种类多、频度高，而且造成的损失更是十分严重，成为我们构建社会主义和谐社会，全面建成小康社会的沉重负担。

为了应对各种突发事件，中国人民进行了长期不懈的努力和奋斗。特别是从 2007 年起，党中央领导全党全军全国各族人民，在成功应对“非典”、生产事故、雨雪冰冻、雪灾水灾等各种突发事件的过程中，积累了处置突发事件的丰富经验，增强了我国处置突发事件的能力。具体体现在：一是全党对处置突发事件的认识日益明晰，建立健全了社会预警体系，形成统一指挥、功能齐全、反应灵敏、运转高效的应急机制，提高了保障公共安全和处置突发事件的能力和水平。二是建立健全应对突发事件的体制机制。探索形成了分类管理、

① 科技部、国家计委、国家经贸委灾害综合研究组主编、广州地理研究所协编:《中国重大自然灾害与社会图集》,广东科学技术出版社 2004 年版,第 116 页。

② 中共中央党史研究室编、中共党史出版社出版《中国共产党大事记》。

分级负责、条块结合、属地为主的应急管理体制，建立了统一高效的应急信息平台，建设了一支精干实用的专业应急救援队伍，使得我国应对各类突发事件的反应能力、处置能力都显著增强。三是先后制定《国家自然灾害救助应急预案》《国家防汛抗旱应急预案》《国家地震应急预案》《国家地质灾害应急预案》《国家处置重、特大森林火灾应急预案》《国家突发环境事件应急预案》《国家公共卫生事件应急预案》《国家重大动物疫情应急预案》《国家重大食品安全事故应急预案》《国家粮食应急预案》《国家地质灾害应急预案》《国家地质灾害应急预案》等专项应急预案。针对农村农业，国家还出台了农业重大自然灾害突发事件应急预案、草原火灾应急预案、农业重大有害生物及外来生物入侵突发事件应急预案、农业转基因生物安全突发事件应急预案、重大沙尘暴灾害应急预案、重大外来林业有害生物应急预案、重大气象灾害预警应急预案等等，各地方各部门还制定了相应的应急预案，从而形成了较为完备的应急预案体系。四是进一步完善应急管理法律法规。出台了《突发公共卫生事件应急条例》《工伤保险条例》《中华人民共和国放射性污染防治法》《劳动保障监察条例》《中华人民共和国突发事件应对法》《生产安全事故报告和调查处理条例》等法律法规，使得有关法律法规国家完善。五是进一步积累了应对突发事件的经验。党的十六大以来，我们在处置“非典”疫情、松花江水污染、台风、煤矿瓦斯爆炸、水灾、旱灾、雨雪冰冻、地震等各类突发事件的过程中，积累了许多成功的经验和做法。在面对和处置每一起重大突发事件时，党中央、国务院高度重视、果断决策，地方党委政府认真负责、靠前指挥，充分发挥中流砥柱作用。实行全民动员、群防群控，紧紧依靠广大人民群众，充分发挥人民群众的伟大力量。社会各方面团结一致、齐心协力，一方有难，八方支援，形成共克时艰的强大合力。广大基层党组织战斗在第一线，广大党员干部冲锋在最前面，成为处置各种突发事件的主心骨、贴心人、排头兵。通过一次次成功处置突发事件，体现出全民族万众一心、迎难而上的坚强意志，形成了凝聚人心、克敌制胜的强大精神支柱。这些经验，都为我们以后处置各类突发事件提供了有益的启示和借鉴。

对农村突发事件应急管理研究，我国学者从 2003 年“非典”事件爆发后就广泛展开。其中莫利拉、李燕凌所著的《公共危机管理农村社会突发公共事件预警、应急与责任机制研究》一书中，对突发事件的表现形式及分类进行了较全面的阐述，并提出了突发事件问责机制建设；王东阳通过对“非典”

事件的研究延伸到突发事件对我国农村社会经济的影响；姜长云针对欠发达农村地区提出以公共财政为基础，建设农村地区突发事件的预警和应急管理机制等等。此外还有很多学者对突发事件应急管理机制进行了创新性研究。

二、突发事件的概念及特征

广义上，突发事件可理解为突然发生的事情。突发事件的“突发”有两层含义：第一层含义是事件发生、发展得速度很快，出乎意料；第二层含义是指事件难以应对，必须采取非常规方法来处理。狭义上，突发事件就是意外地突然发生的重大或敏感事件。既包括因自然现象引发的各种各样的自然灾害事件，也包括因社会管理而引发的如恐怖事件、社会冲突等等事件，专家也称其为“危机”。

2007 年 8 月 30 日通过的《中华人民共和国突发事件应对法》明确规定：本法所称突发事件，是指突然发生，造成或者可能造成严重社会危害，需要采取应急处置措施予以应对的自然灾害、事故灾难、公共卫生事件和社会安全事件。这就是突发事件的基本含义。我国制定《突发事件应对法》目的就是为了预防和减少突发事件的发生，控制、减轻和消除突发事件引起的严重社会危害，规范突发事件应对活动，保护人民生命财产安全，维护国家安全、公共安全、环境安全和社会秩序而制定的。

突发事件具有以下几个鲜明特征：

现实生活中，突发事件形态各异，变化诡异，但综观各种突发事件，大都具有爆发的突然性、起因复杂、蔓延迅速、危害严重、影响广泛的特点，而且突发事件与其他问题相互交织，处置不好会产生连锁反应。具体来讲，突发事件有以下几个共同特征：

1. 突发性

突发事件的突发性是指对于突发事件是否发生，于什么时间、地点，以什么样的方式爆发，以及爆发的程度等情况，人们往往始料未及，难以准确地加以把握。

2. 公共性

首先，突发事件的公共性体现在突发事件涉及公共利益，即对公共财产或福利、公共安全、公共秩序产生影响，且通常是消极的、负面的影响上。其次，突发事件的公共性还体现在处置突发事件往往需要调动和整合全社会的人力、物力、信息等公共资源和力量上，这不仅意味着行政系统内部不同部门之间的协调和配合，同时意味着政府与社会组织及公民个人的合作与沟通，在高度信息化、复杂的现代社会里尤其如此。再次，突发事件的公共性还体现在公共权力介入的可能性和必要性上。

3. 事件的独特性

突发事件的发生发展具有不同的情景，在表现形式上各有特色，事件的独特性导致难以照章办事。突发事件的分类有上百种之多，而且同样的事件发生的时间、地点、原因及变化的趋势等又表现出各不相同和千变万化的特点。

4. 严重性和危害性

突发事件造成的损坏有直接损害和间接损害之分。这种损害性不仅体现在人员的伤亡、组织的瘫痪、财产的损失和环境的破坏上，而且还体现在突发事件对社会大众的社会心理和个人心理所造成的破坏性和冲击性上，进而这种心理会渗透到社会生活的各个层面上。突发事件越严重，其造成的危害范围和破坏力就越大，造成的损失也就越惨重。

5. 变化发展的不确定性

突发事件发生后，事态的变化、发展趋势以及事件影响的深度和广度不能事先描述和确定，是难以预测的，特别是在当今全球化和信息化的世界里，这种连锁反应带来的直接后果就是突发事件复杂化，其复杂的程度已经超出纯粹的经济、政治和文化范畴，变成一种含有多项内容的综合性社会危机。不确定性是公共危机事件最突出的特征。从开始发生，自始至终都处于不断变化的过程之中，人们一般很难根据经验对其发展方向做出准确的判断。

6. 信息的有限性和传播的多渠道性

由于突发事件的随机性和不确定性，很多信息是随着事态的发展而演变的，有由于时间的紧迫性，使得决策者掌握的信息有可能不全面，得到的信息不及时，并且在信息的反馈和处理过程中，信息的准确性和有效性也难以保证，从而会导致信息失真。这是对决策者最严峻的考验。突发事件传播渠道大致可以分为四大类：一是大众传播渠道，包括报纸、电视、广播等；二是人际传播渠道，如面对面交流，电话、手机短信；三是网络渠道，如 BBS、QQ、微信、在线聊天等；四是组织渠道，即单位正式开会传达等。现代社会，人们获取信息的渠道越来越多样化、越来越便捷化、快速化。由于突发事件关系每个个体的切身利益，公众急需了解事件的真实情况，相互之间相关信息的传播

频率、传播速度、传播数量等等就会急剧攀升，就会利用各种传播工具，

7. 处置的紧迫性

紧迫性是指突发事件往往是突如其来，所反映的问题极端重要，关系到社会、组织或个人的安危，随着突发事件的发展、演变，它所造成的损失可能会越来越大，需要紧急采取特别措施或非常态措施，及时有效地处理甚至是非程序化处置，才有可能避免局势恶化和升级。因此，对突发事件的应急反应越快，反应决策越准确，突发事件造成的损失就会越小。反之，危机就会迅速扩大和升级，造成更大的危害。

8. 影响的广泛性

突发事件发生后，人们除了关注伤亡人数外，还密切关注事件发生的时间、地点、原因等情况，从中得到的启示、总结出的经验教训等，从而使社会避免重蹈覆辙、悲剧重演。另一方面，突发事件的后果不可能在极短的时间内彻底消除，反而会持续相当长的一个时期。随着人们的社会经济生活联系日益全球化，危机的发生、影响已经远远超出发生的范围，成为地区和全球共同面临的问题。

三、突发事件的类型

突发事件的种类纷繁复杂，一般来讲，可以从不同的维度对其进行划分。从成因上来分，可以分为自然性事件和社会性事件；从是否可预测来分，可分为可预测和不可预测事件；从是否可防可控来分，可分为可防可控事件和不可防可控事件；从影响范围来分，可分为地方性、区域性、国家性、国际性或世界性的事件；从突发事件的发生过程、性质和机理来分，主要分为以下四类：自然灾害、事故灾难、公共卫生事件、社会安全事件。

（一）自然灾害

自然灾害的本质特征是由自然因素直接所致。主要包括水旱灾害、台风、暴雨、冰雹、风雪、高温、沙尘暴等气象灾害，地震、山体崩塌、山体滑坡、泥石流等地质灾害，风暴潮、海啸等海洋灾害，森林火灾和生物灾害等。

我国自然灾害种类多，频度高、分布广、损失大。由于特有的地质构造和自然地理环境，我国是世界上遭受自然灾害最严重的国家之一。

由于近一个世纪以来我国人口的快速增长，对自然资源压力加大，资源过度开采及浪费、破坏资源情况时有发生，生态环境遭到严重破坏；化学制品的

普遍使用，农药等的不当使用，使环境污染状况严重；转基因技术等生物新科技的不当使用，也对自然产生难以预料的影响。这些因素的存在，使洪水、沙尘暴对自然灾害频繁出现，应对不当，就会引发突发性自然灾害。

（二）事故灾难

事故灾难的本质特征是由人们无视规则的行为所致。主要包括安全事故、环境污染和生态破坏事件两个分类。安全事故包括工、矿、商、贸等企业发生严重人员伤亡和经济损失的事故，如各种安全事故、交通运输事故、公共设施和设备事故，电力、通信、信息网络、金融支付和清算系统、特种设备事故，大中城市供水、燃气中断，坠机、撞机等。环境污染和生态破坏事故包括严重水污染，因资源开发造成严重环境污染和生态破坏，危险化学品严重泄露，核设施发生严重放射性污染等。当环境遭到严重破坏时，称为特大环境事故和生态破坏事故。

（三）公共卫生事件

公共卫生事件的本质特征是由自然因素和人为因素共同所致。主要包括重特大传染病疫情、群体性不明原因疾病、重特大动植物疫情、食品安全与职业危害，以及其他严重影响公众健康和生命安全的事件。重大传染病疫情包括肺鼠疫、肺炭疽或“非典”、霍乱、食物中毒、人禽流感。特大传染病疫情是指影响大，波及范围广，出现大量病人或多例死亡病例等。重大动植物疫情包括口蹄疫、高致病性禽流感等重大动物疫情及植物疫情。特大动植物疫情是指发生一类动植物疫情，或者可能造成人间传播的动植物疫情。食品安全与职业危害事件包括发生百人以上食物中毒，50 人以上急性职业病，或者重大人员伤亡事件等。

（四）社会安全事件

社会安全事件的本质特征是由一定的社会问题引发。主要包括恐怖袭击事件、经济安全事件、大规模群体性事件、重大刑事案件、涉外突发事件等。恐怖袭击事件是指极端分子人为制造的针对但不仅限于平民及民用设施的不符合国际道义的攻击方式而引起的事端。经济安全事件是指一国经济存在和发展所需资源有效供给、经济体系独立稳定运行、整体经济福利受到恶意侵害和非可抗力损害的状态。大规模群体性事件包括金融挤兑，党政机关和要害部门遭到冲击、围攻，交通要道或交通枢纽遭到阻断，非法集会游行示威、聚众闹事、群体性械斗，涉及境外宗教组织背景的大型非法宗教活动或者严重影响民族团结的群体性事件，因土地、矿产、水资源、森林、草原、水域、海域等权属争议和环境污染、生态破坏引发的群体性事件，因市场商品短缺及物价大幅波动造成的抢购和市场混乱等。重大刑事案件包括杀人、爆炸、绑架、抢劫、投毒和邮寄危险物品，走私、金融诈骗，劫持民用飞机、客轮和货轮，危害性大的放射性材料或数量较大的炸药或雷管被盗、丢失，非法捕杀、砍伐国家重点保护野生动植物和破坏物种资源致使物种或种群造成灭绝危险，重大制造贩卖毒品案件，盗窃、出卖、泄露及丢失国家秘密资料，攻击和破坏计算机网络、卫星通信、广播电视传输系统，在我国境内发生的涉外、涉港澳台重大刑事案件等。涉外突发事件包括外国驻华使领馆或机构遭到冲闯，我驻外使领馆或机构及人员遭受重大伤亡和财产损失，其他可能严重损害我对外关系的突发事件。

上述四类突发事件往往是相互交叉和关联的，某类突发事件可能与其他类别的事件同时发生，或者引发次生、衍生事件，应当进行具体分析，统筹应对。

四、突发事件的级别

对突发事件进行级别划分，就是根据突发事件的紧急程度、危害大小、涉及范围、人员及财产损失情况，按照一定的标准将突发事件分级并赋予相应预警标示，以便于人们熟悉和操作。根据国务院2006年1月8日颁布并实施的《国家突发公共事件总体应急预案》，各类突发事件的等级由高到低一般划分为四级：Ⅰ级（特别重大）、Ⅱ级（重大）、Ⅲ级（较大）和Ⅳ级（一般）。预警标示按Ⅰ、Ⅱ、Ⅲ、Ⅳ级分别用红色、橙色、黄色、蓝色表示。法律、行政法规或者国务院另有规定的，从其规定。突发事件的分级标准由国务院或者国务院确定的部门制定。法规一旦突发事件来临，按照应急预案分级响应，合理组织，就能有效、有序、有力处置突发事件。

红色等级（Ⅰ级）：预计将要发生特别重大以上突发事件，事件会随时发生，事态正在不断蔓延。特别重大突发事件是指突然发生，事态非常复杂，对公共安全、政治稳定和经济社会秩序带来严重危害或威胁，已经或可能造成特别重大人员伤亡、特别重大财产损失或重大生态环境破坏，需要统一组织协调，调度各方资源和力量进行应急处置的紧急事件。

比如《国家安全生产事故灾难应急预案》适用范围：将造成30人以上死

亡（含失踪），或危及30人以上生命安全，或者100人以上中毒（重伤），或者需要紧急转移安置10万人以上，或者直接经济损失1亿元以上的划为特别重大安全生产事故灾难。

再如《国家地震应急预案》地震灾害事件分级：特别重大地震灾害，是指造成300人以上死亡，或者直接经济损失占该省（市、区）上年国内生产总值1%以上的地震，以及发生在人口较密集的地区7.0级以上地震。

橙色等级（Ⅱ）：预计将要发生重大以上突发事件，事件即将发生，事态正在逐步扩大。重大突发事件是指突然发生，事态复杂，对一定区域内的公共安全、政治稳定和经济社会秩序造成严重危害或威胁，已经或者可能造成重大人员伤亡、重大财产损失或严重生态环境破坏，需要调度多个部门或相关单位力量和资源进行联合处置的紧急事件。

比如《国家地震应急预案》中，重大地震灾害是指造成50人以上、300人以下死亡，或者造成一定经济损失的地震，以及发生在人口较密集的地区6.5~7.0级地震。

黄色等级（Ⅲ）：预计将要发生较大以上突发事件，事件已经临近，事态有扩大的趋势。较大突发事件是指突然发生，事态较为复杂，对一定区域内的公共安全、政治稳定和经济社会秩序造成一定危害或威胁，已经或者可能造成较大人员伤亡、较大财产损失或生态环境破坏，需要调度一些部门力量和资源进行处置的事件。

比如《国家地震应急预案》中，较大地震灾害是指造成20人以上、50人以下死亡，或者造成一定经济损失的地震，以及发生在人口较密集的地区6.0~6.5级地震。

蓝色等级（Ⅳ）：预计将要发生一般以上突发事件，事件即将临近，事态可能会扩大。一般突发事件是指突然发生，事态比较简单，仅对较小范围内的公共安全、政治稳定和经济社会秩序造成一定危害或威胁，已经或者可能造成人员伤亡和财产损失，只需要调度个别部门的力量和资源就能够处置的事件。

比如《国家地震应急预案》中，一般地震灾害是指造成20人以下死亡，或者造成一定经济损失的地震，以及发生在人口较密集的地区5.0~6.0级地震。

第二节　村官处理突发事件的艺术

受生活水平、整体素质、防范意识等方面影响，农村对于突发事件的应对和处置，基本上处于不设防的状态。与城市相比，农村的公共应急状况更复杂多样，农民的应急意识更淡薄，应急能力更弱，对突发事件的承受能力更差。

在这样的情况下，作为村干部，作为社会最基层的管理者，面对农村突发事件的问题上，应该比一般的村民要有预见性和前瞻性。一方面，在平时就应注重不断提升自己应对各类突发事件的能力和水平；另一方面，平时还应该对村民不断加强突发事件应对方面的宣传、培训和演练，在发生突发事件时，才能临危不惧，沉着应对，指挥有方，措施得力，维护人民群众切身利益。

一、把握突发事件应急管理的一般程序

突发事件的应对是一个动态的发展过程，一般包括识别并隔离危机、迅速启动相关预案、及时汇报与公布真相、果断处理各种问题、动员社会力量和引导舆论、做好善后和危机转化工作、总结评估事件与应对等环节。

（一）识别并隔离危机

当突发事件发生后，作为突发事件的处理者，首先要求有关人员在事故发生的第一时间准确识别危机，认识到危机已经发生。这个环节对于以后危机的处理相当重要。早预防、早报告，如果这个环节做得好，又能够迅速及时采取有效措施加以控制的话，整个局势就有可能转危为安。反之，如果危机已经发生以后，相关人员没有意识到问题的发生或者认为问题没有那么严重，就会错失处理危机的最佳时机，有可能使危机蔓延扩大，造成被动局面。

在识别危机阶段，要及时组织人员深入公众，与突发事件的见证人保持密切联系，查明事件的真相，了解事件各方面的情况，收集与事件相关的综合信息，并形成基本的调查报告。调查报告的内容包括：（1）突发事件的基本情况，包括发生的时间、地点、周边环境等。（2）突发事件的现状和发展趋势，包括事态的目前状况、是否还在发展，采取了哪些措施，控制措施的实施情况等。（3）突发事件产生的原因和影响，包括引发事件的原因，伤亡的情况及人数，损坏的财产种类、数量及价值，事件的涉及范围，以及在经济上、社会上甚至政治上带来什么影响等。（4）突发事件涉及的公众对象，包括直接的

受害者、间接的受害者，与突发事件有直接关系和间接关系的社会组织和个人，与突发事件处置有关的机构包括新闻界、舆论界等。

在识别危机中应注意以下要求：（1）调整心态，以友善的精神风貌赢得公众的好感；（2）力求果断、精干，以高效的工作作风赢得公众的信任；（3）坚持处置突发事件的一般原则，使原则性与灵活性在处置过程中均得到充分的体现；（4）在接触公众的过程中，注意观察，了解公众的反应和新的要求，并及时做好思想工作。

识别、确定了危机后，最要紧的事情就是隔离危机，切断危机与外界的联系，阻止事态的扩大蔓延，以免造成更大的损失或形成更复杂的局面。突发事件危机的隔离包括对人的隔离和对事故现场的隔离两个方面：（1）对人的隔离。在处理突发事件的时候，首先要坚持人道主义原则，把人的生命安全放在首位。（2）对现场的隔离。对危机现场的隔离，首先要发出隔离报警的信号。这是危机隔离的至关重要的一步。通过发出报警信号，公众就会知道有事故发生，参与救助的人员也会知道事发现场在何处，该往何处集中。其次还要明确危机隔离的范围。一般来说，在事发现场都要拉起警戒线或者是警戒标志，不允许非现场处理人员进入，这样尽可能减少事故的影响，也便于事态的控制和事件的处理。而对于一些十分严重的突发事故来说，必要时还需要搬迁移民。

（二）迅速启动相关预案

识别、隔离危机后，需要迅速启动相关预案，将突发事件对整个社会的损害减少到最小。一旦启动了应急预案，作为突发事件处置的决策组织及突发事件处置的有关人员便可以依照预案行动，尽管突发事件发生的情况各不相同，但都需要按照一定的程序进行处理。应急预案的意义就在于尽快对突发事件做出反应，正确判断突发事件发生的原因，采取紧急措施控制、制止事态向深度发展。

突发事件处理小组在到达突发事件现场后，必须先进行突发事件的了解和核实，如果发现有与汇报不符的事实和情节，则需要立即有针对性地调整突发事件处置方案。

（三）果断处理各种问题

突发事件能够带来连锁反应，危机从来都不是单纯一个方面的危机。相关部门和人员应该在第一时间组织各方面力量，依法及时采取有力措施控制事态发展，开展应急救援工作，避免发展成特别严重的事件，努力减轻和消除事件对人民生命财产造成的损害。

（1）人员救助。坚持“生命第一”的原则。

（2）生活保障。立即抢修被损害的公共设施，向受到危险的人员提供临时避难场所、生活必需品、医疗救护、卫生防疫等保障措施。

（3）物质和人员征调。视危机的具体情况，可以调用其他急需的物质、设备、设施、工具；可以组织特定公民参加应急救援和处置工作，并要求有特定专长的人员提供必需的服务，政府适当给予补偿。

（4）稳定市场秩序和社会安定。突发事件发生后，有时可能导致资源短缺等情况，往往造成一定的市场波动和社会震动，应及时采取相应措施。

（四）正确引导社会舆论

在突发事件的应对过程中，引导社会舆论是关系到应急处置工作能否取得良好效果的重要环节。而一些突发事件虚假信息的编造与传播，则会造成公众的集体恐慌，甚至出现大规模的危机蔓延，极大地影响应急工作的有效开展。原因在于，突发事件发生后，社会上各种信息传播方式往往呈现出明显的小道传播特点，加上社会公众的心态极不稳定，在面对传言甚至谣言时，常常是宁愿信其有、不愿信其无，这些都为谣言的传播提供了温床。特别是在手机短信、网络舆论等现代传播技术极为发达的形势下，再加上 QQ、微信这些信息发布渠道的便捷性、迅速性和影响范围的不确定性等因素，谣言产生和传播的速度之快，辐射范围之广，往往令人猝不及防、防不胜防。因此，政府及相关部门应及时发布真实而准确的信息，引导社会大众正确了解和认识事件处置的实际情况。所谓谣言止于真相，谣言止于智者，谣言止于公开。

（五）做好危机善后工作

为尽快恢复正常秩序，在危机事后处理阶段，应尽最大努力做好善后工作，消除突发事件的负面影响，增强公众对政府、组织的信心，重建政府良好形象。主要包括：（1）成立恢复小组。（2）确定恢复目标。（3）制定恢复计划。（4）寻求恢复援助。

（六）做好事件评估工作

对于负责应对突发事件的政府及有关组织和部门来讲，对事件的损失进行评估，总结经验教训是一个十分重要的环节。首先，及时的事件评估可以满足公众的信息需求，也是政府和媒体树立自己的公信力与影响力的一种有效手段。同时，事件评估的结果会给公众带来深刻印象，以提高公众的警惕性和预防能力，防微杜渐，尽量避免同类事故的再次发生。其次，在总结过程中能及时发现潜在的问题，以便有针对性地改进和提高，并推而广之，从而避免重蹈覆辙。此外，事件评估有助于有关管理部门对信息统计管理和存档，以便进行经验交流和预防教育，也有利于突发事件管理专家制定预案和完善预警机制。

事件评估一般包括以下几个方面的内容：（1）物质损失。（2）经济损失。（3）心理创伤。（4）其他损失，包括人员和环境损失等。

二、掌握突发事件应急管理的基本原则

有效应对突发事件，可以减少和避免人、财、物的损失，降低社会的政治风险，提升政府形象和锤炼民族精神。突发事件种类繁多，危害严重，往往由一系列不同的阶段组成，而每一个阶段也往往具有各自不同的特点。因此，突发事件发生后，应对工作既要因事、因时、因势，不可千篇一律、墨守成规，又要遵循一些基本原则。

（一）以人为本原则

以人为本的原则是指在处理突发事件中，各级政府及其工作人员应该把挽救和保障人民的生命财产安全，尤其是生命安全，作为处理突发事件和开展救援工作的首要任务。这就要求不仅要确保受害者和受灾人员安全，还应该最大限度地保护参与处理突发事件的应急人员，包括士兵和警察等的生命安全。

突发事件是摆在我们面前的严峻挑战和威胁之一。无论是各种自然灾害、事故灾难，还是公共卫生事件、社会安全事件，都对人民生命财产和社会稳定带来严重威胁。我们党的宗旨是全心全意为人民服务，政府是人民政府，人民的利益重于泰山，党和政府的责任也重于泰山。加强突发事件应急管理工作，防止可能发生的突发事件，处理已经发生的危机，减轻损失，保护公民的人身权和财产权，维护社会稳定，是基层干部的基本职能，是强化政府社会治理和公共服务职能的重要内容，是以人为本、执政为民理念的鲜明体现。

（二）时间第一原则

时间第一原则就是指各级政府及其工作人员必须在第一时间赶赴现场，必须在第一时间、在事发现场采取一系列紧急措施，争取在最短的时间内及时控制事态的发展。

突发事件来势凶猛，往往具有突发性、偶然性、震撼性等特征，整个事件过程发展变化迅速，有时甚至无章可循或者没有先例可以借鉴，而且由于信息

不畅通或者不全面，其发展与结果往往带有不确定性，难以预料。加之突发事件往往具有破坏性、危害性，会产生巨大的负面影响，一旦发生，时间因素就显得尤为重要。如果对突发事件初始阶段能采取及时、准确的应急措施，往往能使民众的心理能够得以初步安定，社会秩序能够得以基本维持。这就为争取整个突发事件处理工作的顺利进行奠定了基础。如果在突发事件发生后，反应迟钝，优柔寡断，势必丧失危机处置和救援的最佳时机，造成险象环生、岌岌可危的被动局面。即便是在危机已经发生的情况下，时间性原则仍显得尤为重要。

（三）信息公开原则

信息公开原则是指履行统一领导职责或者组织处置突发事件的人民政府，应当按照有关规定统一、准确、及时发布有关突发事件事态发展和应急处置工作的信息。除一些信息公开后会影响工作开展的特殊情况外，突发事件应对工作的过程、结果、进展情况等等，都应当公开。

由于突发事件具有不可预知性，后果的严重性以及可能危及公共安全和公众利益等特征，只有政府具备实现信息公开的可能性。因为政府是公共信息最大的拥有者和控制者，尤其是在应对突发事件的过程中，政府更是处于核心地位，在信息公开方面处于主导地位。因此，政府应在应对突发事件中实现信息的公开透明。如果政府不及时、全面地公开相关信息，公众就很容易因各种谣言陷于恐慌、引起骚乱，甚至导致社会动荡不安。由此可见，在突发事件应对中，政府及时、充分、准确的信息公开，对保障公民的知情权，使政府、公众和社会各方能够齐心协力应对危机，具有特别重要的意义。

（四）注重程序原则

注重程序原则是指对突发事件的处理和应对，需要按照一定的评估标准和优先顺序，确定现场处理的工作程序。如果有法律规定的话，按照法律规定的程序实施；如果法律法规没有明确的规定，就要针对不同类型的突发事件确定优先和程序。

一般来说，应对突发事件，不管是什么类型的突发事件，抢救受害人员的生命安全应该放在首位。除此以外，应该根据突发事件的性质和抢救人员的实际救助能力，确定优先次序。因此，最先到达事故现场的工作人员，必须在简单评估的基础上，有选择地加以抢救。

具体来讲，参加突发事件处理的人员在接到命令后，应该以最快的速度抵达事发现场，然后可以按照以下程序展开工作：（1）立即组织现场人员抢救生命，迅速转移受害人脱离危险区；（2）火速封锁出事现场，或者驱散围观群众，以免影响救援和处置工作的开展；（3）在尽可能靠近事发现场的地方设立危机现场处理指挥中心；（4）根据事态的发展向政府有关应急部门寻求必要的援助；（5）迅速建立和重新建立通信联络，保证信息畅通；（6）尽可能将已经收集到的现场情况、事故的发展趋势、可能造成的后果以及下一步将要开展的工作情况等向上级有关部门汇报。当然，上述应急处理程序在实施过程中，应随着事发现场的具体情况而有所改变和调整。

（五）灵活变通原则

灵活变通原则是指在处置突发事件过程中，根据控制目标，制订能体现突发事件特点的控制方案。在目标确定、方案运行过程中，根据具体的处置对象、处置任务、处置目标，善于捕捉契机，灵活机动运用不同的方法，将处置模式的基本要求与自己的特长融会贯通，大胆进行改革创新，形成自己的处置风格。

突发事件的特性决定了突发事件应对必须将灵活变通置于重要地位。突发事件是复杂系统的突变，而不是一系列事件按照线形的时间顺序先后发生。由于突发事件的不确定性和破坏性，使得公共机构在处理中就要遵循灵活变通的原则。突发事件是形形色色的，因此对不同的突发事件的处理手段和方法也不尽相同。所以针对不同情况下的突发事件要做到具体问题具体分析，因地制宜、因事制宜、及时变通，灵活处理。

（六）协同应对原则

协同应对原则是指在处置突发事件过程中，发挥各部门在政府的统一领导下，统筹部署，明确分工，各司其职，协同配合，发挥整体优势，迅速解决事件所要遵循的原则。

处置突发事件是一项系统工程，需要统筹兼顾，照顾周全，既要考虑到群众的安危、社会的稳定、经济的发展，又要考虑到科技的进展、知识的普及，还要考虑到国际的影响、周边的关系等。独立行事不仅工作收效不大，还容易造成资源浪费、顾此失彼，贻误工作。所以，应对突发事件只有在政府的统一领导下，各相关部门协同配合，形成合力，才能准确全面把握突发事件的性质和关键症结，及时形成科学的决策，迅速化解风险，依法应对，解决问题。

三、善于运用沟通协调化解问题

突发事件来临之后，由于信息的不对称、不充分和人们缺乏必要的应对措施、技能及资源，公众的态度、情感、意志、动机等会相互影响和感染，容易出现非正常的反应。因此，处理突发事件中的沟通就显得尤为重要。一般情况下，要做好以下几个方面的沟通协调工作：

1. 与公众的沟通

一要谦虚诚恳、实事求是。这是与公众沟通最基本的职业道德。与公众沟通最忌讳的就是高傲自大和弄虚作假。沟通不是在演戏，它来不得半点虚假。只有谦虚诚恳，实事求是，态度端正，放平姿态，以平等、真诚、虚心的态度认真听取公众意见，不打官腔，不抱偏见，不居高临下，不盛气凌人，注意不用敏感字眼刺激当事人，不把群众当作对立面。二要公开透明。在政策与法规许可的范围内，讲真话，说实话，把握好时机说，公开和阐明事实真相，是妥善处理突发事件并实现有效沟通的基本原则，必要时邀请专家学者解疑释惑。三要加强疏导。耐心听取群众的意见和要求，帮助他们分析真实与虚假、合理与不合理，以强有力的预防性沟通加强“引”的作用，变不利因素为有利因素。四要坚持与人为善。善于控制情绪，学会沉着冷静，学会克制忍耐，努力使矛盾得到缓和解决。特别是对当事群众的过分要求及过激行为，不能意气用事、感情用事。

2. 与突发事件受害人的沟通

一要在第一时间派得力人员安抚受害者及其家属，既可以是由相关工作经验的同志，也可以由心理咨询人员配合，向受害者通报事态发展的有关情况。二要以极大的耐心接受受害者的陈述，并尽可能为其提供方便，避免激化矛盾和加深分歧，导致受害者和家属对政府的反感，给以后的善后处理留下麻烦。三要亮明态度，既要讲清楚政府依法对受害者进行赔偿和抚恤的政策规定，又要告知具体的责任承担者是谁，让受害者及其家属积极配合问题解决。

3. 与媒体的沟通

突发事件的处理千万不能忽视媒体的作用。但是媒体对突发事件既有有利的一面，也有不利的一面，为此要根据媒体的特点，与各方媒体建立好沟通协调关系，使媒体在突发事件的处理中起到积极的作用。（1）与媒体合作。主动与媒体保持联系，通报有关情况，让媒体成为盟友和合作者，利用新闻媒体宣传、阐释有关政策，引导新闻媒体的舆论导向。在向媒体传递信息时，要经过充分的筛选和考虑，避免出现该传递的信息没有传递，不该传递的信息却发布出去的情况。(2) 坦诚相待。建立起与各种媒体之间的信任关系。要恰当处理好与不友好甚至是对立媒体的关系，防止媒体完全失真的报道，歪曲事实真相，以免给下一步的工作带来不必要的麻烦。(3) 掌握舆论的主导权。主动通过主流媒体向新闻界提供有关事件的最新最准确的消息，通过媒体迅速把真相告诉公众，把握主动权，争得正确的舆论导向，占领舆论阵地，变被动为主动。必要时尽快召开新闻发布会，以减轻各方压力。(4) 一个口径一致对外。突发事件爆发后，要尽快明确危机发言人及规范的信息发布渠道，危机发言人必须与最高决策层有直接沟通，“一种声音、一致对外”。要防止口径不一，自相矛盾、不能自圆其说的情况出现。

四、积极组织突发事件培训演练

村官能力再高，也没有三头六臂。作为村官，只有让人民群众都有突发公共安全事件的危机意识，掌握面对危机事件时的防范、处理措施，才能从根本上解决各类突发事件问题。具体来讲，可以从日常工作、村民小组会议、远程教育、宣传栏等方面着手，按照应对突发事件的实战要求，组织各户户主开展自然灾害、森林火灾、重大动物疫情、道路安全等各类知识宣传、讲座或技能培训，广泛宣传应急法律法规、

预案和预防、避险、自救、互救、减灾等常识，增强本村村民的责任感和自救、互救能力。另外还可以根据本村实际情况，针对本村历史上常发生的、处于薄弱环节的公共安全事件制定应急预案，利用合适的时间开展各类科学演练活动，有效避免一旦发生公共安全事件，无从下手的尴尬局面。

第三节 农村突发事件的预防

凡事预则立，不预则废。预防为主是突发事件应急管理的重要原则。中国自古以来就重视突发事件的预防；在博大精深的古代文化中，对突发事件的预防有过深刻而辩证的论述，比如“常将有日思无日，莫等无时思有时”，强调的就是无时防有、有备无患的思想。再如，凡大事起于小事，听于无声，见于无形，主张的是未雨绸缪、预防在先的思想。国外应急管理理论认为，突发事

件应急管理不仅仅是紧急事件发生之后的救援和善后工作，而是包括预防、准备、回应和恢复在内的四个完整的流程。作为农村干部，如何在平时的工作中树立问题意识，善于发现问题、善于分析问题，防患于未然，将问题和矛盾消灭在萌芽状态，有效防范和减少突发事件的发生，是一个十分现实的课题。

一、树立强烈的危机防范意识

突发事件实际上就是一个个大大小小的公共危机。作为一名村干部，应该时刻把群众的大小利益放在心上，自觉增强公共危机意识，主动学习涉及农村公共危机事件的相关知识，对农村公共危机发生的预兆、原因、应急预案、处理措施、危机控制、风险防控、经验教训等方面，做到一清二楚，要从源头上克服麻痹大意的思想，从心理上时刻绷紧安全生产、安全工作、安全生活这根弦。结合所在村的实际情况，针对可能发生的事情，诸如山塘、水库、河流、山林、危房等出现易引发公共安全的事件进行一一排查，对农村可能出现的公共危机要有预见性和前瞻性，未雨绸缪，从源头上预防和加强农村公共危机的发生，这不仅仅是村干部的工作，更是村干部的责任。

应急管理意识决定了应对结果。树立强烈的危机意识和提高危机管理的应对能力是应急管理的起点和公众广泛参与应急管理的基础，也是消除和减少突发事件隐患的有效举措。树立危机意识和提高危机管理的应对能力是对突发事件进行有效应对的必要条件，也是政府应急管理系统的一个不可或缺的重要组成部分。

随着社会结构的深刻变动、经济体制的深刻变革、利益格局的深刻调整以及思想观念的深刻变化，我国当前已经进入了风险社会，具体表现为各种自然灾害频繁发生、各种社会矛盾凸显、各种利益冲突加剧。这个时期既是发展的黄金机遇期，也是各种风险、各种矛盾和危机的多发期。现实的社会环境要求我们，在尽快建立健全现代化的应急管理体系的同时，还必须将社会危机意识作为应急管理的关键环节和要害环节来抓。公众的危机意识、风险意识和忧患意识是风险文化的重要部分，是公共危机管理体制中的精神因素和意识层面，是公共危机预防机制中的主要元素。同时，应急管理的实践和理论证明，公众的应急能力和技术，与突发事件的应对效果、应对效率呈正比例关系，即公众的抗逆水平越高，突发事件导致的损失越小，突发事件的处置水平就越高。因此，必须采取有效措施和方法，提高社会的危机意识和应急能力，为构建现代应急管理体系、有效应对突发事件设置好第一道屏障。

二、培养应急管理的综合能力

对基层干部而言，应急管理考验每一位干部应急管理能力和水平，既要考验雷厉风行、快速决策的能力，也要考验临危不乱、泰然处之的心理素质；既要考验统筹兼顾、通盘考虑的大局观念，也要考验处变不惊、依法处置的果敢作风。因此，提高自身的应急管理综合能力是现实的需要，也是提升自身综合素质的需要。

（一）要有敏锐的鉴别能力

突发事件并非是空穴来风，在其酝酿、发生、发展过程中，必然会表现出一些不易被人察觉的迹象。作为一名基层干部，要善于捕捉那些初露端倪的表面现象，掌握真实的信息，在此基础上做出准确分析判断，较好地把问题化解在基层、化解在内部、化解在始发状态，从而主动有效地防范和避免事态的扩大。但从以往应对突发事件的情况来看，很多时候，正是一些干部在事发之初对苗头性信息掌握不准，漫不经心，从而错失良机，酿成大祸。

（二）要有驾驭全局的能力

胸无全局者，不足以谋一域。对突发事件的处置，事关大局，来不得半点马虎，需要领导干部统观全局，周密思考。既要考虑事件造成的社会影响，又要考虑造成的经济损失；既要考虑国家政策法律的规定，又要考虑当地群众的风俗习惯；既要考虑采取措施的力度，又要考虑社会的承受程度；既要考虑事件本身的处置效果，又要考虑其后续影响以及周边因素的作用。总之，要把突发事件摆到发展的全局中通盘考虑谋划，防止急于求成，一味地就事论事，采取强制手段粗暴处置。要坚决避免顾此失彼、因小失大、贻误全局现象的发生。

（三）要有快速应变的熊力

只有做到快速反应、多谋善断、速战速决，才能掌握处置突发事件的主动权，将事件可能产生的不良后果控制在最小限度。突发事件来势猛、发展快，稍有不慎，将造成失控局面。这就需要基层干部有迎难而上、不畏艰险的勇气，有处变不惊、大胆果断的气魄，有审时度势、随机应变的胆略，有令出法随、雷厉风行的作风。总之，要快字当头，迅速果断采取行动，在最短的时间内控制住局势，抓好应对的关键环节。

（四）要有较强的组织协调能力

应对突发事件，对干部的组织协调能力有着更高的要求。首先，能短时间内聚合各种要素，把包括党委、政府各职能部门以及新闻媒体在内的社会各界的人力、物力、财力等资源在第一时间内集聚到位，充分调动各方面的积极性；其次，能有条不紊地开展工作，高效有序运作，使各个环节丝丝相扣，最大限度地发挥其效能；再次，能优化调控手段，以高超的领导方法和领导艺术，尽力以理性的而非感性的，柔性的而非暴力的，开放的而非隐蔽的方式，妥善有效地处理好突发事件，避免事件因组织拖延、调控不当而造成更大的危害和损失。

（五）要有快速决断的能力

快速决策能力是建立在理性思维基础上的一种能力，也是领导干部应急能力高低的最终体现。科学的决策需注意以下几方面：首先，要迅速查清事由。对事件的起因、事态程度、发展趋势、社会影响等情况进行深入调查摸底，掌握实情，为事件妥善处置做好基础性的保障工作。其次，要因情施策，区别对待。根据事件的不同起因和性质，对症下药，采取有针对性的工作措施。尤其要时刻注意事件的动向，不断地应对调整。再次，决策要有适度超前性。要充分考虑事件的发展变化，具有一定的预见能力，留有周旋的余地，从而运筹帷幄，决胜千里。最后，要群策群力，寻求最佳方案。一个人的知识和经验毕竟有限。这就需要领导干部集思广益，博采众长，在集聚各方智慧和意见的基础上择善而从，迅速做出科学决断，并立即付诸实施。决策能力的提高是一个培养的过程。提高应对复杂局面、处理突发事件的能力，要求领导干部要立足大局，学习适应形势变化和任务需要的新知识、新技能，尤其是掌握现代信息技术，不断拓宽知识面，优化知识结构，注重汲取国内外处置突发事件的一些成功经验，不断提高战术水平，紧跟形势的发展变化，确保一旦事件发生，能够快速反应，拉得出、打得响、战得胜。

三、增强突发事件的预警水平

突发事件的特点决定了突发事件往往超出了正常社会秩序和人们的心理惯性的运行，而且，由于以网络技术为代表的信息社会的到来，使得危机造成的负面影响很容易在极短的时间内传播开来，造成严重局面。古语讲“兵贵神速”，应对突发事件同样需要基层干部善于把握时机，及时决策，把突发事件的发生率尽量减少，把已经发生的突发事件的危害降到最低。总体要求是“早发现、早报告、早决策、早控制”。

1. 早发现

坚持第一时间原则，是确保突发社会稳定事件得到及时控制的前提条件。只有做到信息及时准确，为领导决策和有效处置提供可靠依据，赢得战机和主动，才能减少突发社会稳定事件的破坏性、危害性和负面影响，维护社会秩序的稳定，安定民众心理，保证整个事件的顺利处理。

2. 早报告

突发或可能突发社会稳定事件的信息发现后，各乡镇、各部门、各单位要准确及时向上级报告，时间不得超过 2 小时，不得迟报、谎报、瞒报和漏报，同时通报有关地区和部门。特殊情况下，可直接向上级维稳决策机构报告，但报告时间不得超过 3 小时。对重大涉稳信息要即发即报，并跟踪续报。

3. 早决策

应对突发社会稳定事件的决策，属于非程序决策的范围。作为基层管理者来说，在突发事件面前必须果断决策，决不能贻误战机。能否及时、正确、果断地决策，启动相应的应急措施或处置预案，保证各部门协同作战，把突发事件的损害减少到最低限度，是新时期基层组织应对突发社会稳定事件、提高自身执政能力、构建和谐社会能力的极大考验。对重大稳定信息反应不灵，议而不决，左顾右盼，坐等指令，不敢负责，是非常有害的。

4. 早控制

建立健全社会预警机制，就是要采取相应的政府干预、社会行动，把社会风险控制在一定的范围之内，在合理程序内，以确保社会成本与代价不超出社会承受力，维护社会的相对稳定，把不稳定因素最大限度地解决在基层，解决在萌芽状态。只有控制得早，才能控制得住；只有控制得住，才能化解得了。及时化解处置各类突发事件，还需要立足本地的社会环境和经济发展实际，建立健全更为科学、更为主动、更为有效的运行机制。

各地的经济社会发展状况不同，影响社会稳定的因素不尽相同，需要解决的突出问题也不一样。要密切关注形势发展变化，主动分析评估本地的稳定状况，善于把个案分析与全局研判结合起来，明确重点、抓住关键，对各种不稳定因素心中有数。要建立健全由各级维稳部门牵头的信息分析研判机制，准确判断矛盾问题，科学应对、正确处置。在当前，要重点从以下几个方面入手：

(1) 认真抓好矛盾纠纷排查调处工作；(2) 坚持不懈地抓好农村基层组织建设和民主政治建设；(3) 加强法制宣传教育，全面提高公民的法制意识；(4) 下大力增强各级干部求真务实的工作作风；(5) 坚持发展不放松，全力提升全民小康社会建设整体水平。

有效应对和及时化解突发性事件，我们领导干部既要从科学发展的高度，构筑制度化、规范化、程序化、法治化的危机防控体系，建立化解突发性事件的长效机制，又要从提高自身素质和能力入手，在增强判断能力、组织协调能力和沟通交流能力的同时，强化心理素质，提高事前疏导、事中化解和事后总结的能力，真正从源头上和根本上减少突发性事件的发生。

四、强化社会危机事件的风险防范

在各种突发事件中，群体性事件是近些年发生频率比较高的社会危机事件。群体性事件的发生，影响着社会的安定稳定和社会和谐建设。面对这样的社会现实，作为基层组织应积极妥善处理好每一起群体性事件，做好群众工作，增进社会和谐，做促进社会公平正义和推进和谐社会建设的推动者。

（一）弄清群体性事件形成的背景

群体性事件往往是某些利益要求相同或相近的群众或个别团体、个别组织，在其利益受到损害或不能得到满足时，受人策动，经过酝酿，最终采取集会、游行，集体上访，集体罢课、罢市、罢工，集体冲击党政机关、重点建设工程和其他要害部位，集体阻断交通，集体械斗甚至集体采取打、砸、烧、杀、抢等方式以解决问题，并造成甚至引发某种社会治安后果的非法集体活动。在经济转轨、社会转型、改革向更深层次发展的今天，社会中的利益关系和利益格局处在剧烈调整的过程中，社会中的利益主体也越来越多元化。在这种情况下，利益的矛盾与冲突长时间得不到妥善解决和疏导，往往会形成群体性的突发事件。

（二）掌握群体性事件处置的策略

对待群体性事件，应坚持以教育疏导为主的方针，坚持可疏不可堵、可散不可聚、可顺不可激、可解不可结的原则和区分性质、讲究策略、把握时机、严格执法、冷静稳妥的基本要求。防止矛盾激化，事态扩大，团结、教育、争取绝大多数，孤立和依法打击极少数组织、策划、煽动闹事的骨干人员，要分清性质，慎用警力，慎用强制措施。要把群体性事件有效地控制在稳定与秩序范围内，让群众依法合理通过正常渠道表达诉求，才能真正解决问题。

（三）做好群体性事件预防的工作

综观群体性事件，许多都是因为利益分配不公造成的。一些地方政府暗箱操作、黑幕交易、官商勾结、权钱互换等，扭曲了正常的市场经济秩序，导致社会分配不公，严重损害国家和人民群众的利益。对此，普通百姓十分不满，矛盾积累到一定程度，遇到适当时机就会骤然爆发。

利益诉求渠道不畅是群体性事件发生的一个重要因素，据中央信访局统计，群众上访的问题中，80%都有一定的道理，而这些问题往往都是可以在基层得到解决的。正是对基层矛盾处理的滞后，导致群体性事件频发。一些地方干部对群众的现实利益问题不积极解决，又不准群众越级上访，隐瞒下情，掩盖矛盾，堵塞言路。

在处置社会矛盾纠纷的过程中，一些干部对群众缺乏感情，置群众安危冷暖于不顾，无视群众正当要求，缺乏将心比心的换位思考，往往也成为群体性事件发生的因素之一。干部在对待群众利益诉求时，往往归咎于群众素质太低，动不动就给群众扣上无理取闹的帽子，予以打压，甚至用专政手段对待群众。可以说，一些社会纠纷之所以扩大成为群体性事件，与少数干部处理问题态度粗暴、方式方法不当有很大关系。

在影响社会稳定的因素中，大量的是人民内部矛盾，是利益关系纠纷。要具体分析、区别对待、分类处理，把改善民生与解决影响社会稳定的突出问题结合起来，注重协调和处理好利益关系。要按照属地管理、分级负责和谁主管谁负责、谁经营谁负责的原则，落实具体单位、部门和人员责任，坚持开展干部大接访活动，进家入户面对面了解情况，解决问题。建立全方位、动态化的社会稳定预警机制，健全矛盾纠纷排查化解机制，完善应急处置机制，就能最大限度消除群体性事件发生的频率。

群体性事件一般都有一个酝酿、发展的过程，真正"突发性"的并不多。有的事前已有"苗头"，有的有明显的群体活动，有的出现集体上访，有的发出群体聚集的信息等，因此，防范和预防显得尤为重要。

五、提高化危机为机遇的政治自觉

恩格斯说："没有哪一次巨大的历史灾难，不是以历史的进步为补偿的。"社会学家刘易斯·科塞指出，在一定程度上，冲突和危机可能是这样一种机制:“通过它，社会能在面对新环境时进行调整。一个灵活的社会通过冲突行为而受益，因为这冲突行为通过规范的改进和创造，保证它们在变化了的条件下延续。”司马迁在评价春秋时期的政治家管仲时，说他“其为政也，善因祸而为福，转败而为功。贵轻重，慎权衡”。作为一个基层干部，一定要树立这样一种观念，那就是危机虽然蕴含着危险，但也常常伴随着机遇。就像管仲那样，小心谨慎地对待危机，把危机造成的损害降到最小，并从中寻找可以转化为机遇的因素。基层干部的责任就是在危机中发现有利因素，变消极为积极，变害为利，灵活运用突发事件的机制，善于在危机中制造新的机会。

党中央一再强调，当今世界正在发生广泛而深刻的变化，当代中国正在发生广泛而深刻的变革。机遇前所未有，挑战也前所未有，机遇大于挑战。全党必须坚定不移地高举中国特色社会主义伟大旗帜，带领人民从新的历史起点出发，抓住和用好重要战略机遇期，求真务实，锐意进取，继续全面建设小康社会、加快推进社会主义现代化，完成时代赋予的崇高使命。

以全球金融危机为例来看，2007 年美国开始的次贷危机，逐渐演化成一场席卷全球的国际金融危机。当然，我国没有发生金融危机，但是这场国际金融危机对我国的影响不容小觑，其后续影响还在相当长的时期内存在。如何应对、化解危机、消除影响，是党和国家的重要任务，也是各级领导干部责无旁贷的责任和义务。这是一场不同以往的国际金融危机，需要以新的观念去寻求破解之道。要有效应对危机，就要突破思想障碍，转变观念，这就需要有突破习惯性思维和挑战传统的勇气，需要我们敢于正视矛盾、善于解决矛盾，在大胆探索中实现突破，在把握规律中增强预见性，在解放思想中不断提高开拓创新能力。

金融危机给我们带来的问题和困难是复杂的，它所产生的新问题，有许多是很难用过去的方法解决的，这就要求领导干部以求真务实的作风、狠抓落实的作风，充分发挥创造性，探索解决新问题的新方法。在应对金融危机中，我们需要做到求真务实、埋头苦干，坚持察实情、讲实话，鼓实劲、出实招，办实事、求实效，真正把全部精力用在推动经济社会又好又快发展上、用在保障和改善民生上、用在促进社会和谐稳定上。要以此“危机”为契机，把应对金融危机作为进一步贯彻落实科学发展观、实现经济社会全面协调可持续发展的重要机遇，加快民生工程、基础设施、生态环境建设和灾后重建，提高城乡居民特别是低收入群体的收入水平，从而有效扩大投资，积极拉动消费，更好地统筹城乡、改善民生，增强发展的协调性和可持续性。国际金融危机所导致的出口订单减少、企业利润萎缩，使国内经济运行面临许多困难。但压力同时也是动力，我们要利用这种倒逼机制加快转变发展方式、大力调整经济结构，坚持自主创新，不断开拓新的市场。面对外部环境趋紧，一些地方和企业积极调整，主动转型，不仅没有被困难压垮，反而在逆境中越战越勇，硬是闯出了一片新天地，这就是在危中求机、化危为机的很好例证。

国际金融危机锻炼了我们对复杂严峻局面的判断能力、驾驭能力和应对能力。我国成功应对国际金融危机的事实告诉我们：只要坚定信心，保持清醒，在应对中趋利避害，在逆境中“强身健体”，化危机为机遇，变挑战为动力，就能赢得更大的发展空间，提升我国经济抗风险能力，保持经济平稳较快发展的势头。事实告诉我们，危机不等于灾难，处理得当同样也是财富。

六、加大对群众应对突发事件的宣传教育

农村突发事件的预防，除了要加强基层干部方方面面的能力以外，还要特别重视对村民正确认识突发事件的宣传教育，提高村民的风险防范意识。要注重通过宣传媒介，广泛宣传应急法律、法规和预防、避险、自救、互救、减灾常识，提高村民的自救能力。要注重经常性地开展紧急避险、防灾、减灾宣传教育，开展突发公共事件应急救援知识进村入户活动，增强公众安全防范意识。要注重及时向村民公布有关突发公共事件的应急预案内容（涉密内容除外）、预警方式和报警电话，提升村民应急管理的主动性和自觉性。

典型案例

云南孟连“7·19”群体事件的教训和启示

一、事件概述

2008年7月19日上午，普洱市孟连傣族拉祜族佤族自治县发生一起群体性突发事件。公安机关在依法执行任务时，500多名不明真相的人员在极少数别有用心人的煽动下，情绪激动，行为过激，多次冲越警戒线，手持长刀、钢管、铁棍、木棒向民警进行攻击性劈砍、殴打，致使多名民警受伤。民警在经多次喊话劝阻、退让、鸣枪警告无效的情况下，被迫使用防暴枪自卫，由于距离较近，致使两人死亡。事件造成两名村民死亡，17名村民、41名警察、3名干部受伤，9辆执行任务的汽车被砸坏，102件警械被损毁或丢失。

二、处置情况

事件发生后，中央和云南省委、省政府高度重视，要求采取有力措施平息事态。省领导立即做出批示，要求积极抢救伤者，安抚好死者家属，做好善后工作和群众工作，迅速组成工作组赶赴现场，尽快查明事件起因，及时公布真相。在第一时间组成了工作组，前往孟连县指导事件处置工作。省、市、县领导深入事发地点，采取一切措施，尽最大努力平息事态，与胶农直接对话，听取他们的意见和诉求，防止事态进一步恶化。经过4天的艰苦努力，事件处置工作取得了初步成果。受伤人员得到救治，死者遗体已进行火化，群众情绪基本稳定。

三、原因分析

孟连县“7·19”事件，表面上看是警民冲突，实质上是胶农与企业的经济利益长期纠纷所引发的一起较为严重的群体性社会安全突发事件，是人民内部矛盾在特定条件下的集中表现。经初步调查，孟连县的橡胶产业发展从20世纪80年代以来经历了两次改革，一次是乡镇企业改革，一次是股份制改革，但两次改革都不彻底。由于产权不清晰，管理不规范，利益诉求长期得不到解决，特别是随着近年来橡胶价格的不断上涨，利益分配纠纷逐渐激化，胶农长期以来对橡胶公司的积怨，逐步发展成为对基层干部、基层党委政府的不满，加之少数违法人员乘机进行挑唆、误导，在个别地方出现了围攻、打砸橡胶公司，甚至围攻、殴打县乡工作组人员，打砸公私财物，非法收缴群众费用，欺压群众等情况，致使基层政权不能正常发挥作用，群众正当利益诉求得不到及时调处，严重影响了当地社会治安稳定。针对以上种种问题，孟连县委、县政府为进一步整顿社会治安，调整理顺各方利益关系，决定于2008年7月15日派出工作组深入勐马镇和公信乡各村寨开展群众工作，深入宣传《孟连县深化橡胶产业产权及经营管理体制改革指导意见》和《孟连傣族拉祜族佤族自治县人民政府关于对公信乡勐马镇部分农村地区进行社会治安重点整治的通告》及《关于限令违法犯罪人员投案自首的通告》，限令违法犯罪人员主动投案自首。7月19日上午，公安机关在依法对勐马镇辖区内的5名犯罪嫌疑人采取强制传唤措施时，导致了冲突的发生。

四、教训及启示

“7·19”孟连事件后果严重、影响恶劣，不仅造成了国家和人民生命财产的重大损失，而且严重伤害了边疆少数民族群众的感情，严重损害了党和政府的形象，教训非常深刻，现归纳如下：

（一）群众利益无小事

“7·19”孟连事件的最根本原因是孟连县胶农与橡胶公司的利益纠纷长期得不到解决，矛盾不断积累、激化。群众利益无小事。在社会转轨时期，由于体制、机制等原因，社会矛盾处于多发期。为政者只有时刻掌握社会各阶层、各主体利益诉求，随时做到心中有数，认真梳理社会各种利益冲突，及时化解利益纠纷，才能防微杜渐，妥善处理人民内部各种矛盾。如果为政者不清楚民生诉求，或者对民生诉求采取拖、推、等的态度，任由利益纷争自由纠缠，必然激化社会矛盾。

（二）要正确认识当前社会矛盾的根源

“7·19”孟连事件本身是胶农与企业的经济利益长期纠纷所引发的一起较为严重的群体性突发事件，是人民内部矛盾在特定历史条件下的集中表现，事发当时，当地有关领导却将“7·19”孟连事件错误定性为农村恶势力引发的社会治安问题。社会转轨时期虽然是矛盾的多发期，但是矛盾的性质大多是利益诉求，属于人民内部矛盾，而不是对抗性矛盾。草率对待民众诉求，轻率定性矛盾性质，错误采取解决矛盾的方式，不仅不能解决矛盾，而且还会激化矛盾。毛泽东同志说：不同质的矛盾，只能用不同质的方法去解决。利益矛盾的诉求，就应该用利益协调或调整方法解决。擅动警力，不仅不能较好处理矛盾，而且会激化党群关系、干群关系、警民关系，损害党和政府的形象。

（三）要牢记廉洁从政的纪律

随着云南省委、省政府对“7·19”孟连事件的调查处理，当地有关领导干部违纪违法问题随之水落石出：原孟连县委书记胡文彬长期使用橡胶公司提供的豪华越野车；普洱市、孟连县少数领导干部参与橡胶公司入股、分红，参与胶林买卖、租赁。中央对领导干部廉洁从政有严格要求。如果从政者不谨守从政准则，任被利益主体腐蚀，就会“拿别人的手软，吃别人的嘴软”，成为利益集团的代言人，而不再是人民群众的公仆。利益集团代言人是为利益集团服务的，人民的利益次之；他们顾及的是利益集团的利益，而不是党和政府的形象。这种一心挂两肠的人，人民不容，党和政府不容。失去利用价值的代言人，利益集团也会弃而远之。

（四）要切实改变工作作风

胶农的利益诉求长期得不到解决，集中反映出一些领导干部工作态度和作风存在问题，离群众的期盼差距太远。部分干部作风飘浮，脱离群众，漠视群众利益，听不进群众意见，离群众越来越远。由于长期不在群众中生活，因而对群众谈不上有感情。更有甚者，一些领导干部到基层调研时，也像“浮在水上的瓢”，热衷于迎来送往，图形式，讲排场，常常搞得官比民还多，在“层层陪同”中把老百姓的心声也过滤掉了。因此我们要切实引以为鉴，从深入基层、了解社情民意，同人民群众交朋友着手，加强基层党政组织的领导班子建设，提高基层党政组织在群众中的公信力、号召力和凝聚力。要提高基层党员干部调解矛盾纠纷的能力，及时把各种带有苗头性的问题和矛盾解决在当地，解决在基层，解决在萌芽状态。

（五）要着力提高领导干部应急处置能力

“7·19”孟连事件中，在一线指挥的普洱市委常委、政法委书记谢丕坤对形势研判不准，时机选择不当，工作方案不缜密，组织指挥不协调，对可能出现的严重势态估计不足，最终造成严重后果。当前，我国正处在体制转轨和社会转型的关键时期，社会经济成分、组织形式、就业形式、利益关系和分配方式日益多样化，引发出一系列城乡之间、不同地区之间、不同社会群体和社会阶层之间以利益为核心内容的复杂矛盾。如果不能妥善协调和处理好各方面的利益关系，不提高基层干部应对群体性事件的能力，就会导致群体性事件的发生。提高领导干部应对突发事件的能力，工作方式上应该从经验管理走向科学管理，提高方式上应该从自学文件规范转向模拟实战培训，应该建立党政军警四维纵向应急控制制度，尽量避免判断失误，最大限度实现应急举措科学化。

本章小结

突发事件，是指突然发生，造成或者可能造成重大人员伤亡、财产损失、生态环境破坏和严重社会危害，危及公共安全，需要采取应急处置措施予以应对的自然灾害、事故灾难、公共卫生事件和社会安全事件。突发事件具有突发性、公共性、多样性、不可预见性、变化的不确定性、危害的严重性等特征。应对和处置突发事件是一个系统工程，需要讲程序，需要讲配合，需要讲艺术，需要遵循一定的原则。我们正处于突发事件多发、高发、频发的特殊时期，全面提高应对突发事件的能力，不论对领导干部还是普通公众，都是当务之急。特别是对基层干部来讲，郡县治，天下安。农村作为我国行政治理体系的“神经末梢”，是基层干部服务群众的“前沿阵地”，农村安则天下安，农村稳定是社会稳定的基石。基层干部肩负着党和政府全面建成小康社会的重大责任，是构建农村社会和谐的主力军，只有树立危机意识，学习行之有效的方法、掌握科学合理的艺术，有效处理和应对各类突发事件，才能不断提高应对突发事件的能力和水平，进而为保护人民生命财产的安全、为维护国家社会稳定做出积极的贡献。

思考题

1. 什么是突发事件？突发事件的主要特征有哪些？
2. 突发事件有哪些类型？
3. 应对突发事件应该把握哪些原则？
4. 当前农村基层干部应做好哪些工作以防范各类突发事件的发生？

第十章　村官处理其他事务的艺术

学习目标

了解在基层工作除本职工作外其他日常事务的基本内容；了解日常事务性工作安排的艺术和技巧；探索做好基层工作的方式方法；提升服务基层、服务群众的工作本领；深刻认识处理好日常工作事务的重要性和必要性。

学习内容

明确基层干部不仅要具备完成各种急难险重工作和任务的能力和水平，也要掌握处理一些日常工作事务的艺术和技巧。本章重点学习如何学会运筹时间，如何组织召开会议，如何与人进行沟通交流，以及处理日常工作事务应遵循的原则等。认识到处理日常事务不仅是一门科学，更是一门艺术，在工作中要做到工作方法与工作艺术的有机结合。

第一节　运筹时间的艺术

现代社会，由于生产方式的高度集约化，市场经济的日益全球化，以及信息空间的电子网络化，使人类社会经济生活的节奏空前加快。时间，作为物质存在的基本形式之一，其市场资源的特征也愈发显得充分。不论是从时间的不可逆性、商品的价值性来看，还是从生命的有限性的角度分析，时间，在现代社会比其他市场资源都显得更加弥足珍贵。从这个意义上说，时间资源的合理开发和利用，对每个人乃至整个社会都至关重要。

运筹时间艺术，就是科学把握或挖掘时间的内在价值，强化时间管理意识，讲究运筹时间艺术，科学地利用时间、合理地安排时间和节约使用时间，放大时间利用效益，从而提高管理效能的一种管理艺术。

基层工作头绪繁多，任务繁杂，所谓“上面千根线，下面一根针”，每一个基层干部每天都面临着许许多多的事务。所以，在基层工作，不仅要掌握做好本职工作的基本方法，还必须掌握一些日常的具体工作方法。日常的具体工作方法是基本工作方法在各种日常工作中的延伸和具体运用，也是对基本工作方法的补充。掌握日常的具体工作方法，对于提高基层工作效率，保证工作目标的实现，有着不可忽视的作用。

一、运筹时间的重要性

基层工作虽然烦琐，但都是在时间的顺序更替中进行的，所有的活动与时间密不可分。领导者如何科学、合理地安排活动时间，如何科学、合理地利用时间，对于做好领导工作、提高工作效率，具有重要意义。

首先，领导者科学运用时间是时代的需要和历史的必然。随着社会的发展，领导者对时间的需求日益增多，特别是在科技革命进步使社会发展日新月异的当代，人类前进的步伐在加快，人类知识的总和以几何级数增长，社会问题日益纷繁复杂，层出不穷，从而迫使领导者必须重视时间利用的经济效果和社会效果，必须重视研究、掌握充分利用时间的诀窍。因此，研究、掌握科学运用时间的方法和艺术，就成为领导者开发时间资源、有效地进行工作面临的新课题。

其次，领导者科学运用时间的水平及其程度，决定着领导活动是否有效及其贡献大小。古今中外的经验表明，高效率的领导是取得成功的重要条件。时间对于领导者不仅是自然生命的材料，而且是领导生命的材料，珍惜时间是一切有成就的领导者活动的共同特征。

再次，领导者在其活动中科学运用时间的程度，标志着领导文明进步的水平。对无形资源的有效管理，标志着科学技术进入了更高级的阶段。而领导者在其活动中能以较少的时间高效地处理完有关的各种工作，则是进入高级领导阶段的重要条件和客观基础，是领导文明进步程度的一个重要标志。

二、运筹时间的方法

领导者在千头万绪的繁忙工作中，在时间紧张的情况下，要及时而有效地完成工作任务，必须合理分配，充分利用自己的有限时间。一般来说，科学地运筹时间的方法有以下几种：

（一）集中时间的方法

领导者在时间使用上切忌把时间分割成零星的碎片，把一件完整的工作肢解，分几次完成，而是要最大限度地将时间集中起来使用。时间的集中，是量的集中和质的集中，“量”的集中即时间的集中，“质”的集中即提高自己的注意力，专心致志。善于集中时间，才能在“整块”的时间中高效率地工作。在集中的时间里专心致志地思考问题，才能使思维保持高度的凝聚力，使思维“聚焦”，从而从大量的材料、信息中发掘出有价值的东西，在工作中取得突破。集中方能有效。古今中外的杰出领导者，其成功的奥秘之一就是集中时间，集中精力。

（二）扩大时间容量的方法

科学地安排时间，合理地分配和有效地利用时间，就等于扩大了时间的容量。充实时间容量的最好办法，就是挤。挤时间应注意运用下述两种方法：

1. 织网法

即领导者通盘安排自己的工作、生活与学习，使其俨然如一条有机联系的网。织网法又可分为多种方式方法：一是并联式，即在某项松散活动进行的同时开展另一项活动；二是串联式，即把工作、学习内容巧妙进行安排，环环相扣；三是统筹式，即利用各种能用的有利条件，对工作、学习、生活统筹安排；四是嵌入式，即在空白的零星时间里加进充实的内容；等等。

2. 压缩法

即领导者全面审查自己的各项活动安排，不必要的活动，可做可不做的事要取消，能合并的要合并，复杂问题要善于简明化、简单化。

（三）优化时间利用的方法

优化时间，即领导者对时间的分配和利用合理化，使其获得最佳效果。领导者优化时间利用包括的内容很多，一般说来，应注意掌握下述几种方法：

1. 优化总体安排

即领导者对一个阶段或一周、一天时间的安排要全盘考虑、周密计划、合理划分，使时间的利用在总体安排上达到优化。

2. 优化工作时间预测

即领导者根据过去时间利用的资料和现在掌握的情况，运用一定的科学方法，估计和推测其时间消费的未来效果。领导者时间预测的方法主要有三类：其一是外推法，即利用过去和现在的资料推断未来的状态，设法找出它们之间的统计关系；其二是固定法，即根据事物之间的因果关系对未来时间利用的效果进行预测；其三是直观法，即主要依靠领导者个人的经验和分析判断能力，预测未来时间利用的效果。

3. 优化工作程序

又可称 ABC 时间管理法或分类安排工作法。即把自己有限的时间科学地安排、利用在自己所领导的那个系统的关键工作上，以求获得最大的效果。具体做法是把所要办的事情按轻重缓急分为 ABC 三类：A 类最重要，是当天必须办的；B 类次之；C 类则可以缓一缓。这样就可以保证时间和精力用在重大工作上。突出了关键性的工作，往往能取得事半功倍的效果。

4. 优化时间使用价值

即领导者最大限度地发挥其有限时间的作用，这种方法又可称为生理节律法。其基本要求是，在精力状况最佳时安排最重要最艰苦最复杂的工作，在精力状况较差时安排比较轻松的工作，在精力状况处于低潮时则安排休息、娱乐等。

（四）节约时间的方法

时间的节约是一切节约中最重要的节约。一切节约归根到底都是时间的节约。领导者除有效地利用时间外，还应消除浪费时间的因素，掌握节约时间的艺术。为此，应注意掌握如下技巧：

1. 要制订工作计划，精心安排时间，做到有条不紊

对一天、一周、一个月或更长时间的工作合理安排，做出计划、规划，就可以从整体上避免时间的大面积浪费。

2. 要科学地召开会议

“会海”一词是对泛滥成灾的会议的一种形象概括。实践表明，无效率的会议不仅浪费了大量的时间，而且造成了社会经济的极大浪费，甚至严重地影响了党风和政风。因此，要节约时间，就要在科学地召开会议上大做文章。应当严肃提出“有效地开会、开有效的会”的口号。为此，必须严格控制会议数量，不必要的会议坚决不开；可开可不开的会议尽量不开；非开不可的会必须认真计算成本，根据最低成本、效率最佳的原则，选择最佳的开会的时机、最短的时间和最近的位置，根据会议的内容确定开会的规模、与会人员、开会的形式和方法。

3. 实行层次领导，节省工作时间

这一技巧要求做到：不干预、不处理下级职责范围内的事和下级有能力办

的事；改变“事必躬亲”的工作作风，集中时间和精力做自己应该做的事；受理下级请示，不接受越级请示和交叉的重复请示，不答复上交的问题和没有建议的请示。

第二节　召开会议的艺术

在现代社会中，领导者最重要的、经常性的活动是管理和决策。领导者在实施管理和决策时，会议是不可缺少的基本形式，是领导者实施领导的一个重要方法。据调查统计，领导者公务活动时间的25%～60%是在会议中度过的。因此，领导者要有效地实施管理，做出正确的决策并全面地加以贯彻，就理应成为运用高超艺术来驾驭会议的会议专家。

一、会议的准备

开会是为了达到某种目的，完成一定的任务而进行的。会议能否成功，在很大程度上取决于准备工作。除临时性的或紧急召开的会议之外，都应做好必要而充分的准备。怎样做好会议的准备工作，是一门包含许多技巧在内的艺术。要做到不开无准备之会，不开无效之会、不开低效之会，就要掌握和运用会议的准备方法。

1. 会议内容的准备

确定了要召开的会议，首先要进行内容的准备，问六个“W”：开什么会（What），为什么开会（Why），什么时候开（When），哪些人开（Who），在什么地方开（Where），怎么开（How）。回答这六个方面的问题，具体说来主要有以下几点：确定会议主题及其相应名称；确定会议议程；准备会议需要讨论、审议或下发的会议文件；确定会议参加人员；选择、确定会议的地点；预先发布会议通知，使会议的参加人员确切知道会议的时间、地点、内容、程序、时限及自己的责任；对会议筹备人员的职责进行合理分工，做到责任到人，既有分工，又互相协作。

2. 会议服务的准备

会议的服务准备工作，要艺术性地抓好以下具体环节：根据会议的规格、参加会议的人数，既实事求是又注意留有余地，造好预算，申请经费；精心准备会议必需的奖品、证书等有关物品；安排食宿、车辆及接送站；布置会场。

3. 领导者要亲自参加会议的筹备工作，抓好与会议内容直接相关的大事

首先，领导者之间要有明确的分工，分别督促、落实会议的有关准备工作。其次，领导者对会议解决问题的方针有一个初步的设想。再次，需要在会议上讲话或做报告的领导者要认真对待，精心准备讲话或报告。最后，领导者要亲自过问座次安排。

二、会议的主持方法

善于主持会议是一门高超的领导艺术。领导者运用一系列技巧主持会议，得心应手地处理会议中的各种情况，对于开好会议具有举足轻重的作用。主持会议的方法主要包括以下几个方面：

1. 精神饱满，注意风度

领导者在主持会议时，要以饱满的工作精神状态、端庄的举止出现在会议上。这样可以振奋与会人员的情绪，有利于使会议形成严肃认真、奋发进取的气氛。

2. 讲究语言艺术

领导者主持会议要讲究语言艺术：首先，语言要精练明确，切忌拖泥带水，含糊不清；其次，会议中讲话要简明扼要，切中要害；再次，语言表达要有逻辑性、条理清楚。

3. 对议题的先后顺序做出合理安排

根据人的心理、生理、精力等特点，与会者在会议的前半部分时间里，富有活力和创造性。因此，需要与会者充分开动脑筋，集中献策的议题，应当放在会议的前半部分，以便形成高质量的决议。

4. 突出中心议题

中心议题是会议的中心，会议取得成效的关键。会议主持者应注意引导与会者围绕会议中心议题、议题中心发言，防止闲话式离题或发挥性离题，以免冲淡会议主题。

5. 适时进行归纳

主持者在会议过程中要抓住时机，进行归纳，讲清已取得哪些进展，突出尚待解决的问题，促进与会者的思维和消化过程，引导会议向纵深进行。归纳要有较高的概括性，抓住问题的实质，如实反映会议进展情况，以便迅速被与会者接受。

6. 掌握会议进度，及时转换议题

会议的进展情况主要靠主持人来掌握。主持人对会议的重点内容、非重点内容及其时间安排应心中有数，注意全面掌握会议进度，保证重点内容的时间，限制非重点内容的时间。同时，会议主持人要掌握“火候”，不失时机地转入下一个议题的讨论。

7. 妥善协调各方意见和人际关系

在会议中，由于人们的认识和分析能力、经历、认识问题的方法、角度等多方面的差异，也由于有些问题会程度不同地涉及与会者的心理需要和切身利益，因而对同一问题的不同认识甚至完全相反的意见会经常发生。会议主持者要细心洞察人们的心理变化，认真分析，区别不同情况和类型，运用恰当的技巧妥善处理。

8. 随时引导和调整会议气氛

会议气氛是会议环境中给人强烈感觉的精神表现或情绪外观。它显示与会者个体和集体的思想境界和心态。它虽然不直接决定会议的成败，但会较强地影响会议效率和效果。影响与会者的人际关系和会议目的的实现程度。良好的会议气氛是达到会议目的和效果的重要因素之一。会议气氛多种多样，如民主的气氛，热烈愉快的气氛，严肃认真的气氛，奋发进取的气氛，团结与互谅、互相尊重的气氛等。不同内容的会议、同一会议的不同内容要求与之相适应的气氛。会议主持者应根据会议的内容要求随时引导和调整会议气氛，使之与会议内容相协调、相匹配。

9. 提高会议效率

要发挥会议的积极作用，就必须提高会议效率。在市场经济条件下，经济效益的提高与会议的讲究实效是密切相连的。因为召开任何一次会议都是有代价的，不仅有会议经费的代价，更重要的是有人员和时间的代价。如果开一个议而不决、扯皮无效的会议，代价则更大；如果会议做出一项错误的决策，大量的人力、物力、财力付诸东流，损失则不堪设想。经济学原理表明，一切节约归根到底都是时间的节约。会议主持者要节约时间，提高会议效率，应注意掌握以下几个环节：一是按预定时间准时开会；二要坚持讲求实效、宁短勿长的原则；三是限定会议进行时间，必要时精确规定与会者发言的次数和时数；四是讲短话，不仅会议主持者的发言要简明扼要，而且要求与会者发言简洁、明快、准确，不脱离议题，保持较大的信息量，不说空话、废话，尽量不重复别人已谈过的意见；五是不轻易追加会议内容。

10. 做好会议总结

会议总结是主持会议的画龙点睛之笔，关系到会议能否开得圆满成功。会议总结通常是对会议发言情况、讨论内容进行归纳，使之条理化；对会议发言中认识不清或不够深刻的问题，上升到应有的高度；对发言、讨论中有争议的问题，指出分歧意见的症结所在，让大家准备另召开一次会议再议；对会议精神如何贯彻执行，明确具体的方法、步骤和要求。把握会议总结的艺术，可采用下述一种或几种技巧：一是归纳法，即会议主持者把发言者阐述的既有联系又杂乱的思维观点归纳整理，使之既条理化，又重点突出。二是穿珠法，即会议主持者把与会者发言中闪烁思想火花的零珠碎玉穿在一起，形成智慧的珍珠、会议的结晶。三是升华法，即会议主持者站在更高的层次上，把发言者心中所有想表达而又表达不够深刻、叙述不完善的思想观点加以升化，从而使与会者认识有所提高。四是拍板法，即与会者对议题进行了充分讨论，发表了意见，表明了态度，对有关情况进行了充分论证，决策的各种条件已经具备，会议主持者在总结时要及时拍板定案，不能丧失良机。

总之，主持会议是一种重要的艺术和工作方法，领导者应当在工作实践中自觉地学习这门艺术和方法，把会议开得更科学、更有实效。

第三节　谈话交流的艺术

21 世纪是一个社交化的社会，生活中的每一天我们都会与别人交流。谈话交流随时随地都伴随着我们，成为我们工作、生活的润滑剂。谈话交流也是消除隔膜，达成共同远景、朝着共同目标前进的桥梁和纽带。谈话交流更是相互学习、信息共享的过程，在交流中可以学习彼此的优点和技巧，提高个人修养，不断完善自我。基层干部在公务活动中，每天都要与上级、同事、群众等不同群体或对象打交道，其中，如何与群众进行谈话交流是其中最重要的一项内容，它直接影响到干群关系，影响到政府在群众中的公信力和形象问题，因此掌握谈话交流的艺术，是密切与群众的联系、塑造政府良好形象、提升自身素质的必修课之一。

一、谈话交流的基本含义

谈话，是指两个人或许多人在一起说话，是人们表达情感、沟通思想、传播信息的重要途径。

交流，是指通过沟通交谈，彼此双方把自己已有的信息提供给对方，实现信息流动的过程。

交流是人与人之间的互动，没有交流，也就没有情感。交流也可以称为沟通，沟通也就是交流。因此，谈话交流的艺术简言之就是交谈的艺术。

交谈是人们日常交往的基本方式之一，美国著名的语言心理学家多罗西·萨尔诺夫曾说道："说话艺术最重要的应用，就是与人交谈。"从广泛意义上来讲，交谈是人们交流思想、沟通感情、建立联系、消除隔阂、协调关系、促进合作的一个重要渠道。基层干部在交谈时的具体表现，往往与其工作能力、从政水平、个人魅力以及待人接物的态度紧密联系在一起，因此，交谈是个人素质的有机组成部分之一。

沟通漏斗理论告诉我们，如果你想表达的是100%，结果你表达出来的是80%，别人听到的是60%，别人理解的是40%，别人记住的是20%，而别人执行的却是0%。这组数据告诉我们，交谈不仅是一门科学，更是一门艺术。

二、交谈的艺术和技巧

（一）倾听

倾听，属于有效沟通交流的必要部分，以求思想达成一致和感情的通畅。狭义的倾听是指凭助听觉器官接受言语信息，进而通过思维活动达到认知、理解的全过程；广义的倾听包括文字交流等方式。其主体者是听者，而倾诉的主体者是诉说者。两者一唱一和，有排解矛盾或者宣泄感情等优点。倾听者作为真挚的朋友或者辅导者，要虚心、耐心、诚心和善意地为诉说者排忧解难。

倾听不是简单地用耳朵来听，它也是一门艺术。倾听不仅仅是要用耳朵来听说话者的言辞，还需要一个人全身心地去感受对方的谈话过程中表达的言语信息和非言语信息。为此，应做到以下几点：

1. 倾听的一般性要求

一般而言，倾听要克服以自我为中心，不要总是谈论自己；同时要克服自以为是，不要总想占主导地位；要尊重对方，尽量不要打断对方说话，要让对方把话说完；也不能去深究那些不重要或不相关的细节而打断话。倾听的过程中情绪要稳定，不要激动，不要对听到的内容匆忙下结论，不要急于评价对方的观点，不要急切地表达建议，不要因为与对方不同的见解而产生激烈的争执。遇到对方没有重点、没有头绪的叙述，要仔细地听对方说些什么，不要把精力放在思考怎样反驳对方所说的某一个具体的小观点上。当对方喋喋不休时，尽量不要边听边琢磨他下面将会说什么，不要使自己的思维跳跃得比说话者还快，不要试图理解对方还没有说出来的意思。

2. 倾听的禁忌

一是倾听时因种种原因导致对谈话内容漠不关心；二是在倾听时只听内容，忽略感觉，忽视对方的感受，让对方产生误会；三是无缘无故经常打断对方的谈话，导致对方思维混乱，思路不清晰，词不达意，等等。

（二）提问

提问也是有效沟通交流的重要组成部分。提问的目的，在于交谈双方在谈话时开启话匣，获取信息，以利于下一步的沟通。很多时候，得体而有效的提问能提升沟通的效果。一个问题如何问，常常比问什么重要得多。一次提问能否得到完美的答复，也在很大程度上取决于“如何问”。一般情况下，提问是在倾听之后。但也常常有例外。倾听过程中是否提问，取决于叙述者的表达能力。

提问有多种类型。从提问的效果看，可以分为有效提问和无效提问两类。有效提问，是确切而富于艺术性的一种发问。无效提问，是强迫对方接受的一种发问，或迫使对方消极地去适应预先制定的模式的一种发问。

1. 提问的目的和意义

提问的目的在于准确地了解对方的需求。提问可以有效缩短交流时间，可以澄清双方的责任，可由被动转为主动。

2. 提问的方式

提问的方式分为开放式问题和封闭式问题两种，每一种提问的方式都有其作用，在不同场合和情况下，要灵活应用。

（1）开放式问题的使用。开放式问题可以促使对方更详尽地说明需求和诉求，特别是在需要详细了解群众需求时，使用效果更好。如果在群众进行投诉处理时，使用开放式问题，则有助于平息群众的不满。

（2）封闭式问题的使用。封闭式问题是群众可以回答是或者不是的问题，通过这种方式可以迅速了解群众的需求，缩短交谈时间，提升工作效率。封闭式问题的准确性要以自己的工作经验和专业素质为基础，不可随意发问。如果封闭式问题得到否定回答时需要立即转换为开放式问题继续交谈。

3. 提问时的角色定位

群众是基层干部的服务对象。在交谈中，一定要有“民本”意识，争取群众的信任和支持。应树立正确的群众观，树立公仆观念，增强服务意识。要明确自己的身份，处处以人民“公仆”的身份出现，而不能以“官老爷”的身份出现，一心一意为群众排忧解难，让群众得到实实在在的利益，让群众感受党和政府的温暖。

（三）复述

复述之所以成为有效沟通交流的一项重要内容，是因为复述会让群众感到自己的述说得到了回应，反映的问题引起了重视，叙述过程中遗漏的内容得到了弥补，因而在心理上会产生些许满足。这样的交谈方式是对相互尊重、相互理解的最好诠释。复述应注重两个方面：

1. 复述事实

复述事实可以澄清群众叙述过程中叙述不清的问题，可以明确责任主体，避免不必要的责任纠纷，可以提醒群众叙述中的遗漏事项，更可以体现基层干部的职业素养。

2. 复述情感

复述情感是指对群众的某些观点表述赞同，对群众反映的问题或遭遇表示同情和理解，等等，复述情感是提升群众共同感知的最佳方式，也是消除误会、拉近与群众的距离、密切干群关系的一个纽带。

三、交谈的礼节礼仪

交谈礼仪是指在一般场合与人交谈时应当遵循的各种规范和惯例，主要涉及交谈的态度、交谈的语言、交谈的内容、交谈的方式四个方面。

（一）交谈的态度

基层干部在交谈时所表现的态度，往往是其内心世界的真实反映。若想使交谈顺利进行，就务必要对自己的谈话态度予以准确把握、适当控制。具体而言，在交谈时应当体现出以诚相待、以礼相待、谦虚谨慎、主动热情的基本态度，切不可逢场作戏、虚情假意、敷衍了事、油腔滑调。

1. 表情自然

表情，通常是指一个人面部的表情，即一个人面部神态、气色的变化和状态。人们在交谈时所呈现出来的种种表情，往往是个人心态、动机的无声反映。为了体现自己的交谈诚意和热情，应当对表情予以充分注意。

（1）交谈时目光应专注，或注视对方，或凝神思考，从而和谐地与交谈进程相配合。眼珠一动不动，眼神呆滞，甚至直愣愣地盯视对方，都是极不礼貌的。目光游离，漫无边际，则是对对方不屑一顾的失礼之举，也是不可取的。如果是多人交谈，就应该不时地用目光与众人交流，以表示交谈是大家的，彼此是平等的。

（2）交谈时可适当运用眉毛、嘴、眼睛在形态上的变化，表达自己对对方所言的赞同、理解、惊讶、迷惑，从而表明自己的专注之情，并促使对方强调重点、解释疑惑，使交谈顺利进行。

（3）交谈时的表情应与说话的内容相配合。与上级领导谈话，应当恭敬而大方；与群众谈话，应当亲切而温和；在秉公执法时说话，应当严肃而认真。

2. 举止得体

人们在交谈时往往会伴随着做出一些有意无意的动作举止。这些肢体语言通常是自身对谈话内容和谈话对象的真实态度的反应。因此，基层干部务必要对自己的举止予以规范和控制。

（1）适度的动作是必要的。例如，发言者可用适当的手势来补充说明其所阐述的具体事由。倾听者则可以点头、微笑来反馈“我正在注意听”“我很感兴趣”等信息。可见，适度的举止既可表达敬人之意，又有利于双方的沟通和交流。

（2）避免过分、多余的动作。与人交谈时可有动作，但动作不可过大，更不要手舞足蹈、拉拉扯扯、拍拍打打。为表达敬人之意，切勿在谈话时左顾右盼，或是双手置于脑后，或是高架“二郎腿”，甚至剪指甲、挖耳朵等。交谈时应尽量避免打哈欠，如果实在忍不住，也应侧头掩口，并向他人致歉。尤其应当注意的是，不要在交谈时以手指指人，因为这种动作有轻蔑之意。

3. 遵守惯例

除了表情和举止之外，基层干部在交谈时往往能通过一些细节来体现自己的谈话态度。为表达自己的诚意、礼貌与热忱，农村基层干部在这些细节的处理上要遵守一定的既成惯例。

（1）注意倾听。倾听是与交谈过程相伴而行的一个重要环节，也是交谈顺利进行的必要条件。交谈时务必要认真聆听对方的发言，用表情举止予以配合，从而表达自己的敬意，并为积极融入交谈中去做最充分的准备。切不可追求“独角戏”，对他人发言不闻不问，甚至随意打断对方的发言。

（2）谨慎插话。交谈中不应当随便打断别人的话，要尽量让对方把话说完再发表自己的看法。如确实想要插话，应向对方打招呼：“对不起，我插一句行吗？”但所插之言不可冗长，一两句点到即可。

（3）礼貌进退。参加别人谈话之前应先打招呼，征得对方同意后方可加入。相应地，他人想加入己方交谈，则应以握手、点头或微笑表示欢迎。如果别人在个别谈话，不要凑上去旁听。若确实有事需与其中某人说话，也应等到别人说完后再提出要求。谈话中若遇有急事需要处理，应向对方打招呼并表示歉意。

（4）注意交流。交谈是一个双向或多向交流过程，需要各方的积极参与。因此在交谈时切勿造成“一言堂”的局面。自己发言时要给其他人发表意见的机会，别人说话时自己要适时发表个人看法，互动式促进交谈进行。

（二）交谈的语言

语言是交谈的载体，交谈过程即语言的运用过程。语言运用是否准确恰当，直接影响着交谈能否顺利进行。因此在交谈中要尤其注意语言的使用问题。

1. 平易通俗

基层干部作为人民的公仆，自当以质朴的形象示人。因此在交谈时，务必要以务实为本。

（1）交谈时所使用的语言最好是让人一听便懂的明白话。如果在交谈时所使用的语言过于雕琢，甚至咬文嚼字、矫揉造作，满嘴的专业术语和子曰诗云，堆砌辞藻、卖弄学识，则只会让人闻之生厌，不知所云。

（2）在与普通群众交谈时，应充分考虑到对方的职业、受教育程度等因素，所说之话更应力求平易通俗，以利于沟通与交流。如果满口“官话”，不仅有碍信息的传达，而且容易脱离群众。

2. 文明礼貌

日常交谈虽不像正式发言那样严肃郑重，但也不能不讲求用语的文明礼貌。

（1）在交谈中，要善于使用一些约定俗成的礼貌用语，如“您”“谢谢”“对不起”等。尤其应当注意的是，在交谈结束时，应当与对话方礼貌道别，如“有空再聊吧！”“谢谢您，再见！”即使在交谈中有过争执，也应不失风度，切不可来上一句：“说不到一块儿就算了！”“我就是认为我对！”

（2）交谈中应当尽量避免一些不文雅的语句和说法，不宜明言的一些事情可以用委婉的词句来表达。

（3）交谈时切不可意气用事，以尖酸刻薄的话对他人冷嘲热讽，也不可夜郎自大、目中无人，处处教训指正别人。作为农村基层干部，务必要谦虚大度，文雅用语，礼貌交谈。

3. 简洁明确

交谈时所使用的语言应当力求简单明了，言简意赅地表达自己的观点和看法，切忌喋喋不休、啰啰唆唆。这样不仅能提高工作效率，而且还可以体现自己的精明强干。

交谈时最基本的一点，就是要让他人准确无误地听懂自己的发言。因此交谈时务必要使用明确的语言。这里的“明确”，应当包含两层意思：一是要求发音标准，吐字清晰。交谈时起码的一点是要让对方听清自己的话，否则就根本谈不上交流。当前最重要的，是忌用方言、土语，而以普通话作为正式标准用语。二是要求所说之话含义明确，不可产生歧义，模棱两可，以免产生不必要的误会。

四、交谈能力的提升途径

（一）善于与群众进行情感交流

带着感情与群众进行沟通与交流，比任何华丽的辞藻、美妙的语言都更为真切、更为生动和更为深刻。与群众沟通和交流，就必须真正地深入群众，对群众有深厚的感情。你对群众投入多少感情，就能从群众那里获得多少支持和认可。当前形势下，既要拓展与群众感情交流的思想基础，又要加深与群众相互理解的情感基础；既要赢得与群众相互支持的群众基础，也要取得与群众相互信任的感情基础。坚持求真务实的工作作风，不劳民伤财、不滥用职权，不贪污受贿，不奢侈浪费，让群众体会到你怀有“权为民所用、情为民所系、利为民所谋”的良苦用心。

（二）善于运用群众的语言

与群众进行沟通与交流，语言表达上必须要让人家听得清楚，听得明白，这不仅需要提高自己驾驭语言的能力，而且需要善于运用群众的语言进行沟通与交流。实践中，群众的语言是生动的，也是鲜活的，要提高语言表达能力，就要注意向群众学习，用群众熟悉的语言跟群众交流，避免讲官话、讲大话、讲套话、讲空话、讲假话、讲废话。

（三）善于与群众进行平等对话

与群众进行沟通与交流，很重要的一点，就是要平等，而不是居高临下，盛气凌人。即使在对话中有不同看法和意见，也要心平气和、以理服人，而不能自以为是、仗势欺人、以权压人。如果在平等的沟通和交流的过程中，发现自己的认识和观点的确是脱离了实际，或者是对某些事情的认识的确出现了偏差和错误，就要敢于承认，敢于作自我批评。

（四）善于掌握与群众进行交流沟通的新技能

与群众进行交流，不仅善于运用传统的方式，而且善于运用现代移动通信手段、现代多媒体技术与群众进行沟通和交流。比如：公布咨询电话，进行电话信息和电话即时交流；建立电子信箱，进行来信和来函交流；建立微信公众号，与群众进行在线交流等。实践表明，这些新的沟通方式会让彼此双方完全处在轻松随和的环境下，彼此之间可以毫无顾虑地讲出自己的心里话和自己的真实想法，真正地听到群众的真实声音。

第四节　处理事务的基本原则

处理事务是村级管理的重要组成部分。高效的事务处理能力不仅有利于提高工作效率，而且也有助于树立农村基层干部的形象。在内部事务处理过程中，不仅要全面把握内部事务工作的特点，还要注重遵循内部事务处理的基本原则。

一、服务原则

内部事务是基层工作的基础。内部事务归纳起来就是“服务”两个字，其服务原则体现为：

（一）平等服务

即本着对上级负责与对群众负责一致的精神，提供平等的优质服务。

（二）及时服务

即当工作需要或当群众产生某种正当需要时，及时向其提供服务。

（三）按章服务

凡规章制度允许的，不论是谁，都要及时、热情地提供服务；凡是规章制度不允许的，决不能以情面关系慷公家之慨。

二、廉洁原则

廉政是对各级政府的基本要求，也是现代行政管理的重要内容。农村基层干部作为党和国家基层政权的代表，与群众距离最近、接触最密，一言一行都会影响到党和政府在群众心中的形象。因此，农村基层干部端正心态廉洁从政，既有利于圆满完成组织赋予的各项工作任务，又有利于树立基层干部的浩然正气和清正廉洁形象。

（一）勤俭节约办事

处理内部事务有时常常要与钱财物打交道，如何有效地使用人民群众创造的物质财富，最大限度地节约人力、物力、财力，学会少花钱多办事，是衡量基层行政廉洁和高效的基本标准。

（二）禁止以权谋私

身为公仆，上能接近领导，下能管理或支配一定的人财物，会使人不知不觉产生优越感，但决不能因此就无视规章制度，利用职权营私舞弊，搞不正之风。

（三）克服官僚主义

官僚主义的产生，一是思想上的原因，脱离实际、脱离群众造成的；二是“上面千根线，下面一根针”导致的公文多、电话多、指示多、头绪多等，使基层干部疲于奔命。为此，应明确职责，找准定位，锤炼作风，践行宗旨。

三、效率原则

效率原则是指要以最少的人力、物力和财力的消耗，来提供最快最好的服务，避免纪律松弛、有章不循、执行不严、效率不高的现象出现。提高工作效率，就要推行目标管理，按岗按人分解目标，用量化的目标检查、监督、考核每个基层干部的工作情况。

四、密切联系群众原则

作为基层干部，一方面直接贯彻执行上级安排部署的各项任务，为上级负责，另一方面又直接面向广大人民群众，代表基层政权同群众打交道，因此成为上级领导和普通群众联系的纽带和桥梁，密切联系群众应成为日常工作应该坚持的重要原则。作为基层干部，不管具体做什么工作，都同人民群众的利益息息相关，为人民利益而工作，应成为各项工作的出发点和归宿。要时刻关心群众疾苦，时刻把群众冷暖放在心上，要善于倾听群众的呼声，深入农户和田间地头调查研究，了解真实情况，掌握第一手资料。在内部事务管理工作中，也应该通过各种民主讨论的方式，调动人民群众的积极性和创造性，群策群力、团结协作，共同把内部事务做好。

典型案例

万达开会的常规做法

——“万达开会，没人敢睡”

万达的执行力是非常有名的，万达开会也是很有特点的。“万达开会，没人敢睡”，不是说谁怕谁，是怕漏了重要内容，会耽误你的前程。以下都是万达开会的常规做法和原则，不仅落地而且全部实招。

在每年的万达年会上，王健林都会作一个精彩的大会发言，说精彩是因为：①他的工作报告都是亲自手写，从不用枪手；②他的工作报告只有他自己知道，从来不在会前印刷；③他的报告既有宏观分析，也有客观业绩，还有微观褒贬，更有未来走势。一个半小时的报告，酣畅淋漓，让你大有收获。你必须用笔认真记，因为下午的分组讨论你必须真刀实枪地讲。

细节，是万达开会最关键的。除了参会必要的流程、参会人员、参会的主题、会议每一个议程的时间……甚至参会人员每人每天每场在哪个桌子开会，需要穿什么服装，在哪个餐厅、哪个位置就餐，参会当天的天气如何等，都有详细的说明和介绍。万达年会的胸卡就是一个浓缩的会务流程，一个小卡片就是一个为你私人定制的数据库。以 2013 年年会的胸卡为例，胸卡的正面是你的照片、姓名、部门、职务等信息。背面，是两天会议的全部的流程：第一天，晚宴地点、具体时间、每人就餐的桌号；第二天，开大会的时间、地点、每人的座位号，分论坛的场次、时间、地点、每人的座位号。看完这一张卡，你这两天该怎么做一目了然。在万达开会有个不成文的规定：大大小小的会，下一级一定会比上一级提前早到 5～10 分钟。这不仅是一种尊重，更是一种对待会议的态度。在万达，开会基本上是会议手册定的几点就会几点结束，极少有拖延开会时间的时候。

这里，万达做到了三点：①会议通知时就明确会议开始及结束的时间；②合理安排切实可行的会议议程，明确每件事项的讨论时间；③会议主持人必须有效调动与会人员的积极性和控制好会议时间。

一个重要的事实是，在万达，只要王健林讲话，如果他说要讲 1 个小时，那基本上距离结束时间左右不会差 5 分钟。在万达，几乎所有人都能做到说几分钟就几分钟，只会缩时。因此不管多长的会议，由于每个发言都很精准，所以准时散会就是一件很容易的事。除了有制度约束、规范，高层以及所有人的时间观念和责任意识至关重要。

万达开会从来没有空话、废话，开会是要解决问题的，不是来听你唠叨的。因此，万达会场经常会有发言和汇报被打断，因为你跑题了，或者“这个根本用不着跟我汇报”。

万达开会也用 PPT，但都是极简风格，有规范模板，杜绝花里胡哨。一般开会不许超过 10 张，给董事长、总裁汇报基本不会超过 3 张。当然这 3 张都是筋骨，筋骨后基本上都有超链接，如果领导问细节，后面有更细的。有些外面广告公司煞费苦心设计精美的 PPT，有原因、有背景、有问题，可是悲催的是，这些都会统统被“杀掉”，直奔解决方案。有一个公司做了 50 多张 PPT，结果只听了 3 张的实质内容。

一家企业要来万达全面取经，涉及管理、财务、人力、管控、信息化、纪检、企业文化等，万达每个板块的一把手每人讲述一刻钟，每人 10 张 PPT，效率之高、干货之干，令那家企业高管们惊叹不已。

一句话，扯淡的会，万达从来不开。

参会各方不能随便派人听听会、走过场。派来的人要能拍板，能定意见，参会不是代表个人，是要代表部门参会，不能涉及部门时说：“不清楚。”“不归我负责。”“我回去汇报后才能确定。”领导问什么就答什么，不能答非所问。汇报不能找替身，如果副总裁听会，必须总经理汇报，如果总裁听会，必须副总裁汇报。这就保证领导必须身体力行，必须全面了解，决不允许你找个具体负责的人来替你作汇报。

万达的领导，个个都是行家，谁也蒙不了谁。

万达的重要会议都有纪要，万达还有一套强大的会议督办系统。开会确定的事会落实到每个人每件事、到具体时间段。万达每个部门每周至少有一次例会，有月度会、季度会，还有半年总结会和全年大会。最常见的是每个部门的周例会。为了跟踪会议纪要中涉及的行动计划及重要工作，万达自己开发了一个任务追踪系统，目的是通过量化的指标来跟踪会议落实情况。

具体做法：每次会议，你会看到在这个开发的系统里显示你的任务要完成的日期、目前完成的进度。项目负责人对照，汇报目前完成了哪些工作，还需要做哪些工作，下次开会预计进度是百分之多少，能否在预定时间完成整个项目目标等，记录员会将这些数据一一录入系统，下次开会一一核对复盘，并再次建立新的任务进度。另外，手机会在快接近任务节点时，自动提醒你加快项目进程。

你总会听到这样的话吧——“会后，我们要狠抓落实。”在万达，根本没有这样的词儿，因为万达有一套强有力的落实方法。很多人惊叹万达的执行力，其实你读懂了万达是如何开会的，就基本上能理解了。

本章小结

村官的工作既宏观又微观，既复杂又具体，是一个工作职责比较特殊的岗位。要想有效地完成好各项工作任务，就要对基层方方面面的工作都能驾驭，做个多面手。基层的日常事务是锻炼村官的一个又一个平台，诸如时间运筹、会议组织、沟通交流等工作，不仅要求村官要有一定的经验积累，而且还必须在工作实践中总结出一些规律性的东西。通过学习认识到这些日常事务，不仅是一门科学，更是一门艺术。在工作中要做到工作方法与工作艺术的有机结合，才能不断提高服务群众、服务基层的能力和水平。

思考题

1. 什么是运筹时间艺术？运筹时间的方法主要有哪些？
2. 联系实际，谈谈如何才能使一个会议开得成功。
3. 与人交谈应注意哪些艺术和技巧？交谈时应注意哪些礼节礼仪？
4. 请结合具体内部事务，谈谈工作中如何贯彻落实廉洁的原则。

参考文献

[1] 朱立言,孙健. 领导科学与艺术[M]. 武汉:华中科技大学出版社,2016.

[2] 刘海藩. 资政全鉴[M]. 北京:中共中央党校出版社,2006.

[3] 彭德举,罗玲. 乡村领导实务与村民自治[M]. 北京:高等教育出版社,2011.

[4] 李锡炎. 试论中国古、近代领导思想的主要特点及其现代价值[J]. 理论与改革,2004(6).

[5] 段爱勤. 农村干部领导方法和艺术[M]. 郑州:河南人民出版社,2010.

[6] 张明亮. 综合分析视角下我国领导科学研究的热点评析[J]. 山东行政学院学报,2016(4):1 -9.

[7] 范亚平. 加强执政能力建设必须提高领导干部总揽全局的能力[J]. 求实,2005(12):28 -30.

[8] 范亚平. 加强执政能力建设必须提高领导干部总揽全局的能力[J]. 求实,2005(12):28 -30.

[9] 韩明漠. 农村社会学[M]. 北京:北京大学出版社,2001.

[10] 黄颖,张岳恒. 新农村视角下村干部绩效指标模糊综合评价模型构建[J]. 广东农业科学,2010,37(8):307 -309.

[11] 中共山东省委办公厅　山东省人民政府办公厅. 关于做好村“两委”换届选举工作的意见[J]. 党员干部之友,2014(11):16 -17.

[12] 洪江. 农村管理真问题[M]. 广州:广东人民出版社,2014.

[13] 李勃,王瑞. 科学决策词典[M]. 北京:经济管理出版社,1995.

[14] 习近平. 在中央扶贫开发工作会议上的讲话[N]. 经济日报. 2015 -11 -29(1).

[15] 新华网,中国农村扶贫开发纲要(2011 ~ 2020 年)[EB/OL]. http://news. xinhuanet. com/politics/2011 -12/01/c_111209711. htm.

[16] 刘奇葆. 基层思想政治工作要强起来[J]. 内蒙古宣传思想文化工作,2015(1):4-8.

[17] 丁志伟,张安元,唐坤然等. 农村社会治理方式的有益探索[N]. 中国社会科学报,2014(8).

[18] 刘士欣等. 农村干部领导艺术教程[M]. 北京:中国环境科学出版社,2010.

[19] 韩芳. 村干部工作手册[M]. 北京:金盾出版社,2014.

[20] 刘峰. 领导科学与领导艺术[M]. 北京:高等教育出版社,2014.

后　记

为贯彻落实中共山东省委组织部、山东省教育厅、山东省财政厅、山东省人力资源和社会保障厅、山东省农业厅联合下发的《关于开展农村和城市社区基层干部专科学历教育实施素质提升工程的意见》，山东广播电视大学聘请有关专家成立了教材编写组，组织编写了《村官领导科学与艺术》一书。

本书由山东社会科学院农村发展研究所所长张清津任主编。张清津同志拟定了教材章节纲目，对教材统稿、审稿。编写人员分工如下：第一章，王冲；第二章，付士波；第三章，杨素雯；第四章，梁飞；第五章，张发明，郭本勇；第六章，姜道奎；第七、八章，傅翔；第九、十章，林慧珍。付士波、杨素雯同志参与了本教材的统稿工作。

本书编写过程中，得到了中共山东省委组织部、山东省教育厅、山东社会科学院、山东师范大学、山东建筑大学、济宁市委党校、寿光市委党校、临邑县委党校、临邑广播电视大学的大力支持和帮助，谨此致谢。由于农村基层领导干部所应具备的领导科学与艺术，具有改革性、发展性等特点，给本书的编写工作提出较大的挑战，书中不当之处在所难免，敬请广大专家、读者批评指正。

编　者

2017 年 2 月